상법의 기초

김광록

충북대학교 출판부

머 리 말

대학에서 이루어지는 법학교육을 정상화한다는 기치아래 새로운 법학전문대학원 제도가 도입된 지 이미 15년이 지났다. 정말이지 그 동안 대학에서 이루어지는 법학교육은 많은 변화를 겪었다. 정말이지 놀랄 정도로 긍정적인 변화도 있었지만, 나름대로 부정적인 모습이 아직도 남아 있는 것이 사실이다. 지금 이 순간에도 전국의 25개 법학전문대학원에서는 어떻게 하면 각각의 법학 과목에 대한 교육을 효과적이고도 효율적으로 이루어 낼 것인가에 대해서 밤낮으로 고민하고 있다. 충북대학교 법학전문대학원도 마찬가지이고 특히 상법 과목은 특히 더하다.

이 책은 같은 이름으로 충북대학교 법학전문대학원에서 개설되는 「상법의 기초」과목의 강의를 위한 책이다. 처음 법학전문대학원이 개원했을 당시에는 이 과목의 이름은 「상법일반이론」이었다. 이후 이를 「상법총론」으로 변경하였다가 최근에 다시 「상법의 기초」로 변경한 것이다. 이렇게 과목의 이름을 변경한 데에는 여러 이유가 있다. 그 중 가장 중요한 이유는 바로 학생들이 상법 강의를 매우 어렵게만 생각하고 수강 자체도 많이 하지 않은 데에 있다. 이 과목이 선택과목이었던 것도 이유이기는 하지만 상법의 “꽃”이라고 할 수 있는 「회사법」 조차도 수강을 하지 않는 현상을 해결하기 위한 여러 가지 시도를 한 결과이기도 하다.

다행히도 기존의 「상법총론」이라는 과목의 이름을 「상법의 기초」로 변경하고, 교과과정상 「회사법」의 체계를 바꾼 이후 학생들이 상법에 많은 관심을 갖게 되었다. 물론 강의의 내용도 그 과목의 이름에 걸맞게 구성하고 강의도 그에 맞추어 진행한 결과일 것이다. 그러나 여전히 학생들은 상법이 어렵다고 말한다. 강의를 진행하면서 이러한 학생들에게 어떻게 하면 상법과 친해질 수 있을까에 대하여 많은 고민을 하게 되었다. 특히 최소한 충북대학교 법학전문대학원 학생들에게는 더 이상 상법이 어렵지 않은, 그야말로 “만만한” 과목이라고 느낄 수 있도록 하는 방법을 찾게 되었다. 그리고 나름대로 찾은 결과 중의 하나가 바로 충북대학교 법학전문대학교에서 개설되는 「상법의 기초」강좌에 가장 어울리는 강의자료를 새롭게 구성하는 것이다. 이 책은 바로 이러한 배경에서 만들어지게 된 것이다. 구체적으로 이 책은 상법 〈총칙〉과 〈상행위〉는 물론 〈회사법 통칙〉에 대한 기본적인 학습 내용을 포함한다. 그리고 최근 각종 시험에서 요구하는 최신 판례를 포함하였다. 특히 판례의 경우에는 그 판례가 가지는 특수한 사실관계를 충분히 이해할 수 있도록 가능하면 원문을 그대로 소개하였다. 자칫 잘못하면 해당 사건을 통해 소개된 내용이 그 어떠한 다른 사건의 경우에도 그대로 적용되는 금과옥조로 오해할 수 있는 여지를 방지하기 위함이다.

아무쪼록 충북대학교 법학전문대학원 학생은 물론 이 책을 접하는 누구라도 이 책을 통하여 상법 〈총칙〉과 〈상행위〉는 물론 〈회사법 통칙〉에 대한 기본적인 이해를 높이기를 기대한다. 특히 충북대학교 법학전문대학원 학생들은 이 책과 강의를 통해 이제는 상법이 어렵지 않은 과목, 그리고 어느 과목 보다도 “만만한” 과목이 되기를 기대한다.

2024년 10월

김 광 록

목 차

제 2 편 상행위 107

제 1 편
총 칙

제1장 총 론
제2장 상 인
제3장 영업설비
제4장 상업등기
제5장 영업양도

제1장 총 론

Ⅰ. 상법의 의의

1. 상법의 개념구분

상법이란 무엇인가? 상법은 기본적으로 상인의 생활관계를 규율하는 법으로 이해하면 된다. 이때 상인은 기업으로 이해한다. 따라서 상법은 기업의 생활관계를 규율하는 법이 된다. 그러니까 상법은 기업적 생활관계 자체의 특수성에 의하여 개별 경제주체간의 이익조정을 본질로 하는 법으로서 민법에 대한 특별법의 지위를 갖는다. 즉, 민법이 사회를 구성하는 우리가 영위하는 경제생활의 일반에 관한 법이라고 한다면 상법은 영리활동의 실현을 목적으로 하는 기업의 생활관계에 관련된 법이라는 것이다. 상법의 개념은 형식적 의의와 실질적 의의의 상법으로 구분할 수 있다.

2. 형식적 의의의 상법

통상 "상법"이라는 명칭을 가진 제정성문법규를 의미한다. 상법전은 보통 사법적 규정으로 이루어져 있으나, 이 가운데에는 공법적 규정도 일면 포함되어 있고(상법 제622조), 상법전에 포함되어 있어야 하는 규정들이 증권거래법, 회사정리법 등 특별법의 형식으로 존재하기도 한다. 우리나라의 현행 상법전은 1962년 1월 20일 법률 제1,000호로 공포되어 1963년 1월 1일부터 시행되어 오고 있으며, 제1편 총칙, 제2편 상행위, 제3편 회사,

제4편 보험, 제5편 해상, 제6편 항공운송으로 구성되어 있다. 바로 이 성문의 상법전이 형식적 의의의 상법이다.

3. 실질적 의의의 상법

실질적 의의의 상법은 상법이 규제하는 실질적인 생활관계가 무엇인지를 먼저 확인하여야 한다. 이를 위하여 상법의 규제대상으로서의 "상(商)" 개념을 먼저 이해하여야 한다. 원래 "상" 개념은 경제학상의 개념으로서 생산자와 소비자의 중간에 개입하여 유형재화의 유통전환을 매개하는 행위를 말한다. 이에 대하여 법학상의 "상" 개념은 이러한 경제학상의 상 개념을 보조하거나, 간접적으로 또는 직접적으로 밀접한 관계를 포함하는 행위라고 이해하면 될 것이다. 그러니까 기본적인 상 개념에 물건운송업, 은행업, 손해보험업, 창고업, 중개업 및 생명보험업 등 다양한 업무들이 포함된 것으로서 상인의 기업조직과 경영활동을 포함하는 "상사" 생활관계를 규율하는 법규의 전체를 실질적 의의의 상법이라고 할 것이다.

4. 형식적 의의의 상법과 실질적 의의의 상법의 관계

형식적 의의의 상법은 법률 정책적인 입장에서 실제성, 편의성을 본위로 제정된 것인데 반해, 실질적 의의의 상법은 학문적 입장에서 통일성, 체계성을 중요시하여 파악된 개념이다. 따라서 형식적 의의의 상법과 실질적 의의의 상법의 범위가 반드시 일치하는 것은 아니다. 즉, 실질적 의의의 상법에는 상법전뿐만 아니라 상관습법이나 상사특별법령, 조약 등이 포함된다. 형식적 의의의 상법에는 연혁적·정책적 이유로 인하여 실질적으로 기업생활과 관계없는 사항이 포함되기도 하고, 기업성이 인정되는 사항도 규정되지 않기도 한다. 그러나 양자는 상호 발전적인 관계에 있다. 형식적 의의의 상법의 제정 및 개정은 실질적 의의의 상법을 연구하는 기틀을 제공하고, 실질적 의의의 상법은 형식적 의의의 상법을 해석하고 보완하는데 중요한 자료가 될 수 있기 때문이다.

5. 상법의 대상론

상법의 대상이 파악되어야만 비로소 상법의 개념을 비교법적·법사회학적으로 연구할 수 있는 근거가 마련됨으로써 상법의 범위를 확정하고, 상법의 본질을 이해할 수 있게 되므로 상법의 대상이 무엇인가를 파악하는 것은 중요하다. 그러나 과거에는 이러한 상업의 대상을 파악하는 것 자체를 부정하는 견해도 있었다. 이러한 견해는 결과적으로 상법의 자주성을 부정하는 결과가 되므로 타당하지 않다. 결국 상법의 대상을 파악하는 것에 대하여 특별한 이견이 없으나 그 접근 방법에 따라 다양한 견해가 나뉘어 있다.

발생사적 관련설은 법학상의 "상" 개념은 "재화전환의 매개"라고 하는 고유의 경제학적 "상" 개념으로부터 역사적으로 분기·발전한 영업활동의 총체라고 보는 견해이다. 그러나 오늘날 법학상의 "상" 개념이 반드시 고유의 "상" 개념에서 역사적으로 분기·발전되었다고 할 수만은 없는 사정은 설명하기가 곤란하다.

매개행위본질설은 법학상 "상"의 기초는 매개행위에 있다고 본다. 즉, 상법의 대상이 되는 생활관계에 공통적인 특징을 매개행위라고 보고, 생산자로부터 소비자에게 상품의 유통을 매개하는 모든 영업활동을 상법의 대상으로 인정하고자 한다. 그러나 오늘날 매개행위와 직접적인 관련이 없는 출판, 인쇄, 광고, 촬영 등도 상법의 규율대상이 되고 있는 점을 설명하기 곤란한 난점이 있다.

집단거래본질설은 동일한 행위의 누차 반복의 필요성을 상법의 결정적 형성원인으로 보고 상법이란 곧 집단거래의 법이라고 한다. 그러나 집단 거래는 소송법이나 노동법의 규율대상으로서 굳이 이를 상법만의 징표가 된다고 볼 수는 없을 것이다.

상적색채설은 일반적인 사법의 법률사실 가운데 상적인 색채를 띠는 것이 상법상의 법률 사실이고, 이를 규제하는 것이 상법이라고 한다. 이때 상적 색채란 집단성 및 개성상실을 주요내용으로 이해하고, 이는 전문화된 영리 활동인 투기매매로부터 연역할 수 있는 특성이라고 한다. 그러나 이는 상적 색채의 근거가 되는 생활관계의 내용을 적극적으로 확정하지 못한다.

상인법설은 뒤에서 이야기 하는 기업법설에 대한 견해로서 기업은 경제적 단일체이기는 하지만 권리·의무의 주체가 될 수 없으므로, 실질적 의의의 상법이란 상인의 특별사법이라는 것이다. 독일, 오스트리아의 다수설로서 상법의 대상을 법적으로 간명하게 처리할 수 있는 장점을 가지고 있으나, 현대의 경제 발전에 따라 당연상인 외에도 의제상인 이외에 다양하게 나타나는 새로운 형태의 상인을 포섭하지 못한다는 단점이 있다.

기업법설은 상법은 기업을 중심으로 한 생활관계를 규율하는 특별사법으로서 "기업에 관한 법"이라고 한다. 이는 상법의 대상을 경제학상의 개념인 기업으로 정한다. 따라서 상법은 "기업적 생활관계"에 관한 법으로서, 민법이 경제생활 일반을 규제하는 일반사법인데 반해 상법은 기업적 생활관계의 특수한 수요를 충족, 규제하기 위한 특별사법이 된다. 다만 기업법설에 따르더라도 상법은 절차법적(주주총회결의 취소의 소 등)·행정법적(상업 등기제도)·형법적 규정(상법 제622조 이하 벌칙)까지도 포함한다는 특징이 있음을 잊지 말아야 할 것이다..

II. 상법의 지위

1. 민법과 상법과의 관계

상법은 중세까지만 해도 상인들 사이의 자족법이었던 계급법이었다. 그러나 프랑스가 1804년 민법전과 1807년 상법전을 분리함으로써 상법은 민법의 특별법으로서의 지위를 갖게 되었다. 이미 살펴본 본 바와 같이 상법은 기업생활관계를 규제대상으로 하기 때문에 사법생활관계 일반을 규제하는 민법의 특별법적 지위에 가지면서, 기업생활관계에 관하여 민법의 규정만으로는 불충분하거나 부적당한 부분을 규율하는 것이다. 이러한 측면에서 상법은 민법의 특별법으로서 ① 상사에 관하여 민법의 규정을 보충적으로 적용하기도 하고(상법 제1조), ② 민법의 원칙규정을 변경하여 예외규정을 두거나(상법 제54조, 제59조, 제64조 등), ③ 독자적 입장에서 전혀 특수한 제도를 창설하여 적용하기도 한다(상법 제18조, 제29조, 제34조 등).

상법과 민법의 이러한 관계는 둘 간의 한계를 명확하게 고정할 수 없다는 특징이 있다. 따라서 처음에 민법에 속해 있던 제도가 상법의 제도에 편입되기도 하고, 상법상의 원칙 또는 제도가 보편화되어 민법의 제도로 규정되기도 한다. 이때 상법상의 규정이 민법에 흡수되는 경우를 민법의 상화현상이라고 한다. 이러한 현상은 구 민법상 증권적 채권의 양도는 의사표시만으로 효력이 있고, 증권의 배서 및 교부는 대항 요건이었으나, 현행 민법이 어음·수표의 양도방식을 받아들여 증권적 채권의 양도방식을 배서 및 교부로 정한 것 등에서 나타난다(민법 제508조, 제510조, 어음법 제11조, 수표법 제14조).

민법의 상화현상이 발생하는 원인은 민법과 상법이 대상으로 하는 생활관계가 경제생활 또는 거래생활이라고 하는 공통점이 있기 때문이다. 즉, 고도의 자본주의경제 아래에서 영위되는 경제생활은 일반인의 사유재산과 관련된 경제생활이라고 할지라도 고도의 합리주의를 바탕으로 하는 상인의 경제생활 태도를 따를 수밖에 없는 사정이 있기 마련이다. 이러한 측면에서 민법의 상화현상은 합리적인 제도의 보편화 현상으로서 상법의 자주성에 흠이 된다는 비판은 그 설득력이 없다.

한편, 상법을 민법과 분리하여 독립한 법 체제로 제정할 필요가 없다는 주장도 있다. 이를 민상이법통일론이라고 하는데, 그 대상이 기본적인 생활관계의 근간인 경제생활이라는 공통점이 있다는 이유에서이다. 그러나 상법이 일반 사법적인 생활관계보다 특수한 기업생활관계를 규율하고 있고, 양법의 관련성과 한계를 통일적으로 인식할 때 비로소 사법이론의 진정한 발전이 기대된다고 할 것이다.

2. 노동법과 상법의 관계

기업은 일반적으로 인적, 물적 설비를 기초로 하여 성립하는데, 인적설비의 가장 중요한 부분은 기업보조자이다. 한편, 기업보조자의 측면에서 기업주와 기업보조자의 법률관계는 기업주를 위하여 기업상의 노무를 제공하는 면과 기업주를 갈음하여 제3자와 거래관계를 맺는 면으로 구분된다. 이 때 노동법은 기업보조자의 생활이익의 보호라는 사회정책적 관점에서 기업상 노무를 제공하는 법률관계를 규제한다. 반면에 상법은 기업보조자가 기업주에 갈음하여 제3자와의 거래를 맺는 관계를 규율하게 되는데, 이는 거래의 원활하고 확실한 상태를 유지한다는 이념에 의해서 규제되는 상법상 영역이다. 이와 같이 노동법과 상법은 각각 그 규제 대상이 다르지만 근로자의 후생복지와 지위향상의 일환으로 회사의 기관구성 및 이익분배에 종업원의 참여를 의무화 하는 등 노동관계도 상법의 대상이 되고 있는 현실이다.

3. 경제법과 상법의 관계

19세기 후반 이래 기업의 집중과 독점화 경향이 심화되고, 제1차 세계대전 이후 경제적 위기에 직면하게 되자 각국에서는 경제생활에 대한 국가적 통제 및 간섭의 입법을 하게 되었는데, 이를 통제경제법 또는 일반적으로 경제법이라고 부르고 있다.

이러한 경제법과 상법과의 관계에서 경제법의 독자적인 지위를 인정하는 분리론은 경제법을 국민경제의 이익을 기초로 하여 개개 경제주체의 이익을 초월하여 전체적인 조정을 목적으로 한다고 한다. 반면에 상법은 개개 경제주체의 이익을 기초로 하여 그 상호간의 이익의 조정을 목적으로 한다고 한다. 이에 대하여 경제법의 독자적인 지위를 부정하는 합일론에 따르면 상법상 기업관계의 합목적적인 규제는 결국 국민 경제적인 입장에서 기업관계를 합목적적으로 규제하는 경제법의 통제를 받게 되기 때문에 본질적으로 같다고 한다. 그러나 상법은 주로 사인간의 이해관계를 조정하는 기업사법이고, 경제법은 기업생활과 시장경제를 통제하여 국민경제의 조화를 이룩하려는 기업공법이라고 할 수 있으므로 양자의 이념은 명백히 구분이 되므로 분리하여 독자적인 지위로 인정하는 것이 타당하다고 할 것이다.

4. 어음법·수표법과 상법의 관계

어음법·수표법은 과거 실질적인 상법에 속한다고 보기도 하였으나, 현재 어음법·수표법은 독립된 단행법으로 존재하고 있고, 또한 어음·수표는 기업과는 무관하게 일반인들 상호간에도 널리 이용되고 있는 실정이다. 특히 어음과 수표는 상거래에서 발생한 기술적인 제도이며, 일반인들 사이에서 널리 사용되고 있는 자기앞수표 또한 지급인은 반드시 은행인 상인인 점을 보아 어음법·수표법은 상법과 상호 밀접한 연관성이 있음은 부정할 수 없는 사실이다. 그러나 어음법·수표법은 그 형식에 있어서나 실질적인 측면을 고려하더라도 민법·상법과 더불어 특수한 사법체계를 이루는 독자적인 법 영역을 구성한다고 할 것이다.

Ⅲ. 상법의 특성

1. 상법의 기본이념

(1) 기업의 유지

1) 기업활동 보장

상법은 기업이 자유롭게 영업활동을 할 수 있도록 영업자유를 보장하고, 자본조달과 집중을 촉진하며, 노력의 보충 등을 원활하게 할 수 있도록 규정하고 있다. 즉, ① 기업존립의 기본적 조건으로서의 영업의 자유를 위하여 회사설립의 준칙주의를 취하고, 상호선정의 자유(상법 제18조)를 보장하고 있다. ② 자본집중의 촉진을 위해서는 익명조합(상법 제78조 이하), 각종의 회사제도(상법 제169조 이하), 선박공유(상법 제753조 이하) 등을 규정하고 있다. ③ 노력의 보충을 위해서는 합명회사 사원, 선박공유자 등의 동업자를 비롯하여, 기업보조자로서 종속적 지위에 있는 상업사용인(상법 제10조 이하), 선박관리인(상법 제760조 이하), 선원(상법 제767조 이하), 독립적 지위에 있는 대리상(상법 제87조 이하), 중개인(상법 제93조 이하), 위탁매매인(상법 제101조 이하), 운송주선인(상법 제114조 이하), 운송인(상법 제125조) 등을 규정하고 있다.

2) 기업존속 보장

상법은 기업존속의 보장을 위하여 영리성 보장, 독립성 확보, 자본의 충실, 자금조달의 원활화 등을 규정하고 있다. ① 영리성 보장 제도는 상인의 보수청구권(상법 제61조), 상사법정이자(상법 제54조), 법정이자청구권(상법 제55조) 등이 있다. ② 독립성 확보를 위하여 회사의 법인성을 인정하고, 개인기업을 위하여 상호(상법 제18조 이하), 상업장부(상법 제29조 이하), 상사대리권의 존속(상법 제59조) 등에 관한 특별규정을 두고 있다. ③ 자본의 충실을 위하여 주식회사에서는 자본의 확정·유지·불변의 원칙이 확립되어 있고, 유한회사에서는 사원 등의 특수한 전보책임을 두고 있다(상법 제550조, 제551조, 제593조, 제594조). ④ 자금조달의 원활화를 위하여 자본수권제도를 채택하고(상법 제289조), 신주의 발행으로 자기자본을 조달하고, 사채의 발행으로 타인자본의 조달도 가능하게 하고 있다.

3) 기업해체 방지

상법은 기업해체의 방지를 위하여 영업양도(상법 제41조 이하), 상호만의 양도제한(상법 제25조 제1항), 회사의 계속제도(상법 제229조 제1항, 제269조, 제519조, 제619조 제1항 등), 회사의 조직변경제도(상법 제242조, 제286조, 제604조, 제607조 등), 회사해체절차의 신중(상법 제227조 제2호, 제269조, 제518조, 제609조 제2항 등 이하), 회사의 합병(상법 제522조 이하), 회사정리제도 등을 마련하고 있다.

(2) 거래안전의 확보

1) 공시주의

공시주의를 구체화한 전형적인 제도는 상업등기제도로서 상호(상법 제18조 이하), 지배인의 선임·해임(상법 제13조), 미성년자·법정대리인의 영업(상법 제6조, 제8조 제1항), 회사의 설립(상법 제180조)·해산(상법 제228조), 주식회사의 자본증감(상법 제317조 제2항, 제3항 등) 등 대외 관계상 중요한 사항을 모두 등기하도록 하고 있다. 선박은 동산이지만 부동산과 같이 취급하여 등기제도를 인정함으로써 선박소유권(상법 제743조), 임차권(상법 제765조), 저당권(상법 제871조) 등에 관한 공시방법을 규정하고 있다. 공고제도 역시 공시주의를 구체화한 것으로서 주식회사에서는 공고방법을 정관으로 정하여야 하고(상법 제289조 제1항 제7호, 제3항), 대차대조표는 정기적으로 공고하여야 한다(상법 제449조 제3항). 개별적·수동적 공시제도로서 이사의 각종 회사관련 서류의 본점·지점의 비치의무와(상법 제396조, 제448, 제565조) 사원의 회계장부 열람권 등이 있다(상법제466조, 제581조). 각종 청약서 등의 기재사항은 거래관계자에게 알려야 할 사항으로 상세히 법정되어 있는데(상법 제302조, 제474조, 356조, 제420조의2, 제516조의5 등), 이 또한 공시주의를 구현하는 구체적 방법이라고 할 것이다.

2) 외관주의

외관주의란 외관이 진실과 합치하지 않을 경우 외관을 신뢰하고 거래한 일반 공중을 보호하는 주의를 말하며, 영미의 "금반언의 법리," 독일의 "외관이론"과 그 취지를 같이 한다. 민법에서는 의사주의를 원칙으로 하면서 표시주의에 의해 이를 보완하는 절충주의를 취함으로써(민법제108조, 제109조, 제110조) 외관보다는 진실을 존중하고, 거래에 관여한 제3자의 동적 안전보다 당사자의 정적 안전보호에 치중한다. 그러나 상거래는 이미 개성이 상실되고 오로지 거래의 안전과 신속만이 요구되므로 상법은 외관주의를 기본원리로 한다.

3) 금반언의 법리

금반언이란 행위자가 일단 특정한 표시를 한 이상 나중에 그 표시를 부정하는 주장을 하여서는 아니 된다는 원칙으로서 이를 채택한 것을 금반언의 원칙이라고 한다. 금반언의 원칙은 영미법상의 원칙으로서 기록에 의한 금반언, 날인증서에 의한 금반언, 행위에 의한 금반언 등이 있다. 기록이나 날인증서에 의한 금반언을 법적 금반언(Estoppel Certificate), 행위에 의한 금반언을 형평적 금반언(Equitable Estoppel)이라고 한다. 금반언은 실체법상의 원칙이며, 법의 일반원칙으로 인정된다. 금반언을 주장하기 위해서는 일방당사자의 표현이 애매하지 않고 명백하여야 하며, 표현이 자의적이고 무조건적이며 권한 있는 자에 의한 것이고, 그에 대하여 타방당사자가 선의의 신뢰를 가졌어야 한다.

사법관계에서 금반언의 원칙의 직접적 표현이라고 할 수 있는 법조로는 진의 아닌 의사표시(민법 제107조), 본인임을 표시하지 아니한 대리인의 행위(민법 제115조), 대리권수여의 표시에 의한 표현대리(민법 제125조), 표현지배인(상법 제14조), 명의대여자의 책임(상법 제24조), 부실등기의 효력(상법 제39조), 성명·상호의 사용허락으로 인한 책임 (상법 제81조), 자칭사원의 책임(상법 제215조, 제281조), 유사발기인의 책임(상법 제327조), 표현대표이사의 행위와 회사의 책임(상법 제395조) 등이 있다. 특정한 사실로써 선의의 제3자가 대항할 수 없도록 한 규정도(민법 제108조, 제109조 등) 금반언의 원칙과 관계되는 것이라고 할 수 있다.

4) 엄격책임주의

일반적으로 상법상 상거래는 기업주 측의 특수한 전문적 급부의 제공과 다수자의 이에 대한 부 합에 의하여 성립된다. 따라서 기업주 측의 의무 및 책임을 엄격히 하는 것은 거래안전을 보호하는 가장 효과적인 방책이 될 수 있다. 이는 구체적으로 책임의 연대성(상법 제57조, 제212조, 제269조, 제399조, 제401조, 제567보, 제570조 등), 주의의무의 가중(상법 제60조, 제69조, 제70조 등), 기업주의 특별책임(상법 제115조, 제135조, 제160조 등), 경영담당자의 특별책임(상법 제212조, 제215조, 제399조 제1항, 제428조 제1항, 제551조, 771조 등) 등으로 나타난다.

5) 신속결료주의

상법은 법률관계를 신속하게 확정, 결료시킴으로써 거래의 안전을 도모하고 있다. 즉, 거래방법 및 효과의 신속화 규정(상법 제51조~제53조, 제67조, 제142~제145조 등), 일반상사채권(상법 제64조)·특수상사채권의 단기시효(상법 제121조, 제123조, 제147조, 제860조 등), 유가증권에 관한 단기간 내의 권리보전절차(어음법 제44조, 수표법 제39조 등) 등이 있다.

6) 기존상태존중주의

다수가 관여한 법률관계에 있어서 약간의 법적하자로 인하여 그것을 무효화 또는 원상회복 시킨다면 오히려 경제적인 손실은 물론 그 것을 기초로 한 일체의 법률관계가 무효화되기 때문에 거래의 안전을 크게 해치는 결과가 될 수 있다. 따라서 상법은 사실상의 회사제도(상법 제184조 이하 등), 각종 무효주장의 제한(상법 제376조 이하 등)·무효판결 효과의 불소급(상법 제236조 이하, 제429조 이하 등) 등을 규정하고 있다.

2. 상법의 경향

상법은 기업적 생활관계를 규율대상으로 하므로 윤리적 색채보다는 기술법적인 면이 강하다. 따라서 고정적인 경향이 강한 민법의 신분법이나 부동산법과는 대조적으로 생산기법과 경영기법의 개발로 나날이 발전하는 기업의 생활관계를 규율하는 상법도 끊임없이 진보, 발전하고 있다. 결국 이러한 상법의 진보적 경향은 일반사법인 민법에 대하여도 영향을 미치게 되는데 이러한 현상을 "민법의 상화"라고 한다. 또한 상법은 경제적 합리주의를 기조로 하는 기술법으로서 모든 국가에 공통되는 경향이 있다. 특히 국제거래가 양적으로 확대되고 질적으로 복잡해지는 오늘날에 있어서는 각국 상법의 통일이 요구된다고 할 것이다.

Ⅳ. 상법의 법원

1. 법원의 종류

(1) 상사제정법

상사제정법에는 상법전, 상사특별법령, 상사관련조약 등이 있다. 상법전은 1962년 1월 20일 법률 제1,000호로서 제정되어 상법의 법원으로서 중심적인 지위를 갖는다. 상사특별법령은 상법전의 규정을 시행하고, 구체화하기 위하여 상법전에 부속된 부속법령과 기업에 관한 일반법인 상법전의 규정을 보충하고 변경하는 독립된 특별법령이다. 상사조약은 체약국간에 권리의무를 설정하는 명시적 합의로서 우리 헌법 제6조 제1항은 "헌법에 의하여 체결, 공포된 조약과 일반적으로 공인된 국제법규는 국내법과 같은 효력을 가진다" 고 규정하고 있으므로, 국내법과 동일한 효력을 갖는다.

한편 상법 제1조는 상사에 적용할 법의 하나로 민법을 열거하고 있고, 민법의 규정이 상사관계에 적용 내지 준용되는 경우가 많아 민법도 상법의 법원이라는 견해도 있다. 그러나 상법 제1조는 상사에 관하여 적용할 법규와 그 순위를 규정한 것이지 민법을 상법의 법원으로 열거한 것은 아니다.

(2) 상관습법

상관습법은 관습의 형태로 존재하는 상사에 관한 법으로서 합리적·진보적·기술적이며, 기업거래의 편의를 위하여 의식적으로 형성되고, 성문화하는 경향이 있다. 이에 대하여 사실인 상관습은 일정한 거래권과 일정한 장소에서 거래를 지배하는 사실상의 관행과 관례로서 의사표시해석의 자료로서의 의미를 갖는다(민법 제106조). 상관습이 언제 상관습법으로 되는가에 관하여 관행설, 승인설, 통용설, 법적 확신설 등이 있다. 한편 상관습법은 소송에 있어서 법원이 직권으로 이를 적용하는 것으로서 당사자의 주장이나 입증을 요하지 않는다.

판례는 상인인 법인간의 계속적인 물품공급거래에 관한 상관행을 인정하였다. 즉, 상인인 법인간의 계속적인 물품공급거래에 있어서는 원칙적으로 기업의 회계자료로서 물품의 매출, 매입 또는 수불관계를 명확하게 하기 위하여 수요자는 공급자에게 사전에 물건의 종류, 규격, 수량을 지정하여 발주하고, 공급자는 발주수량의 물건에 송장을 첨부하여 인도하면 발주자는 이를 검수 확인하고 송장에 수령사실을 확인하거나, 수령할 물건의 명세를 표시한 인수증을 공급자에게 발행하고 그 부본을 발주법인이 보관하되 그 인수증은 물건의 인도, 인수사실을 증명하는 문서라고 하였다(1983. 2. 8. 82다카1275). 따라서 특단의 사정이 없는 한 인수증은 물품의 종류, 규격, 수량, 인수법인, 인수자의 직위, 성명을 기재하고 작성자의 날인을 하여 인수일자마다 개별적으로 발행함이 거래의 상례라고 판시하였다(1983. 2. 8. 82다카1275).

또한 우리나라 보세운송업계에 있어서는 보세운송업자가 콘테이너에 적재된 수입화물을 하주의 보세장치장까지 운송하였을 때 즉시 화물반출작업이 가능한 경우를 제외하고는 통관절차와 화물반출작업으로 소요되는 시간을 일반적으로 3일 정도로 보아 콘테이너와 콘테이너를 실은 샤시를 보세장치장에 둔 채 견인차만 회송하여 갔다가 하주가 3일 이내에 화물의 통관절차를 마치고 화물을 반출하였을 때에는 별도로 사용료를 받지 아니하나, 3일이 경과하였을 때에는 시간에 따라 운송료 외에 별도로 샤시의 사용료를 받는 사실상의 관습이 있음을 인정하였다(1991.4.26. 91다1523). 따라서 이를 전제로 해당 샤시에 관하여는 하주가 3일 동안은 무상으로, 3일이 초과 될때에는 유상으로 사용하기로 하는 사용대차와 임대차계약이 묵시적으로 성립되었다 할 것이므로, 통관절차를 마치고 화물반출작업이 끝났을 때에는 보세운송업자에게 위 샤시를 반환할 의무가 있는데 통관절차가 끝나기 전에 보세장치장에서 발생한 화재로 인하여 위 샤시가 소실되어 이를 반환할 수 없게 되었다면 특별한 사정이 없는 한 그 반환불능으로 인한 손해를 배상할 의무가 있다고 하였다(1991.4.26. 91다1523).

(3) 상사자치법

상사자치법이란 회사 기타의 단체가 그 조직과 운영에 관하여 자주적으로 정한 법규를 말하며, 회사의 정관, 증권거래소의 업무규정과 어음교환소의 교환규칙 등이 있다. 이러한 자치법에 대하여 법규성을 인정할 것인가에 대하여 다수설인 법규설은 강행법규에 위반할 수 없지만 법률에 근거를 두고 제정되는 것으로 그 자체가 법규성을 가진다고 본다. 반면에 계약설은 당사자들의 자발적 의사에 의하여 작성된 것이므로 그 의사에 따른 계약으로서 적용되는 것이지 법규성은 없다고 본다. 판례는 사단법인의 정관은 이를 작성한 사원뿐만 아니라 그 후에 가입한 사원이나 사단법인의 기관 등도 구속하는 점에 비추어 보면 그 법적 성질은 계약이 아니라 자치법규로 보는 것이 타당하므로, 이는 어디까지나 객관적인 기준에 따라 그 규범적인 의미 내용을 확정하는 법규해석의 방법으로 해석되어야 하는 것이지, 작성자의 주관이나 해석 당시의 사원의 다수결에 의한 방법으로 자의적으로 해석될 수는 없다고 하였다(2000. 11. 24. 99다12437). 따라서 어느 시점의 사단법인의 사원들이 정관의 규범적인 의미 내용과 다른 해석을 사원총회의 결의라는 방법으로 표명하였다 하더라도 그 결의에 의한 해석은 그 사단법인의 구성원인 사원들이나 법원을 구속하는 효력이 없다고 하여 법규설의 입장에 판시하고 있다(2000. 11. 24. 99다12437).

(4) 보통거래약관

1) 보통거래약관의 의의

보통거래약관이란 그 명칭이나 형태 또는 범위를 불문하고 계약의 일방당사자가 다수의 상대방과 계약을 체결하기 위하여 일정한 형식에 의하여 미리 마련한 계약의 내용을 말한다. 이러한 표준계약서식은 계약의 내용이 아니라 그 형식을 예시한 것으로서 그 자체가 계약의 내용이 되는 것과 다르다.

보통거래약관은 오늘날과 같은 대량의 집단적인 거래를 합리적으로 신속하게 처리하는데 필요하며, 이를 통해서 거래관계의 내용을 명확하게 하고 계약을 합리적으로 처리하여 분쟁을 예방할 수 있다. 더욱이 사업자와 거래하는 상대방을 약관에 의하여 평등하게 대우한다는 계약평등을 기하는 작용도 한다.

2) 보통거래약관의 법원성

약관이 계약당사자를 구속하는 근거에 대하여 여러 가지 의견이 있다. 의사설은 약관의 내용을 계약에 포함시키로 합의하였기 때문이며, 만약에 당사자에게 그러한 인식이 없었다면 그 법률관계에 그 약관이 적용될 수 없다는 것이다. 반면에 규범설은 계약의 당사자가 약관을 부정하는 명시적 의사표시가 없는 이상 약관에 의하여 계약한 것으로 인정되기 때문에 약관 자체에 규범성을 인정하고 이를 부분사회의 자치법이라고 본다. 상관습법설은 특정거래권에 있어서는 특별한 사정이 없는 한 "계약은 보통거래약관에 의한다"는 것이 상관습 또는 상관습법이라고 본다. 제도설은 기업이념을 실현하는 제도적 소산으로 보고, 이는 국가의 법과 개인 간의 계약의 중간에 위치하는 기업의 자치법규의 일종으로 본다. 법률행위설은 보통거래약관은 집단거래의 편의를 위해 일방적으로 작성하는 것으로 법규성을 인정할 수 없고, 약관은 양당사자 간에 계약이 되므로 구속력이 있다는 것이다. 의사추정설은 법률행위론을 바탕으로 약관을 상대방이 알 수 있는 상태에 둔 경우 당사자가 그에 의하여 거래를 할 의사가 있는 것으로 추정한다는 견해이다.

판례는 보통보험약관을 포함한 이른바 일반거래약관이 계약의 내용으로 되어 계약당사자에게 구속력을 갖게 되는 근거는 그 자체가 법규범 또는 법규범적 성질을 갖기 때문은 아니며 계약당사자가 이를 계약의 내용으로 하기로 하는 명시적 또는 묵시적 합의를 하였기 때문이라고 하여 의사설을 취하고 있다(1986. 10. 14 84다카122). 따라서 동일한 보험계약당사자가 일정한 기간마다 주기적으로 동종계약을 반복 체결하는 계속적 거래관계에 있어서 종전계약의 내용이 된 보험약관을 도중에 가입자에게 불리하게 변경하였다면 보험자로서는 새로운 보험계약 체결시 그와 같은 약관변경사실 및 내용을 가입자인 상대방에게 고지하여야 할 신의칙상의 의무가 있다고 봄이 상당하고, 이러한 고지없이 체결된 보험계약은 과거와 마찬가지로 종전약관에 따라 체결된 것으로 봄이 타당하다고 판시하였다(1986. 10. 14. 84다카122). 그런데 판례는 의사설을 취하고 있으면서도 일반적으로 당사자 사이에서 보통보험약관을 계약내용에 포함시킨 보험계약서가 작성된 경우에는 계약자가 그 보험약관의 내용을 알지 못하는 경우에도 그 약관의 구속력을 배제할 수 없는 것이 원칙이라고 하여 약관의 규범성을 인정하는 듯한 모습을 보이기도 한 점에 주의할 필요가 있다(1985. 11. 26. 84다카2543).

3) 보통거래약관의 해석기준

당사자가 대등한 입장에서 합의할 수 있는 경우에는 약관의 내용이 곧 법률행위의 내용이 되는 것이므로 그 내용을 법률행위의 해석기준에 따라 그 유효성 내지 의미를 확정하여야 한다. 그러나 법률의 승인이나 상관습에 의하여 당연히 약관이 계약의 내용을 이루는 경우에는 법률해석방법에 의하여 그 유효성을 판단한다. 또한 약관의 채택이 사실상 강제되는 경우에는 약관의 특수성에서 유래한 특수한 해석원칙을 적용한다. 약관해석의 원칙으로는 객관적·통일적 해석의 원칙, 개별약정우선의 원칙, 작성자불이익의 원칙, 제한적 해석의 원칙 등이 있다.

특히 개별약정우선의 원칙은 약관과 다른 개별약정이 있는 경우 개별약정이 우선한다는 것이 확고한 판례의 입장이다. 판례는 계약의 상대방과 사이에 특정 조항에 관하여 개별적인 교섭이나 흥정을 거침으로써 상대방이 자신의 이익을 조정할 기회를 가졌다면, 그 특정 조항은 약관의 규제에 관한 법률의 규율대상이 아닌 개별약정이 된다고 판시하였다(2010. 9. 9. 2009다105383). 물론 개별적인 교섭이 있었다고 하기 위해서는 비록 그 교섭의 결과가 반드시 특정 조항의 내용을 변경하는 형태로 나타나야 하는 것은 아니라 하더라도, 적어도 계약의 상대방이 그 특정 조항을 미리 마련한 계약서의 내용에 구속되지 아니하고 당사자와 사이에 거의 대등한 지위에서 당해 특정 조항에 대하여 충분한 검토와 고려를 한 뒤 영향력을 행사함으로써 그 내용을 변경할 가능성이 있어야 하고, 약관 조항이 당사자 사이의 합의에 의하여 개별약정으로 되었다는 사실은 이를 주장하는 사업자 측에서 증명하여야 한다(2010. 9. 9. 2009다105383).

4) 보통거래약관의 규제

약관이 효력을 갖기 위해서는 약관이 적법하여야 하며, 보통보험약관의 경우 가입자 측에 불리하게 변경하면 그 효력이 없다. 특정조항이 무효이면 일부무효의 법리에 따른다. 약관에 대한 규제방법으로는 약관의 내용을 입법으로 규제하거나, 행정관청의 인가를 얻도록 하는 등 행정력에 의하여 그 내용을 통제하는 방법, 그리고 각 조항에 대한 사법적 해석에 의한 규제방법 등이 있다. 약관의 규제에 관한 법률은 약관의 조항과 관련하여 법률상의 이익이 있는 자는 약관 조항에 대한 심사를 공정거래위원회에 청구할 수 있도록 하고(약관법 제19조)., 공정거래위원회는 불공정약관조항의 삭제·수정 등 시정에 필요한 조치를 권고할 수 있도록 하였다(약관법 제17조의2).

(5) 상사판례법

기업적 생활관계에 고유한 판례가 쌓여 어느 정도 법규범으로서 정립된 것을 상사판례법이라고 한다. 이에 관하여 법원성을 부정하는 것이 우리나라의 다수설이나 ① 입법·사법·행정권의 분리는 절대적인 것이 아니며, ② 헌법 제103조는 법관의 물적 독립을 의미하는 것이고, ③ 법원조직법 제8조에도 불구하고 재판실무에서는 상급법원의 선결례가 일반적인 법규범으로서 적용되는 것이 현실이고, ④ 상법 제1조는 법원의 종류와 적용순위를 규정하기는 하였으나, 법원전부를 망라한 것이 아니므로 판례의 법원성을 인정할 수 있다고 본다.

(6) 학설·조리

상사학설은 법원이 될 수 없다는 것이 일반적인 견해이다. 다만 법원인 성문법, 판례 또는 조리에 영향을 미칠 수 있다는 점에서 간접적인 지위는 인정되고 있다.

조리란 당해 법률관계에 있어서 사물자연의 성질에 적합한 원리를 말한다. 조리의 법원성을 긍정하는 견해로는 법이 없다는 이유로 재판을 거부할 수 없고, 민법 제1조는 조리의 법원성을 인정하고 있으며, 상사에 관한 제정법과 관습법의 불비를 메우기 위해서라도 법원성을 인정하여야 한다는 것이다. 반면에 조리의 법원성을 부인하는 견해에 따르면 법원은 경험적·실제적이어야 하는데, 조리는 이념적·자연법적인 존재이고 이러한 이념은 성문법, 관습법에서도 그 타당한 근거를 찾을 수 있으며, 이를 학설과 마찬가지로 취급하여 법원성을 부정하기도 한다.

2. 법원의 적용 순서

(1) 상법 제1조의 "상사"

형식설에 따르면 상법 제1조의 상사라 함은 형식적 의의의 상법 즉, 상법전 또는 특별법에 의하여 상법전 적용의 대상으로 되어 있는 생활관계를 의미한다고 한다. 그러나 이는 상법이 규정하고 있지 않은 사항에 관하여 상법 제1조가 적용될 수 없는 결과가 되어, 민법의 일반원칙에 따르게 되므로 상관습법의 우선적 효력을 부정하는 결과가 된다. 또한 형식설의 논리를 제1조에 대입하는 경우에 모순이 발생한다. 이에 대하여 실질설은 상법의 대상을 기업관계로 보는 한, 상사에 관하여도 실질적으로 이해하여 이를 기업생활과 관련된 모든 재산법적 생활관계를 말하며, 상법전이 규정하여야 할 모든 사항을 가리킨다고 한다.

(2) 상법 제1조의 법리적 의의

1) 상법과 상관습법

상법 제1조는 상관습법의 법원성을 인정하고, 상사제정법과의 관계에서는 제정법우선의 원칙에 따르면서, 민법과의 관계에서는 상관습법을 우선하여 상관습법의 특수성을 인정하고 있다. 즉, 상법과 상관습법과의 관계에 있어 상법 제1조는 민법 제1조와 같이 제정법우선주의를 표방하고 있고 본다. 따라서 상관습법에는 상사제정법 개폐력을 인정하지 않고 보충적 효력만을 인정하고 있다. 반면에 상관습법을 상법의 특별법으로 보는 시각에서는 상법 제1조는 당연한 적용순위를 밝힌 것이며, 이는 상관습법의 보충적 효력을 인정한 것이 아니라 입법의 한계를 스스로 인정한 규정이라고 한다.

2) 상관습법과 민법

상관습법과 민법과의 관계에 있어 상법 제1조는 상사에 관하여 상법전에 규정이 없는 경우 민법전보다 상관습법을 우선적으로 적용하도록 하였다. 상관습법도 상관습이라는 점에서 민법 제1조와 비교하면 성문법주의 국가에서 제정법우선주의의 중대한 예외라는 견해도 있다. 그러나 상관습법도 상사법이라는 점에서 상법전과 다름없는 특별법으로서 일반 민법에 우선하는 것은 당연하다고 볼 것이다.

(3) 각 법원의 적용순위

상법 제1조의 원칙에 따르면 상사자치법, 상사특별법령, 상법전, 상관습법, 상사판례법, 민사특별법령, 민법전, 민사관습법, 민사판례법, 조리의 순으로 적용된다.

V. 상법의 효력

1. 때에 관한 효력

일반적으로 법률의 개정이 있는 경우 신법이 현행법으로 됨에 따라 구법 하에서 발생한 생활관계가 신법 하에서 문제가 될 경우 이를 소급적용할 것인가는 개정법률 말미에 경과규정을 두어 해결한다. 이때에는 보통 불소급을 원칙으로 하나, 상법의 경우에는 이러한 법률불소급의 원칙의 예외를 인정하여 신법을 소급적으로 적용하는 경우가 있다. 동일순위의 법규사이에는 신법은 구법을 변경한다는 것이 일반원칙이다. 그러나 일반 신법은 특별 구법을 변경하지 않는다는 원칙이 적용되어, 이러한 경우에는 특별법인 구법이 우선한다.

2. 장소에 관한 효력

상법은 국내법으로서 전 한국영토에 적용됨이 원칙이다. 그러나 국제거래에 있어 우리 상법이 국외에서 적용되거나, 외국의 법이 국내에서 적용되는 경우가 발생하는데, 이러한 경우에는 국제사법에 의하여 상법의 장소적 적용범위가 제약 또는 확장된다.

3. 사람에 관한 효력

상법은 전한국인에게 적용됨이 원칙이다. 그러나 국제거래에 있어서는 국제사법상 문제로서 특정한 사항에 대하여 우리 상법이 외국인에 대하여 적용되는 경우도 있고, 반대로 외국 상법이 한국인에게 적용되는 경우도 있다. 최근에는 경제규모의 국제화 등으로 인하여 상법의 국제적 통일운동이 일고 있는 현실이다. 한편 상법규정 중에는 특수한 상인에게는 적용되지 않는 규정이 있는데, 소상인에 대한 지배인·상업등기·상호·상업장부에 관한 규정을 적용하지 않는 것 등이다(상법 제9조). 그러나 소상인도 상인이기 때문에 상법의 영업활동에 관한 규정은 당연히 적용된다.

4. 사항에 관한 효력

상법은 상사에 관한 생활관계를 규율하는 것이 원칙이지만(상법 제1조). 상사관계라고 하더라도 법인·법률행위·불법행위 등의 경우에는 민법의 일반규정이 적용된다. 반면에 공법인의 상행위의 경우에는 법령에 다른 규정이 없는 경우 상법이 적용된다(상법 제2조). 그리고 당사자 모두에게 상행위가 되는 쌍방적 상행위는 당연히 상법이 적용되며, 일방에 대해서만 상행위가 되는 일방적 상행위인 경우에라도 쌍방 모두에게 상법을 적용한다(상법 제3조). 그러나 상법의 일부 조항은 쌍방이 모두 상인인 경우에만 적용된다(상법 제55조, 제58조, 제67조).

제2장 상 인

Ⅰ. 상인의 의의

1. 상인개념에 관한 입법주의

(1) 서 설

기업생활관계를 구성하는 법적 요소는 상인·상행위·상품이나, 상품은 거래의 대상이 되는데 지나지 않으므로 상법상 기업생활관계에서 권리의무의 주체가 되는 자를 규정하기 위해서는 상인 및 상행위의 개념을 어떻게 정립하느냐가 매우 중요하다. 상인·상행위에 관한 입법주의에 관한 이원론은 상인개념에 관한 입법주의와 상행위 개념에 관한 입법주의를 분리하여 설명하므로 설명이 간편한 장점이 있으나, 상인·상행위 개념의 관계는 어느 하나의 개념을 원용하지 않고는 다른 하나의 개념을 정립할 수 없는 어려움이 있다. 따라서 상인과 상행위 개념을 분리하지 않는 일원론의 입장이 타당하다.

(2) 입법주의의 종류

1) 주관주의 일원론

주관주의 일원론 또는 형식주의는 상인의 개념을 형식적으로 정하고 그 상인의 영업상 행위를 상행위라고 한다. 상행위의 개념을 전제로 하지 않고 상인의 개념을 도출한다는 의미에서 상인법주의라고도 한다. 독일의 경우 1998년 상법 개정을 통하여 제1조에서는 상인의 개념을 상인적 방법으로 설비를 갖추고 엽업을 하는 자로 규정하고, 제2조에서는 일정 수준이하의 자에 대하여 자신의 상호를 등기하는 경우에는 임의적 상인이라고 하여 형식주의 입장을 취하였다.

2) 객관주의 일원론

객관주의 일원론 또는 실질주의는 행위의 주체가 누구이든 불문하고 행위의 객관적 성질 자체에서 상행위 개념을 정하고 여기에서 상인의 개념을 도출해 내는 것이다. 따라서 이를 상행위법주의라고도 한다.

3) 절충주의 일원론

절충주의 일원론은 특정한 종류의 행위는 그 행위의 주체가 누구이든 불문하고 그 행위의 성질 자체에서 상행위로 하고(절대적 상행위), 다른 행위는 영업으로 하는 것만을 상행위라고 인정하여(영업적 상행위), 이러한 상행위를 영업으로 하는 자를 상인이라고 하여 형식주의와 실질주의를 절충하여 상인을 정하는 입법주의이다.

(3) 우리상법의 입법주의

우리상법은 상인을 당연상인(상법 제4조)과 의제상인(상법 제5조)으로 분류하고 상행위에 관하여는 기본적 상행위(상법 제46조)와 보조적 상행위(상법 제47조)를 인정하였을 뿐이기 때문에 입장이 명확하지가 않다. 따라서 일원론의 입장에서는 이를 주관주의라는 견해와 절충주의라는 견해로 나뉜다. 즉, 우리상법은 ① 의용상법상 인정되던 절대적 상행위를 폐지하고, ② 상인개념을 정함에 있어서 영업적 상행위에 한정하고(상법 제46조), 그 행위는 영업과 영업의 주체인 상인과의 관계에서만 상행위성을 취득하는데다가, ③ 기업의 형식(점포나 회사형태 등)으로 기업경영을 하는 자는 상행위를 하지 않더라도 상인으로 의제하므로 주관주의 입법론이라고 한다. 이에 대하여 절충주의로 보는 견해는 상행위법주의를 기본으로 하고 종래 상행위법주의가 가지고 있는 결함을 상인법주의에 의하여 보정하는 방식을 정하고 있다고 한다.

일원론의 입장에서 보면, 우리상법은 절대적 상행위를 인정하고 있지 않으므로 주관주의 입법이라고 할 수 있다. 그러나 제4조는 "상행위"를 하는 자를 당연상인이라고 정의함으로써 상인개념은 상행위개념을 전제로 한다. 그런데 제46조의 상행위는 영리성을 강조하는데 이는 행위 주체인 상인과 관련하여서만 파악이 가능하므로 결국 우리 상법상 상인과 상행위 개념은 순환론에 빠져있다고 할 것이다. 따라서 우리상법은 순수한 주관주의는 아니고 객관주의에 의한 상인(당연상인)과 주관주의에 의한 상인(의제상인)을 모두 규정하고 있는 절충주의로 볼 수 있을 것이다.

2. 상 인

(1) 당연상인(제4조)

1) "상행위"를 하는 자

자기명의로 상행위를 하는 자를 당연상인라고 한다(상법 제4조). 당연상인 개념의 기초가 되는 상행위란 상법 제46조에 한정적으로 열거되는 행위, 즉 기본적 상행위와 특별법에서 상행위로 인정한 것을 말한다(1995. 4. 21. 94다36643).

2) 상행위를 "영업으로" 하는 자

상행위를 영업으로 하여야 한다. 영업으로 한다는 것은 영리의 목적을 가지고 동종의 행위를 계속적·반복적으로 행하는 것을 말한다. 판례도 어느 행위가 기본적 상행위에 해당하기 위하여는 영업으로 그 행위를 하는 경우이어야 하고, 여기서 영업으로 한다고 함은 영리를 목적으로 동종의 행위를 계속 반복적으로 하는 것을 의미한다고 판시하였다(1994. 4. 29. 93다54842). 이때 영리목적이란 널리 수지적합을 목적으로 하여 부정량의 이윤을 내는 것을 말하는 것으로 상인의 주관적 목적으로 존재하고 그 목적이 객관적으로 인식될 수 있으면 충분하고 현실적으로 이익이 발생하였느냐는 문제되지 않는다. 다만 판례는 새마을금고법의 제반 규정에 의하면 새마을금고는 우리나라 고유의 상부상조 정신에 입각하여 자금의 조성 및 이용과 회원의 경제적·사회적·문화적 지위의 향상 및 지역사회개발을 통한 건전한 국민정신의 함양과 국가경제발전에 기여함을 목적으로 하는 비영리법인이므로, 새마을금고가 금고의 회원에게 자금을 대출하는 행위는 일반적으로는 영리를 목적으로 하는 행위가 아니라고 판시하였다(1998. 7. 10. 98다10793). 한편, 동종행위의 계속적·반복적 행위는 상인의 점포시설 등 외부적 표상을 통해 인식하는 것이면 충분하고, 실제로 계속 반복되었는가는 문제되지 않는다. 그리고 영업의 의사는 외부에서 인식할 수 있어야 한다. 이는 반드시 일반 공중에게 표시되어야 하는 것은 아니고 거래관계에서 당사자 간에 인식될 수 있으면 된다.

3) 상행위를 "자기명의"로 하는 자

자기명의로 상행위를 하여야 한다. 자기명의로 상행위를 한다는 것은 자기가 영업에서 발생하는 권리·의무의 주체가 된다는 의미이다. 이 때 자신이 직접 영업행위를 하든 다른 사람에게 대리시키든 상관없다. 마찬가지로 타인계산으로 하거나, 타인소유의 경영수단을 이용하는 것은 상관이 없다.

(2) 의제상인(제5조)

1) 의제상인의 의의

당연상인으로 되는 자가 하는 상행위는 상법에 한정적으로 열거되어 있고, 이를 행하는 자가 상인이 된다. 그러나 이러한 상행위만을 기초로 하여 상인개념을 정한다면 새로이 발생하는 실질적인 상행위를 영업으로 하는 자라고 하더라도 상인이 될 수 없다. 따라서 점포 기타 유사한 설비인 상인적 설비와 상인적 방법으로 상행위 이외의 영업을 하는 자를 정할 필요가 있는데 이러한 필요에 의하여 입법화 된 것이 의제상인제도이다(상법 제5조). 따라서 의제상인은 영업의 형식에 따라 상인으로 취급되는 자를 말한다. 이 때 "점포 기타 유사한 설비"란 일반 공중과 계속적으로 거래하기 위하여 마련된 물적 또는 장소적 설비를 말하고, "상인적 방법"이란 보통 상인이 이용하는 경영조직 또는 경영방법을 말한다. 판례는 계주가 여러 개의 낙찰계를 운영하여 얻은 수입으로 가계를 꾸려 왔다 할지라도 계주가 상인적 방법에 의한 영업으로 계를 운영한 것이 아니라면 그러한 계주는 의제상인에 해당한다고 볼 수 없다고 판시하였다(1993. 9. 10. 93다21705). 특히 판례는 변호사나 법무사 및 의사와 같은 전문직업인의 경우에는 의제상인성을 부정하고 있다. 판례는 법령에 의하여 상당한 정도로 그 영리추구 활동이 제한됨과 아울러 직무의 공공성이 요구되는 법무사의 활동은 상인의 영업활동과는 본질적인 차이가 있고, 법무사의 직무 관련 활동과 그로 인하여 형성된 법률관계에 대하여 상인의 영업활동 및 그로 인하여 형성된 법률관계와 동일하게 상법을 적용하지 않으면 안 될 특별한 사회·

경제적 필요 내지 요청이 있다고 볼 수도 없기 때문에 법무사를 의제상인으로 볼 수 없다고 판시하였다(2008. 6. 26. 2007마996).

2) 민사회사

회사는 상행위나 그 밖의 영리를 목적으로 하여 하여 설립한 법인으로서(상법 제169조), 상행위를 영리 목적으로 하는 상사회사와 상행위 이외의 행위를 영리 목적으로 하는 민사회사가 있다. 민사회사는 상행위를 목적으로 하지 않으나 상사회사의 설립조건에 따르고(민법 제39조 제1항), 모두 상사회사의 규정이 준용되므로(민법 제39조 제2항) 상법의 적용면에서는 상사회사와 같다. 상행위를 목적으로 하지 않는다는 측면에서 당연상인이 아닌 의제상인에 해당된다. 또한 비영리법인도 상인이 될 수 있는가에 대해서 통설은 비영리법인이 그 본래의 목적을 수행하기 위하여 영업을 하는 것은 그 목적에 어긋난다고 할 수 없으므로 상인이 될 수 있다고 한다.

(3) 소상인

1) 소상인의 의의

소상인이란 일정한 규모 이하의 영업을 하여 기업성이 희박한 상인으로서, 완전상인에 대한 개념이다. 소상인제도를 둔 이유는 지배인·상호·상업장부·상업등기 등의 상법상 여러 제도를 소규모 상인에게 차별 없이 적용하는 것은 실익이 적고, 번잡하기 때문이다.

2) 소상인의 특징

소상인의 기준이 되는 영업규모의 영세성은 사회경제규모에 따라 달라지겠으나, 현재는 자본금액 1,000만원 미만의 상인으로서 회사가 아닌 자를 말한다(상법시행령 제2조). 주식회사, 유한회사는 법정 최저자본금이 1,000만원 이상이므로 소상인이 될 여지가 없겠으나, 합명회사와 합자회사는 최저자본금에 대한 제한이 없으므로 1,000만원 미만의 자본을 가진 회사도 존재할 수 있겠다. 그러나 이들은 기업성이 뚜렷하고, 상업등기제도가 필연적이므로 소상인이 아니다. 한편, 소상인에 대해서는 지배인·상호·상업장부·상업등기 등에 관한 규정이 적용되지 않는다(상법 제9조).

3. 상행위

(1) 상행위의 종류

상법은 기본적 상행위, 보조적 상행위, 일방적 상행위, 준상행위에 관한 규정을 두고 있다. 이 외에도 절대적 상행위, 상대적 상행위, 형식적 상행위, 실질적 상행위 및 일방적 상행위, 쌍방적 상행위의 개념을 인정할 수 있다.

(2) 절대적 상행위와 상대적 상행위

1) 절대적 상행위

의용상법에서는 행위가 영업상의 것인지 아닌지, 또한 행위자가 상인인지 아닌지에 관계없이 행위의 객관적 성질에 의하여 항상 상행위로 되는 절대적 상행위를 인정하였으나, 현행 상법은 이를 폐지하였다. 그러나 담보부사채신탁법에 있어서 사채총액의 인수는 절대적 상행위이다(담보부사채신탁법 제23조 제1항, 제2항).

2) 상대적 상행위

상대적 상행위 또는 주관적 상행위는 영업상의 행위, 즉 "영업으로(상법 제46조)" 하거나 "영업을 위하여(상법 제47조)" 함으로써 상행위가 되는 행위를 말한다. 여기서 "영업으로" 하는 행위는 영업적 상행위라고 하고, 이는 기본적 상행위와 준상행위로 나눌 수 있다. "영업을 위하여" 하는 행위는 부속적 상행위라고 하고, 기본적 상행위에 대하여 보조적 상행위라고도 한다.

(3) 기본적 상행위·보조적 상행위·준상행위

1) 기본적 상행위

기본적 상행위는 상법 제46조에서 정하고 있는 상행위로서 당연상인의 개념을 결정하는데 기초가 되는 상행위이며, 영업적 상행위라고도 한다. 상법 제46조는 상법의 적용한계를 명확히 정한 것으로서 본조 각호에 열거된 행위만을 "영업으로" 할 때에 상행위가 되며, 그 상행위를 자기명의로 할 때 비로소 상인이 된다. 판례는 "영업으로"와 관련하여 어느 행위가 상법 제46조 소정의 기본적 상행위에 해당하기 위하여는 영업으로 같은 조 각호 소정의 행위를 하는 경우이어야 하고, 여기서 영업으로 한다고 함은 영리를 목적으로 동종의 행위를 계속 반복적으로 하는 것을 의미한다고 판시한 바 있다(1994. 4. 29. 93다54842). 한편 상법 제46조는 1. 동산, 부동산, 유가증권 기타의 재산의 매매; 2. 동산, 부동산, 유가증권 기타의 재산의 임대차; 3. 제조, 가공 또는 수선에 관한 행위; 4. 전기, 전파, 가스 또는 물의 공급에 관한 행위; 5. 작업 또는 노무의 도급의 인수; 6. 출판, 인쇄 또는 촬영에 관한 행위; 7. 광고, 통신 또는 정보에 관한 행위; 8. 수신·여신·환 기타의 금융거래; 9. 공중(公衆)이 이용하는 시설에 의한 거래; 10. 상행위의 대리의 인수; 11. 중개에 관한 행위; 12. 위탁매매 기타의 주선에 관한 행위; 13. 운송의 인수; 14. 임치의 인수; 15. 신탁의 인수; 16. 상호부금 기타 이와 유사한 행위; 17. 보험; 18. 광물 또는 토석의 채취에 관한 행위; 19. 기계, 시설, 그 밖의 재산의 금융리스에 관한 행위; 20. 상호·상표등의 사용허락에 의한 영업에 관한 행위; 21. 영업상 채권의 매입·회수등에 관한 행위; 22. 신용카드, 전자화폐 등을 이용한 지급결제 업무의 인수 즈을 기본적 상행위로 규정하고 있다(상법제46조 제1호~제22호).

2) 보조적 상행위

보조적 상행위는 상인이 "영업을 위하여", 즉 영업을 보조하기 위하여 하는 행위이다. 영업을 위하여 하는 행위 자체가 영리성이 있는 것이라고는 할 수 없겠으나 영업을 위한 수단적 행위이므로 상법은 이를 상행위로 하였다. 판례도 대한석탄공사의 경우 상사회사는 아니라도 광물채취에 관한 행위를 영업으로 하는 상인의 성질을 띤 법인이라 할 것이며 이 공사가 피용자들과 체결한 근로계약은 그의 영업을 위한 보조적 상행위가 되므로 그 보조적 상행위에 따른 퇴직금채무는 상사채무라고 판시한 바 있다(1976. 6. 22. 76다28).

보조적 상행위는 부속적 상행위라고도 한다. 보조적 상행위는 상인이 영업을 위하여 하는 행위이므로, 보조적 상행위가 되기 위해서는 그 행위가 먼저 상인의 행위이어야 하고 또 영업을 위하여 하는 행위이어야 한다. 이때 상인은 소상인이든, 공법인인 상인이든 상관없다. 행위는 영업과 관련이 있는 이상 법률행위에 한하지 않고, 준법률행위, 사실행위를 포함한다. 행위의 시기는 기업존재의 전후를 불문한다. 기본적 상행위에 해당하는 행위도 영업을 위하여 하는 때에는 보조적 상행위가 된다. 영업을 위하여 하는 행위에는 영업을 수행하기 위한 행위, 영업을 보조하는 행위, 영업을 유리하게 이끌기 위한 행위를 포함한다. 개인상인의 경우에는 영업을 위한 행위인지 일반 사생활을 위한 행위인지 분명하지 않으므로 상법의 규정의 획일적인 적용을 위하여 상인의 행위는 영업을 위하여 하는 것으로 추정하였다. 판례도 영업을 위하여 하는 것인지 여부가 분명치 아니한 상인의 행위는 상법 제47조의 규정에 의하여 영업을 위하여 하는 것으로 추정되고, 금전의 대여를 영업으로 하지 아니하는 상인이라 하더라도 그 영업상의 이익 또는 편익을 위하여 금전을 대여하거나 영업자금의 여유가 있어 이자 취득을 목적으로 이를 대여하는 경우가 있을 수 있는데, 이러한 상인의 금전대여행위는 반증이 없는 한 영업을 위하여 하는 것으로 추정된다고 하였다(2008. 12. 11. 2006다54378). 한편 또 다른 판례는 상법 에 의하여 준용되는 단기소멸시효의 규정은 운송인의 운송계약상의 채무불이행으로 인한 손해배상청구에만 적용되고 일반불법행위로 인한 손해배상청구에는 적용되지 아니하는 것이고 또한 상법의 일반상사시효 역시 상행위로 인한 채권에만 준용되고 상행위 아닌 불법행위로 인한 손해배상채권에는 적용되지 않는다고 하여 상행위가 아닌 불법행위는 보보적 상행위가 아니라고 판시하였다(1985. 5. 28. 84다카966).

3) 준상행위

준상행위는 의제상인이 "영업을 위하여" 하는 행위를 말한다. 그러나 의제상인은 기본적 상행위를 하지 않는 자이므로, 그가 어떠한 행위를 영업으로 하더라도 그 행위는 상행위가 아니다. 따라서 상법은 의제상인이 영업으로 하는 행위에 대하여도 상행위에 관한 통칙을 준용하도록 하였다. 결국 기본적 상행위는 아니나 상행위에 관한 규정이 준용되는 행위, 즉 의제상인이 영업으로 하는 행위를 본래의 상행위에 대하여 준상행위라고 한다.

(4) 형식적 상행위와 실질적 상행위

형식적 상행위는 상법 또는 특별법상 상행위로 열거된 행위, 즉 기본적 상행위를 말한다. 이에 대하여 실질적 상행위는 실질적 내용으로 보아 상행위에 관한 규정을 준용하는 행위, 즉 준상행위를 말한다.

(5) 일방적 상행위와 쌍방적 상행위

1) 일방적 상행위

당사자의 일방만이 상인인 경우를 일방적 상행위라고 한다. 상법은 일방적 상행위라고 하더라도 양 당사자에게 상법을 적용하도록 규정하고 있다(상법 제3조).

2) 쌍방적 상행위

쌍방적 상행위는 상인과 상인간의 상행위를 말하며, 상법은 제55조(법정이자 청구권), 제58조(상사 유치권), 제67조~제71조(상사 매매)는 쌍방적 상행위에만 적용하도록 규정하고 있다.

II. 상인자격

1. 서 설

(1) 상인자격

상인자격이란 상인능력자가 상행위를 한다는 특별한 목적에 따라 취득하는 자격을 말한다. 상인자격의 유무는 상법의 적용에 있어서 그 기준이 되므로 매우 중요하다. 상법상 상인자격은 상인능력 있는 자가 상법 제4조의 당연상인 및 제5조의 의제상인의 요건을 구비함으로써 취득한다.

(2) 상인능력

상인능력이란 상인자격을 취득할 수 있는 법률상의 지위를 말한다. 이는 민법상 권리능력에 상응하는 개념으로 민법상 권리능력자는 모두 상인능력자이다. 영업능력이란 상인능력자가 상인자격을 취득한 경우에도 유효한 영업활동을 할 수 있는 능력을 갖추어야 하는데, 이를 영업능력이라고 한다. 민법상 행위능력에 상응하는 개념으로서 법인은 상인자격이 있는 한 영업능력도 있다. 그러나 자연인은 상인능력과 상인자격이 있더라도 영업능력이 없는 경우가 있다.

2. 상인자격

(1) 자연인의 상인자격

자연인은 그 권리능력에 아무런 제한이 없으므로, 그 성별, 연령, 행위능력 등에 상관없이 그 개별적인 의사에 더하여 상법 제4조와 제5조의 요건을 구비하면 상인자격을 취득한다. 또한 사실상 영업을 폐지하거나 사망에 의하여 상인자격을 상실한다.

(2) 법인의 상인자격

1) 영리법인

법인은 자연인과는 달리 그 존재의 목적인 영리성 여부가 권리능력, 즉 법인격 부여의 기초가 되므로 일률적으로 상인자격이 있는 지를 단언할 수 없고 개별적인 사안에 따라 살펴보아야 한다. 영리법인은 상행위 기타 영리행위를 목적으로 하는 법인으로서(상법 제169조), 모두 회사가 되고, 회사는 그 설립등기와 등시에 상인이 되는 태생적 상인이라고 할 수 있다.

2) 비영리법인

학술·종교·자선·기예 등의 특정한 공익사업을 목적으로 하는 사단법인 또는 재단법인인 공익법인은 본래 비영리법인(민법 제32조)으로서 상인이 될 수 없다고 하여야 할 것이나, 그 목적을 달성하는데 필요하거나 유익한 범위 내에서 상인자격을 취득할 수 있다고 본다(사립학교법 제6조). 판례는 새마을금고의 상인성과 관련하여 새마을 금고는 새마을금고법의 제반 규정에 의하면 우리나라 고유의 상부상조 정신에 입각하여 자금의 조성 및 이용과 회원의 경제적·사회적·문화적 지위의 향상 및 지역사회개발을 통한 건전한 국민정신의 함양과 국가경제발전에 기여함을 목적으로 하는 비영리법인이므로, 새마을금고가 금고의 회원에게 자금을 대출하는 행위는 일반적으로는 영리를 목적으로 하는 행위라고 보기 어렵다고 보아 상인성을 부정하였다(1988. 7. 10. 98다10793).

3) 중간법인

사법인 가운데 구성원 간의 상호부조 또는 공동이익의 증진을 목적으로 하는 증권거래소, 협동조합, 상호보험회사 등은 영리법인에도 공익법인에도 속하지 않는 특수한 성질을 가지고 있으므로 이를 중간법인이라고 한다. 이들 법인의 목적은 특별법에 의하여 특정되고, 영리를 목적으로 할 수 없도록 되어 있는 경우가 대부분으로서 상인자격이 없다. 판례는 농업협동조합법에 의하여 설립된 조합이 영위하는 사업의 목적은 조합원을 위하여 차별 없는 최대의 봉사를 함에 있을 뿐 영리를 목적으로 하는 것이 아니므로, 동 조합이 그 사업의 일환으로 조합원이 생산하는 물자의 판매사업을 한다고 하여도 동 조합을 상인이라 할 수는 없고, 따라서 그 물자의 판매대금 채권은 3년의 단기 소멸시효가 적용되는 민법 제163조 제6호 소정의 '상인이 판매한 상품의 대가'에 해당하지 아니한다고 판시하였다(2000. 2. 11. 99다53292).

4) 공법인

공법인 중 국가나 지방자치단체와 같은 일반 공법인은 그 목적이나 활동방법에 제한이 없으므로 영리사업을 수행할 수 있고, 그 경우에는 상인자격을 취득한다. 그러나 공법인 중에서도 그 목적이 영리성이 없는 법률상 특정되어 있는 특수 공법인(농업기반공사 등)은 상인 자격이 없다. 판례는 구 대한광업진흥공사법의 제반 규정에 비추어 볼 때 대한광업진흥공사가 광업자금을 광산업자에게 융자하여 주고 소정의 금리에 따른 이자 및 연체이자를 지급받는다고 하더라도, 이와 같은 대금행위는 같은 법에서 장하고 있는 소정의 목적인 민영광산의 육성 및 합리적인 개발을 지원하기 위하여 하는 사업이지 이를 영리를 목적으로 하는 행위라고 보기는 어렵다(1994. 4. 29. 93다54842).

5) 특수법인

한국전력공사·대한석탄공사·한국도로공사·대한주택공사 등 특별법에 의하여 설치되는 특수법인은 공익성이 강한 법인이기는 하나, 독립된 경제단위로서 독립채산을 원칙으로 하여 사경제적 방법으로 영업을 하기 때문에 상인자격이 인정된다.

(3) 조합의 상인자격

조합의 경우에는 그 구성원인 조합원 중 1인이 조합계약에서 정한 영업행위 또는 그 준비행위를 함으로써 상인자격을 취득하게 되면 조합의 상인자격이 발생하고, 조합원 전원이 조합계약에 정한 영업행위를 종료함으로써 상인자격을 상실한다. 판례는 도시재개발사업지구 일대의 대지 및 무허가 건물을 매입·전매하는 등 부동산중개업을 동업으로 운영한 조합체를 상법 제46조 제11호, 제4조에 의한 상인으로 보아 부동산중개업자의 금원대여 행위를 상법 제47조에 의하여 영업을 위하여 한 상행위로 추정함이 상당하다고 하여, 이로 인하여 발생한 채권은 상사채권으로서 5년의 상사시효의 적용을 받게 된다고 판시한 바 있다(1995. 4. 21. 94다36643).

3. 상인자격의 취득과 상실

(1) 회사의 상인자격의 취득

회사는 설립등기를 한 때 성립하고, 성립함과 동시에 상인자격을 취득한다. "설립 중의 회사"는 법인격과 상인자격이 없으나, 그 설립준비행위는 영업을 위한 행위로서 보조적 상행위라고 할 수 있으므로 상법의 규정이 준용된다.

(2) 법인 또는 자연인의 상인자격 취득

법인 또는 자연인은 영업개시의 때가 아니라 영업을 위한 행위로서 보조적 상행위인 영업준비행위가 있는 때에 상인자격을 취득한다고 본다. 따라서 영업의 성질상 인·허가를 필요로 하는 때에도 인·허가의 유무와 상관없이 상인자격을 취득할 수 있다. 판례는 영업의 목적인 기본적 상행위를 개시하기 전에 영업을 위한 준비행위를 하는 자는 영업으로 상행위를 할 의사를 실현하는 것이므로 그 준비행위를 한 때 상인자격을 취득한다고 하였다(1999. 1. 29. 98다1584). 특히 그 준비행위를 개업준비행위라고 하여 이와 같은 개업준비행위는 반드시 상호등기·개업광고·간판부착 등에 의하여 영업의사를 일반적·대외적으로 표시할 필요는 없으나 점포구입·영업양수·상업사용인의 고용 등 그 준비행위의 성질로 보아 영업의사를 상대방이 객관적으로 인식할 수 있으면 당해 준비행위는 보조적 상행위로서 여기에 상행위에 관한 상법의 규정이 적용된다고 하였다. 결국 개업준비행위는 영업을 위한 행위로서 그의 최초의 보조적 상행위가 되는 것이다.

(3) 상인자격의 상실

회사는 해산을 하면 영업능력을 상실하고, 청산의 목적범위 내로 능력이 제한되며, 청산이 종결됨으로써 법인격이 소멸함과 동시에 상인자격을 상실한다. 그러나 회사 이외의 법인이나 자연인의 경우에는 영업의 폐지, 영업양도 등 기업활동을 사실상 종결함으로써 상인자격을 상실한다.

(4) 자연인의 영업능력

영업능력에 관해서는 민법의 일반원칙을 따른다. 법정대리인은 미성년자와 한정치산자에게 영업을 허락한 후에 그 허락을 취소 또는 제한할 수 있지만, 법정대리인이 영업무능력자를 위하여 영업을 하는 때에도 상업등기부에 등기를 하여야 하고, 선의의 제3자에게 대항하지 못한다(상법 제8조). 피성년후견인의 경우에는 언제나 법정대리인이 피성년후견인을 대리하여 영업을 하여야 하고, 이를 등기하여야 한다(상법 제8조).

4. 개업준비행위

개업준비행위는 보조적 상행위로서 법인이나 자연인이 보조적 상행위를 하면 그 때부터 상인 자격을 취득한다. 따라서 어느 시점에서 개업준비행위가 있었는지는 매우 중요하다.

(1) 획일적 결정설

획일적 결정설은 일정한 개업준비행위를 하면 그 때에 누구에 대하여서든지 절대적으로 상인자격을 취득한다고 한다. 이는 다시 개업의사 표백설, 개업의사 주관적 실현설, 개업의사 객관적 인식가능설로 나뉜다.

1) 개업의사표백설

개업의사 표백설은 상호의 등기, 개업광고, 간판의 게양 등 특별한 방법으로 일반적, 대외적으로 개업의 의사를 표백하는 행위를 하여야만 개업준비행위를 인정할 수 있고, 이 때 상인자격이 주어진다고 한다.

2) 개업의사주관적실현설

개업의사 주관적 실현설은 특별한 의사표백을 하지 않더라도 용도불명의 차금을 한다든가 토지를 매입한다든가 하여 개업의사를 주관적으로 실현하는 행위가 있으면 된다고 본다.

3) 개업의사객관적인식가능성설

개업의사 객관적 인식가능성설은 개업준비행위에 의하여 개업의사가 주관적으로 실현되는 것만으로는 부족하고, 영업용 기계를 구입한다든지 하여 상대방에 의하여 개업의사가 객관적으로 인식되어야 한다는 것이다.

(2) 단계적 결정설

단계적 결정설은 개업의사가 구체적으로 전개하는 준비행위의 각 단계에 따라 그 보조적 상행위성을 주장하는 각 당사자의 구체적 사정을 참작하여 상대적으로 결정하려는 이론이다.

1) 2단계설

2단계설은 먼저 개업의사를 상대방만이 알고 있고, 또 알 수 있는 단계에서는 상대방에 대해서만 행위자가 상행위성을 주장할 수 있으나, 다음에 그것을 일반인도 알고 또는 알 수 있는 단계에서는 누구에게든지 상행위성을 주장할 수 있다는 학설이다.

2) 3단계설

3단계설은 먼저 개업의사 준비행위에 의하여 주관적으로 실현되는 단계에서는 상대방만이 상행위성을 주장할 수 있고, 다음에 개업의사를 특정의 상대방이 인식하거나 또는 인식할 수 있는 단계에서는 인식가능을 증명할 수 있는 한, 행위자도 상대방에 대하여 상행위성을 주장할 수 있으며, 끝으로 행위 자체에 의하여 영업의사의 존재를 일반이 객관적으로 인식가능한 단계에서는 일반 제3자에 대하여 상인자격을 대항할 수 있게 되어 보조적 상행위의 추정이 생긴다고 보는 학설이다.

제3장 영업설비

Ⅰ. 상업사용인

1. 서 설

일반적인 의미에서의 상업사용인이란 상인을 위하여 널리 영업상 업무에 종사할 의무를 부담하는 자를 말하고, 그 업무는 대내적이든 대외적이든 상관없다. 그러나 상법상 상업사용인은 특정 상인에 종속하는 종속적 보조자이다. 따라서 대리상·중개인·위탁매매인 등과 같은 독립적 보조자와 구별되며, 회사의 기관인 이사, 감사나 무한책임사원과 구별된다. 한편 종속관계는 반드시 고용계약에 의하는 것은 아니나, 반드시 대리권 수여계약이 있어야 한다. 따라서 대리권 수여계약이 존재하기만 하면 되므로 그 직함의 명칭을 무엇으로 사용하는 지는 그리 중요하지 않다(1982. 6. 8. 82다150). 또한 상업사용인은 대외적인 영업상의 활동을 보조하는 자로서 그 성질상 자연인에 한한다고 볼 것이다.

2. 상업사용인의 종류

상업사용인은 대리권의 유무 및 그 범위에 따라 지배인, 부분적 포괄대리권을 가진 사용인 및 물건판매점포의 사용인으로 나누어진다.

(1) 지배인

1) 지배인의 의의

지배인이란 영업주에 갈음하여 그 영업에 관한 재판상 또는 재판 외의 모든 행위를 할 수 있는 영업대리권을 가진 상업사용인이다(상법 제11조 제1항). 지배인과 회사의 대표이사는 그 권한 범위가 포괄적인 점에서 유사하고, 주식회사에서는 양자 모두 이사회에서 선임한다는 점에서 같다(상법 제389조 제1항, 제393조 제1항). 그러나 지배인이 개인적 수권행위에 의하여 선임되는 영업의 대리인임에 비하여, 대표이사는 단체법상 회사의 대표기관이며, 영업주 또는 회사와의 관계에서 지배인은 통상 고용관계에 기초를 두고 있으나, 대표이사는 위임관계에 있다(상법 제382조 제2항). 한편, 지배인은 자연인에 한하며, 행위무능력자도 무방하고, 특별한 제한이 없다. 회사의 업무집행사원이 지배인을 겸하는 것은 상관이 없으나 감사는 직무의 성질상 지배인을 겸할 수 없다.

2) 지배인의 선임·종임

가. 지배인의 선임

지배인을 선임할 수 있는 자는 영업주인 상인 또는 그의 대리인이다(상법 제10조). 이에 대하여 가장 광범위한 권한을 가진 지배인이라고 하더라도 다른 지배인을 선임할 수 없기 때문에(상법 제11조), 상인의 대리인 중 법정대리인만이 지배인을 선임할 수 있다. 다만 임의대리인도 지배인을 선임할 수 있는가에 대해서는 의견이 나뉘나 특별히 일르 제한할 필요는 없다고 본다. 한편, 소상인은 지배인을 선임할 수 없고(상법 제9조), 회사의 경우에는 대표기관이 지배인을 선임한다(상법 제203조, 제274조, 제393조, 제564조).

나. 지배인의 선임방식

지배인 선임행위의 방식에는 특별한 제한이 없다. 그러나 포괄적인 대리권을 수여하는 행위이므로 명시적인 의사표시에 의하여야 한다고 보는 소수의 견해도 있다. 지배인의 선임행위의 법적성질에 관하여는 대리권수여계약이라고 보는 것이 통설이다. 그러나 이러한 경우 대내관계를 발생시키는 행위인 위임·고용 등과의 관계가 불분명하므로 대리권수여행위와 결합한 고용계약 또는 위임계약으로 보는 것이 일반적이다.

다. 지배인의 종임

지배인의 지위는 그 선임계약의 내용에 따라 대리권의 소멸 또는 위임관계의 종료에 관한 민법의 일반원칙에 따라 소멸한다. 그 성질상 영업의 폐지, 회사의 해산 등에 의해서도 종임한다. 영업양도의 경우에는 당연히 종임하는 것은 아니고, 영업양도의 당사자 간에 특약이 없는 한 양수인을 위한 지배인으로 남는다고 할 것이다.

라. 지배인의 선임·종임등기

지배인의 선임과 종임은 등기사항이므로 본점 또는 지점에서 등기하여야 한다(상법 제13조). 지배인 등기는 대항요건에 불과하므로(상법 제37조) 지배인 선임의 사실만으로 즉시 상법이 정한 지배인으로서의 권한을 갖는다.

3) 지배권

가. 지배권의 의의

지배권이란 지배인이 갖는 대리권으로서 영업주에 갈음하여 영업에 관한 모든 재판상 또는 재판 외의 행위를 할 권한을 가지는(상법 제11조 제1항) 영업의 전반에 걸친 포괄적인 권한이며, 영업주가 임의로 신축할 수 없다. 따라서 지배권을 제한하여도 선의의 제3자에게 대항할 수 없다(상법 제11조 제3항).

나. 지배권의 범위

지배권은 영업주의 영업에 관한 재판상 또는 재판 외의 모든 행위에 미친다(상법 제11조 제1항). 영업에 관한 행위인가 아닌가는 그 행위의 객관적 성질에 따라서 결정할 것이지 지배인의 주관적 의사에 따라 결정할 것은 아니다. 판례도 지배인의 행위가 영업주의 영업에 관한 것인가의 여부에 대하여 지배인의 행위당시의 주관적 의사와는 관계없이 그 행위의 객관적 성질에 따라 추상적으로 판단되어야 한다고 하였다(1987. 3. 24. 86다카2073). 특히, 지배인의 행위가 그 객관적 성질에 비추어 영업주의 영업에 관한 행위로 판단되는 경우에도 지배인이 자기 또는 제3자의 이익을 위하여 또는 그 대리권에 관한 제한에 위반하여 한 행위에 대하여는 그 상대방이 악의인 경우에 한하여 영업주는 그러한 사유를 들어 상대방에게 대항할 수 있다고 판단하였다(1987. 3. 24. 86다카2073). 또한 판례는 지배인은 영업주에 갈음하여 그 영업에 관한 재판상 또는 재판 외의 모든 행위를 할 수 있다는 것을 전제하면서 지배인의 어떤 행위가 그 객관적 성질에 비추어 영업주의 영업에 관한 행위로 판단되는 경우에 지배인이 영업주가 정한 대리권에 관한 제한 규정에 위반하여 한 행위에 대하여는 제3자가 위 대리권의 제한 사실을 알고 있었던 경우뿐만 아니라 알지 못한 데에 중대한 과실이 있는 경우에도 영업주는 그러한 사유를 들어 상대방에게 대항할 수 있다고 하였다(1997. 8. 26.. 96다36753). 이때 이러한 제3자의 악의 또는 중대한 과실에 대한 주장·입증책임은 영업주가 부담한다(1997. 8. 26.. 96다36753).

한편, 재판상의 행위란 소송행위를 말하는데, 지배인은 모든 심급에서 소송대리인이 될 수 있고(민사소송법 제87조), 또 소송대리인을 선임할 수 있다. 재판 외의 행위란 소송행위 외의 모든 행위를 포함한다. 또한 영업주가 여러 개의 상호를 가지고 여러 종류의 영업을 하고 있는 경우라도 지배인의 지배권은 각 상호에 따른 영업에 한정되며, 한 개의 영업에 관하여 여러 개의 영업소를 가지는 경우에도 지배권의 범위는 영업소 단위로 한정된다(상법 제10조, 제13조).

다. 지배권의 한계

지배권은 영업에 관한 행위에 한하므로 영업 외의 행위에는 미치지 아니한다. 또한 지배권은 정형성·포괄성을 그 특징으로 하므로 영업주가 거래의 종류·금액·시기 등에 관하여 제한을 가하더라도 이 제한으로써 선의의 제3자에게 대항하지 못한다(상법 제11조 제3항).

라. 지배권의 남용

지배인이 지배권을 자기 또는 제3자를 위하여 남용한 경우, 즉 지배인이 객관적으로는 그 대리권의 범위 내에 속하지만 주관적으로는 자기 또는 영업주 이외의 제3자의 이익을 도모하기 위하여 대리행위를 하는 경우 그 효력에 대해서 살펴볼 필요가 있다. 사실상 지배인의 주관적 의도는 문제라고 할 것이지만 그가 한 행위는 여전히 대리권의 범위내에서 한 것이기 때문에 그 행위의 효력은 여전히 본인에게 미친다고 할 것이다. 다만 거래의 상대방이 지배인의 이러한 주관적인 의도를 거래 상대방이 알았거나 알 수 있었다면 문제가 달라진다고 할 것이다. 이에 대하여 판례는 종래 권리남용설의 입장에서 거래상대방이 악의인 경에 영업주가 대항할 수 있다는 입장을 취하였다. 거래의 쌍대방이 지배인과 공모하거나 악의인 경우에는 그 거래행위의 효과를 주장할 수 없다는 것이다(1987. 3. 24 86 다카 2073). 그러나 이후 판례는 심리유보설의 입장에서 지배인의 행위에 민법 제107조 제1항 단서를 유추적용하여 상대방이 악의이거나 과실이 있는 경우 그 지배인의 행위는 무효가 된다고 판시하고 있다(2001. 10. 30. 2001다51879).

4) 공동지배인

영업주는 지배인의 지배권을 제한하기 위하여 수인의 지배인에게 공동으로 대리권을 행사하게 할 수 있다(상법 제12조 제1항). 이를 공동지배권이라고 하고, 이때의 지배인을 공동지배인이라고 한다. 이러한 공동지배인제도는 대리권의 남용·오용으로 인한 영업주의 불이익을 방지하는데 그 목적이 있다.

공동지배인은 수인의 지배인이 공동으로만 지배권을 행사할 수 있으며, 수인의 지배인이 각각 대리권을 행사하는 수인의 대리인과는 다르다. 한편, 공동지배인이 특정행위에 관하여 그 1인에게 대리권행사를 위임할 수 있는가에 대해서는 대리권의 포괄적인 위임이 아닌 한 거래의 원활화를 위하여 인정할 수 있다고 할 것이다. 물론 공동지배인이 단독으로 거래행위를 한 경우에는 원칙적으로 무권대리가 되어 본인은 책임을 지지 않는다. 이는 그 제도의 취지상 거래 상대방이 선의인 경웨도 마찬가지라고 할 것이다.

5) 표현지배인

상법은 외관을 신뢰한 거래자를 보호하기 위하여, 본점 또는 지점의 영업주임 기타 유사한 명칭을 가지는 사용인은 지배인과 동일한 권한을 가지는 것으로 의제하고 있다(상법 제14조 제1항). 이를 표현지배인이라고 하며, 영업주는 표현지배인의 재판 외의 행위에 관하여 정상적인 지배인이 행위한 것과 동일한 책임을 져야 한다. 이렇듯 영업주가 책임을 부담하기 위해서는 ① 영업소로서의 성질을 갖춘 곳에서, ② 사용인이 표현적 명칭을 사용하여, ③ 지배인의 권한 내의 거래를 하였으며, ④ 이에 대한 영업주의 허락 또는 묵인이 있었고, ⑤ 상대방이 선의이어야 한다(상법 제14조 제2항).

판례는 표현지배인에 관한 규정이 적용되기 위하여는 당해 사용인의 근무장소가 상법상 지점으로서의 실체를 구비하여야 하고, 어떠한 영업장소가 상법상 지점으로서의 실체를 구비하였다고 하려면 그 영업장소가 본점 또는 지점의 지휘·감독 아래 기계적으로 제한된 보조적 사무만을 처리하는 것이 아니라, 일정한 범위 내에서 본점 또는 지점으로부터 독립하여 독자적으로 영업활동에 관한 결정을 하고 대외적인 거래를 할 수 있는 조직을 갖추어야 한다고 판시하였다(1998. 8. 21. 97다6704). 지배인의 행위가 영업주의 영업에 관한 것인가의 여부는 지배인의 행위 당시의 주관적인 의사와는 관계없이 그 행위의 객관적 성질에 따라 추상적으로 판단하여야 할 것인바, 지배인이 영업주 명의로 한 어음행위는 객관적으로 영업에 관한 행위로서 지배인의 대리권의 범위에 속하는 행위라 할 것이므로 지배인이 개인적 목적을 위하여 어음행위를 한 경우에도 그 행위의 효력은 영업주에게 미친다 할 것이고, 이러한 법리는 표현지배인의 경우에도 동일하다고 하였다(1998. 8. 21. 97다6704). 따라서 제약회사의 지방 분실장이 자신의 개인적 목적을 위하여 권한 없이 대표이사의 배서를 위조하여 어음을 할인한 경우 표현지배인의 성립을 인정하였다(1998. 8. 21. 97다6704).

한편, 표현지배인이 성립하려면 당해 사용인의 근무 장소가 상법상의 영업소인 '본점 또는 지점'의 실체를 가지고 어느 정도 독립적으로 영업 활동을 할 수 있는 것임을 요하기 때문에 본·지점의 기본적인 업무를 독립하여 처리할 수 있는 것이 아니라 단순히 본·지점의 지휘·감독 아래 기계적으로 제한된 보조적 사무만을 처리하는 영업소는 상법상의 영업소인 본·지점에 준하는 영업장소라고 볼 수 없다. 결국 영업소는 본점 또는 지점으로부터 독립하여 독자적으로 일정한 범위 내의 영업활동을 결정하고 대외적인 거래를 하는 영업장소이어야 한다(2000. 8. 22. 2000다13320). 따라서 판례는 회사의 주주로서 자금조달 업무에 종사함과 아울러 지방 연락사무소장으로서 그 회사로부터 토지를 분양받은 자들과의 연락 업무와 투자 중개 업무를 담당해 온 경우, 회사를 위하여 독립적으로 영업 활동을 할 수 있는 지위에 있었다고 단정할 수 없다는 이유로, 표현지배인이 아니라고 판시하였다(1998. 10. 13.. 97다43819).

표현지배인이 성립하기 위해서는 거래상대방이 선의이어야 한다. 즉 거래 상대방은 표현지배인이 지배인이 아니라는 사실을 알지 못한 것을 말한다. 이때 상대방이 그 사실을 알지 못한 데에 단순히 과실이 있는 경우에는 선의와 같이 취급하여 영업주가 그 거래행위에 대한 책임을 진다. 그렇다고 해서 표현지배인의 대리행위가 유권대리행위가 된다는 것은 아니다(1983. 12. 13. 83다카1489).

6) 표현대표이사

가. 의 의

표현대표이사란 대표이사가 아니면서 회사의 승인하에 대표이사로 오인할만한 명칭을 사용하여 대표행위를 한 자를 말한다. 상법은 표현대표이사를 믿고 거래한 선의의 제3자에 대하여 회사가 책임을 지도록 하고 있다(상법 제395조). 표현대표이사의 법리적 근거는 영미법상 금반언의 법리 또는 독일법상 외관이론이라고 볼 것이다(1979. 2. 13. 77다2436).

나. 요 건

i) 외관의 신뢰

대표이사가 아닌 이사가 회사를 대표할 권한이 있는 것으로 인정될 만한 명칭을 사용하였어야 한다. 그러나 이사자격의 유무가 표현적 지위의 형성에 아무런 차이를 주지 않기 때문에 표현적 명칭(사장, 부사장, 전무, 상무, 총무, 회장 등)을 사용한 자는 이사가 아닌 사용인이나 이사의 직을 사임한 자에도 가능하다(1992. 7. 28. 91다35816). 명칭의 사용방법에는 아무런 제한이 없으므로 명칭을 사용하지 않더라도 상대방에게 대표자라는 인식을 주면 충분하다.

ii) 외관의 허락

회사가 명칭의 사용을 허락함으로써 외관작출의 원인을 부여한 귀책사유가 있어야 한다. 회사의 승인은 명시적이든 묵시적이든 상관없다. 회사가 과실에 의하여 명칭사용을 방치한 경우에도 마찬가지이다(1989. 5. 23. 89다카3677).

iii) 표현대표이사의 대표행위

표현대표이사의 대표행위에 국한하며, 대내적 업무집행행위는 포함되지 않는다. 또한 그 행위는 대표이사의 권한에 속하는 행위 이어야 한다(1998. 3. 27. 97다34709).

iv) 외관의 신뢰

제3자는 직접적인 거래상대방 뿐만 아니라 그 명칭을 신뢰하고 거래한 제3자 전부이다. 제3자는 선의이어야 하고, 제3자의 악의의 입증은 회사가 부담한다. 제3자가 무과실일 것을 요하지 않는다. 그러나 중대한 과실이 있으면 보호할 필요가 없다고 본다.

다. 적용범위

표현대표이사에 관한 규정(상법 제395조)은 거래의 안전을 보호하기 위한 것으로서 법률행위에 대해서만 적용된다. 따라서 표현대표이사의 불법행위에 대해서는 본 규정이 적용되지 않고, 회사는 민법의 일반규정(민법 제35조, 또는 제756조)에 의하여 책임을 부담하여야 할 것이다. 또한 본 규정은 소송행위에도 적용되지 않으며(상법 제14조 제1항 단서 유추적용), 조세의 부과 및 징수에도 적용되지 않는다(1987. 7. 21. 87누224).

라. 효 과

회사는 표현대표이사의 행위에 대하여 대표권있는 이사가 한 것과 같이 제3자에 대한 책임을 부담한다. 이때 무권대리에 관한 민법규정(민법 제130조 이하)을 적용할 수 있는가는 견해가 나뉘어 있다.

적극설은 민법의 무권대리에 관한 규정을 적용할 수 있고, 제3자는 철회권(민법 제134조), 회사는 추인권(민법 제130조, 제133조)을 갖는다고 한다. 이에 대하여 소극설은 상법(상법 제395조)을 적용하는 경우에는 무권대리에 관한 규정의 적용은 배제되고, 다만 어음법(어음법 제8조)과 수표법(수표법 제11조)에 의한 무권대리인의 책임을 표현대표이사에게도 물을 수 있다고 한다. 그러나 우선 상법의 규정을 적용하고, 상법에 규정이 없는 철회권과 추인권 등에 관해서는 민법의 규정을 적용할 수 있다고 본다.

표현대표이사의 행위로 회사가 책임을 진 결과로 회사는 표현대표이사에게 구상권을 행사함은 물론 손해배상청구권을 행사할 수 있다.

라. 민법상 표현대리와의 관계

상법상 표현대표이사의 규정(상법 제395조)은 민법상 표현대리에 관한 규정(민법 제125조, 제126조, 제129조)의 특칙으로 이해할 수 있을 것이나, 상법의 규정이 민법규정의 적용을 배척한다고는 볼 수 없고, 표현대표이사의 행위가 민법상 표현대리(민법 제125조, 제126조, 제129조)에 해당하는 경우에는 회사는 민법의 규정에 의해서도 책임을 부담하여야 할 것이다. 그러나 상법(상법 제395조)이 민법의 표현대리에 관한 규정(민법 제125조, 제126조, 제129조)보다 제3자를 보다 광범하게 보호하고 있으므로 법원의 적용순서상 상법이 먼저 적용되면 민법의 규정을 적용할 여지는 적어진다고 볼 것이다.

(2) 부분적 포괄대리권을 가진 사용인

1) 의 의

영업의 특정한 종류 또는 특정한 사항에 관하여 포괄적 대리권을 가지는 상업사용인을 의미하며(상법 제15조 제2항), 부장, 차장, 과장, 대리 등이 있다.

2) 선임·종임

부분적 포괄대리권을 가진 사용인의 선임과 종임에 관련한 사항은 대체로 지배인의 경우와 동일하다. 다만, 영업주와 그 법정대리인 이외에 지배인도 이를 선임·해임할 수 있고, 부분적 포괄대리권을 가진 사용인은 등기사항이 아니며, 소상인이 지배인을 선임하더라도 상법적용이 없으나(상법 제9조), 소상인이 부분적 포괄대리권을 가진 사용인을 선임하는 경우에는 상법이 적용되는 점 등이 다르다.

3) 대리권의 범위

부분적 포괄대리권은 특정한 사항에 관한 포괄성과 정형성을 가지므로 이를 제한하더라도 선의의 제3자에게 대항할 수 없는 불가제한성을 가지는 점은 지배인과 같으나, 그 대리권의 범위가 영업전반에 걸치지 않고 영업주로부터 위임받은 특정한 종류 또는 사항에 한정되고, 재판상의 행위가 제외되며, 선임 및 종임이 등기사항이 아닌 점이 다르다.

4) 표현사용인의 문제

지배인의 경우와 달리 부분적 포괄대리권을 가진 사용인의 경우에는 표현지배인과 같은 규정이 없다. 그러나 표현과장, 표현부장 등이 제3자와 거래한 경우에도 표현지배인에 관한 규정(상법 제14조)을 유추적용하여 제3자를 보호하는 것은 타당하다는 견해가 있다. 그러나 다수설과 판례는 이러한 유추적용을 부정한다(2007. 8. 23. 2007다23425). 특히 판례는 이러한 경우 영업주에게 책임을 묻기 위해서는 민법상 표현대리 법리를 따르면 된다고 판시한 바있다(1999. 7. 27. 99다12932).

(3) 물건판매점포의 사용인

물건을 판매하는 점포의 사용인은 그 물건의 판매에 관한 한 모든 권한이 있는 것으로 보아(상법 제16조 제1항) 의제상업사용이다. 외관법리에 근거하여 상법이 특별히 정한 제도이다. 물권판매점포의 사용인에 대한 대리권의 의제는 선의의 거래자를 보호하기 위한 것이므로 악의의 제3자에 대해서는 그 적용이 없다(상법 제16조 제2항). 물건판매점포의 사용인은 점포 안에서 이루어지는 외관을 신뢰한 자를 보호하는 것이므로 점포 밖에서 이루어지는 행위에 대해서는 그 저공이 없다. 판례도 상사회사 지점의 외무사원은 상법 16조 소정 물건 판매점포의 사용인이 아니므로 그 회사를 대리하여 물품을 판매하거나 또는 물품대금의 선금을 받을 권한이 없으며, 이러한 경우 해당하는 외무사원이 점포 밖에서 그 사무집행에 관한 물품거래행위를 하고 그로 인해 타인에게 손해를 입힌 경우에는 회사는 사용자의 배상책임을 부담한다고 판시하였다(1976. 7. 13. 76다860).

3. 상업사용인의 의무

(1) 서 설

상업사용인은 특정상인의 종속적 기업보조자이므로 민법상 위임 또는 고용계약의 취지에 따라 영업주에게 충실하여야 할 의무인 선관주의의무를 부담한다(민법 제655조, 제680조, 제681조). 특히 영업상의 기밀이나 고객관계 기타의 거래사정을 악용하여 자기 또는 제3자의 이익을 도모할 우려가 있으므로 상법은 경업금지의무라는 일정한 부작위의무를 규정하고 있다. 따라서 상업사용인의 영업주와의 이익충돌은 물론(부정 경쟁방지), 그 정력분산을 방지하고자(노동력 확보) 하였다.

(2) 상업사용인의 의무 내용

1) 경업금지의무

상업사용인은 영업주의 허락없이 자기 또는 제3자의 계산으로 영업주의 영업부류에 속한 거래를 하지 못한다(상법 제17조 제1항 전단). 이를 협의의 경업피지의무라고도 한다. 대리상, 합명회사의 무한책임사원, 물적 회사의 이사의 의무 등이 이에 속한다. 그러나 동일상품을 취급하더라도 도매상과 소매상은 영업부류를 달리한다고 해석한다. 본 의무는 종임하면 소멸한다.

2) 겸직금지의무

상업사용인은 또한 회사의 무한책임사원, 이사 또는 다른 상인의 사용인이 되지 못한다(상법 제17조 제1항 후단). 여기서의 회사는 물론 다른 회사를 의미한다. 일반적으로 특정 지위의 취임을 금지하는 것은 사용인의 정력집중의무를 강조한 것으로, 경업금지의무와는 달리 동종영업이라는 제한이 없다. 그러나 대리상(상법 제89조), 합명회사 및 합자회사의 사원(상법 제198조, 제269조), 유한책임회사의 업무집행자(상법 제287조의10), 주식회사의 이사(상법 제397조), 유한회사의 이사(상법 제567조)의 규정을 보면 대리상이나 회사의 경우에는 "동종영업"을 전제로 겸직금지의무를 부담토록 하고 있다. 따라서 이러한 사정으로 고려하여 이 때의 회사는 동종영업을 하는 회사의 뜻으로 보아야 할 것이라는 견해도 있다. 그러나 상업사용인의 의무로서 겸직금지의무는 정력집중의무를 강조한 것이므로 동종영법이라는 제한이 없이 모든 겸직이 금지된다고 할 것이다.

(3) 상업사용인의 의무 위반

1) 경업의 허용

상법 제17조는 "영업주의 허락없이"라고 명문화하고 있으므로 영업주의 명시적·묵시적 허락이 있는 경우에는 경업금지의무의 위반이 되지 않는다.

2) 의무 위반행위의 효력

상업사용인이 영업주의 허락없이 한 위반행위 자체는 유효하다. 상업사용인의 의무는 영업주와의 사이에서 대내적으로 영업주의 영업에만 전념하도록 인정하고 있기 때문이다. 따라서 상업사용인의 의무 위반에 대하여 영업주는 대리권 수여행위에 관한 계약을 해지할 수 있다(상법 제17조 제3항 전단). 또한 상업사용인의 의무위반으로 영업주가 개입권을 행사하거나 이익양도를 받고도 손해가 발생한 경우에는 손해배상을 청구할 수 있다(상법 제17조 제3항 후단).

3) 개입권

가. 개입권의 의의

개입권은 상업사용인이 의무 위반으로 한 거래행위가 자기의 계산으로 한 것인 때에는 영업주의 계산으로 한 것으로 하거나, 제3자의 계산으로 한 것인 때에는 상업사용인이 얻은 보수 등 이익을 양도하도록 청구할 수 있는 영업주의 권리이다(상법 제17조 제2항). 이는 경제적 효과의 탈취라는 점에서 탈취권이라고도 한다. 대리상(상법 제89조), 합명회사 및 합자회사의 사원(상법 제198조, 제269조), 유한책임회사의 업무집행자(상법 제287조의10), 주식회사의 이사(상법 제397조), 유한회사의 이사(상법 제567조) 등이 부담하는 경업금지의무에서 인정되는 개입권도 이와 같다.

개입권을 인정한 이유는 영업주로 하여금 손해입증의 곤란을 면하게 하고, 또 고객관계를 유지할 수 있도록 하는데 있다. 개입권의 행사는 영업주의 일방적인 의사표시로써 하는 형성권으로서, 그 거래를 안 날로부터 2주 또는 그 거래가 있은 날로부터 1년 내의 제척기간에 행사하여야 한다(상법 제17조 제4항).

나. 개입권행사의 효과

개입권행사의 효과는 영업주와 상업사용인의 대내적인 관계에만 미치고 상업사용인과 제3자와의 법률관계를 변경하거나 영업주가 제3자에 대하여 거래의 당사자가 되는 것은 아니다. 따라서 개입권행사의 효과는 채권적인 것으로서, 상업사용인이 그 거래의 경제상의 효과를 전부 영업주에게 귀속시킬 의무만을 부담한다.

II. 상 호

1. 서 설

일반적 의미의 상호는 상인이 영업상 자기를 표시하기 위하여 사용하는 명칭을 말하며(상법 제9조 참조), 법률적 의의의 상호는 영업활동으로부터 생기는 권리의무의 귀속자인 상인을 표시하는 명칭을 의미한다(상법 제18조 참조). 이러한 상호는 사회적·경제적인 입장에서 영업의 독립성과 동일성을 표시하며, 그 명성과 신용의 표적이 되는 기업의 명칭으로서 재산적 가치를 갖고, 대여의 대상이 된다.

2. 상호선정의 자유

(1) 상호선정의 자유

상법은 원칙적으로 상호선정의 자유를 인정하여 상인은 그 성명 기타의 명칭으로 상호를 정할 수 있다고 규정하고 있다(상법 제18조). 그러나 회사의 상호에는 그 종류에 따른 문자를 사용하여야 하고(상법 제19조), 상사특별법에 의한 특수사업을 목적으로 하는 회사는 그 업무도 표시하여야 한다(은행법 제14조 등). 회사가 아니면 상호에 회사라는 명칭을 사용할 수 없으며(상법 제20조), 부정한 목적으로 타인의 영업으로 오인할 수 있는 상호를 사용하지 못한다(상법 제23조 제1항). 명의대여자는 자기를 영업주로 오인하여 거래한 제3자에 대하여 그 거래로 인한 채무를 그 타인과 연대하여 변제할 책임이 있다(상법 제24조). 합명회사 또는 합자회사의 상호 중에 무한책임사원의 성명이 그 퇴사 후에도 사용된 경우 당해 사원은 그 성명사용의 폐지를 청구할 수 있다(상법 제226조, 제269조).

(2) 단일 상호의 원칙

상호의 수는 하나의 영업에 대하여 하나를 원칙으로 한다(상법 제21조 제1항). 그러나 회사의 경우에는 수 개의 영업을 하더라도 하나의 상호만을 사용할 수 있다. 영업소가 여러 개 있는 경우에는 지점의 상호에는 본점과의 종속관계를 표시하여야 한다(상법 제21조 제2항).

3. 상호의 등기·가등기

(1) 상호의 등기

상법은 상호의 등기제도를 인정하고 있다. 개인 상인의 경우 그 특성상 상호등기를 강제하지 않는다. 다만, 일단 등기한 경우에는 절대적 등기사항과 마찬가지로 그 변경이나 폐지의 경우에도 등기를 하여야 한다(상법 제40조).

회사의 상호는 회사의 설립등기사항에 포함되어 반드시 등기하여야 하며(상법 제180조 제1호, 제270조 제1항, 제317조 제2항, 제549조 제2항), 별도로 상호등기부에 등기하지 않고 회사등기부에 등기한다(상등규 제50조). 개인 상인과는 달리 수 개의 영업을 하는 때에도 하나의 상호만을 사용할 수 있음은 이미 본 바와 같다.

(2) 상호의 가등기

1) 의 의

상호의 가등기는 본등기를 할 요건을 갖추기 전에 장래의 상호등기의 보전을 위하여 미리 하는 등기를 말한다. 이는 1995

년 개정상법에서 새로이 도입한 제도이다. 상법상 회사에만 가능하고 개인 상인의 경우에는 그 적용이 없다.

2) 가등기의 요건

상호의 가등기는 주식회사나 유한회사 등 물적회사의 설립시 본점소재지를 관할하는 등기소에 상호의 가등기를 신청할 수 있다(상법 제22조의2 제1항). 합자회사나 합명회사 등 인적회사에서는 비교적 단기간에 회사설립을 마칠 수가 있으므로 가등기는 인정되지 않는다. 다만, 회사의 상호 및 목적을 변경하는 경우에는 물적회사는 물론이고 인적회사의 경우에도 본점소재지를 관할하는 등기소에 상호의 가등기를 신청할 수 있다(상법 제22조의2 제2항). 회사본점을 이전하는 경우에도 이전할 곳을 관할하는 등기소에 상호의 가등기를 신청할 수 있다(상법 제22조의2 제3항).

3) 가등기의 효력·절차

상호 가등기의 효력은 상호 등기와 같은 효력이 발생한다(상법 제22조의2 제4항). 즉 가등기는 본등기와 마찬가지로 등기배척력이 있으므로 가등기하려는 상호가 이미 특별시·광역시·시·군에서 동종영업의 상호로 가등기하지 못한다.

4. 상호권

(1) 서 설

상호는 상인에게 있어서 재산적 가치가 있으므로 상법은 상호권을 인정하여 타인의 부정침해로부터 이를 보호하고 있다. 상호권의 법적성질에 관해서 종래 인격권설, 재산권설, 등기를 전후하여 전에는 인격권이고, 후에는 재산권이라는 학설, 인격권적 성질을 띠는 재산권설, 특수한 권리설 등으로 나뉘나, 대체로 등기 전후를 불문하고, "인격권적 성질을 포함하는 재산권"이라고 보는 것이 타당하다.

(2) 상호권의 내용

1) 상호사용권

상호를 적법하게 선정한 자는 그 상호의 등기와 상관없이 "타인의 방해를 받지 않고 상호를 사용할 수 있는 권리"인 적극적인 상호사용권을 가진다. 따라서 상호의 사용을 방해하는 행위는 불법행위가 된다(민법 제750조).

2) 상호전용권

가. 상호전용권의 의의

상호전용권은 타인이 부정한 목적으로 자기가 사용하는 상호와 동일 또는 유사한 상호를 사용하는 경우 그 사용을 배제할 수 있는 소극적 상호권을 의미한다. 이는 상호를 등기한 후에 비로소 발생하는 권리라고도 하나, 상호전용권은 상호에 대한 배타적 사용권을 의미한다고 보는 것이 합리적이다. 따라서 상법은 상호의 등기·미등기의 구별 없이 상호의 부정사용자에 대해 그 상호의 사용금지와 손해배상을 청구할 수 있도록 규정하고 있다(상법 제23조). 미등기 상호라고 하여 상호권 보호의 가치가 없는 것이 아니므로 상호전용권을 상호의 등기와는 관계없이 적법하게 상호를 선정한 상인이 당연히 갖는 권리라고 보는 것이 타당하다.

나. 상호전용권의 내용

상호권자는 자기의 영업으로 오인할 수 있는 상호를 부정한 목적으로 사용하는 타인에 대하여 그 상호의 사용폐지를 청구할 수 있다(상법 제23조 제1항, 제2항). 그러한 의미에서 이를 상호폐지청구권이라고도 한다. 이때 부정한 목적이란 자기의 영업을 타인의 영업인 것처럼 오인시킴으로써 타인의 상호가 가지는 신용 내지 경제적 가치를 자기가 이용하려는 의도를 말한다. 판례는 상호를 서비스 자체나 그 광고에 표시하는 행위를 상호의 서비스표적 사용으로 보면서 문자와 문자 또는 문자와 도형이 결합된 상표는 원칙적으로 상표의 구성 전체를 비교하여 유사 여부를 판단하여야 한다고 하였다. 다만, 결합상표에 있어서는 언제나 반드시 그 구성부분 전체의 명칭이나 모양에 의하여 호칭, 관념되는 것이 아니고 각 구성 부분을 분리하여 관찰하면 자연스럽지 못할 정도로 불가분적으로 결합되어 있지 아니하는 한 그 구성 부분 중 일부만에 의하여 간략하게 호칭, 관념될 수도 있고, 그 중 하나의 칭호, 관념이 타인의 상표와 동일 또는 유사하다고 인정될 때에는 두 상표는 유사하다고 판단하였다(1995. 9. 29. 94다31365, 31272). 특히 부정한 목적이 있는지는 상인의 명성이나 신용, 영업의 종류·규모·방법, 상호 사용의 경위 등 여러 가지 사정을 종합하여 판단하여야 한다고 판시하였다(2016. 1. 28. 2013다76635).

상호사용폐지청구권은 상호의 등기여부와는 상관없이 행사할 수 있다. 법문에서 그 요건으로 손해를 받을 염려가 있는자와 상호를 등기한 자를 별도로 규정하고 있기 때문이다. 따라서 등기 상호의 경우에는 상호권자가 손해를 받을 염려가 있는지를 불문하고 행사할 수 있으며, 타인이 자기의 영업으로 오인할 수 있는 상호를 등기한 경우 그 등기의 말소를 청구할 수 있다

(상법 제23조 제2항). 이때 오인가능성은 일반인의 입장에서 판단하여야 하는데, 판례는 오인가능성을 판단하여야 하는 두 상호 전체를 비교 관찰하여 각 영업의 성질이나 내용, 영업 방법, 수요자층 등에서 서로 밀접한 관련을 가지고 있는 경우로서 일반인이 양 업무의 주체가 서로 관련이 있는 것으로 생각하거나 또는 타인의 상호가 현저하게 널리 알려져 있어 일반인으로부터 기업의 명성으로 견고한 신뢰를 획득한 경우에 해당하는지를 종합적으로 고려하여야 한다고 판시하였다(2016. 1. 28. 2013다76635).

3) 동일상호 등기자의 등기배척권

가. 의의

타인이 등기한 상호는 동일한 서울특별시, 광역시, 시, 군에서 동종영업의 상호로 등기하지 못한다(상법 제22조). 그러나 다른 행정구역에서 각각 동종영업을 위하여 동일한 상호가 등기된 후 행정구역의 변경으로 동일행정구역이 된 경우에는 병존할 수 있다. 또한, 지점소재지에서 지점의 상호를 등기하는 경우에는 이미 동종영업을 위하여 동일한 상호가 등기되어 있는 경우라도 그 경합을 인정하여야 할 것이다.

한편 판례는 상법 제22조는 "타인이 등기한 상호는 동일한 특별시·광역시·시·군에서 동종 영업의 상호로 등기하지 못한다."고 규정하고 있는바, 위 규정의 취지는 일정한 지역 범위 내에서 먼저 등기된 상호에 관한 일반 공중의 오인·혼동을 방지하여 이에 대한 신뢰를 보호함과 아울러, 상호를 먼저 등기한 자가 그 상호를 타인의 상호와 구별하고자 하는 이익을 보호하는 데 있다고 하였다. 따라서 상법 제22조의 규정은 동일한 특별시·광역시·시 또는 군 내에서는 동일한 영업을 위하여 타인이 등기한 상호 또는 확연히 구별할 수 없는 상호의 등기를 금지하는 효력과 함께 그와 같은 상호가 등기된 경우에는 선등기자가 후등기자를 상대로 그와 같은 등기의 말소를 소로써 청구할 수 있는 효력도 인정한 규정이라고 하여 소위 실체법설의 입장에서 판단하고 있다(2004. 3. 26. 2001다72081).

나. 상호의 역혼동

상호의 역혼동은 상호를 미리 선정하여 사용하고 있는 자가 그 상호를 사용하는 중 동일하거나 유사한 상호를 나중에 등기한 자와의 관계에서 나타난다. 상법 제23조 제1항은 누구든지 부정한 목적으로 타인의 영업으로 오인할 수 있는 상호를 사용하지 못한다고 규정하고 있다. 물론 타인의 영업으로 오인할 수 있는 상호는 그 타인의 영업과 동종 영업에 사용되는 상호만을 한정하는 것은 아니라고 할 것이다. 그러나 어떤 상호가 일반 수요자들로 하여금 영업주체를 오인 또는 혼동시킬 염려가 있는 것인지를 판단함에 있어서는 다음을 고려하여야 한다. 즉, 양 상호 전체를 비교 관찰하여 각 영업의 성질이나 내용, 영업방법, 수요자층 등에서 서로 밀접한 관련을 가지고 있는 경우로서 일반 수요자들이 양 업무의 주체가 서로 관련이 있는 것으로 생각하거나 또는 그 타인의 상호가 현저하게 널리 알려져 있어 일반 수요자들로부터 기업의 명성으로 인하여 절대적인 신뢰를 획득한 경우에 해당하는지 여부를 종합적으로 고려하여야 하는 것이다(2002. 2. 26. 2001다73879). 상호를 먼저 사용한 선사용자의 상호와 동일하거나 유사한 상호를 나중에 사용하는 후사용자의 영업규모가 선사용자보다 크고 그 상호가 주지성을 획득한 경우, 후사용자의 상호사용으로 인하여 마치 선사용자가 후사용자의 명성이나 소비자

신용에 편승하여 선사용자의 상품의 출처가 후사용자인 것처럼 소비자를 기망한다는 오해를 받는 경우가 있을 수 있다. 따라서 이러한 경우 선사용자의 신용이 훼손된 때 등에 있어서는 이를 이른바 역혼동에 의한 피해로 보아 후사용자의 선사용자에 대한 손해배상책임을 인정할 여지가 있다(2002. 2. 26. 2001다73879). 그러나 상호를 보호하는 상법과 부정경쟁 방지 및 영업비밀 보호에 관한 법률의 입법 취지에 비추어, 선사용자의 영업이 후사용자의 영업과 그 종류가 다른 것이거나 영업의 성질이나 내용, 영업방법, 수요자층 등에서 밀접한 관련이 없는 경우 등에 있어서는 상호의 역혼동으로 인한 피해를 인정할 수 없다고 판단하였다(2002. 2. 26. 2001다73879).

5. 상호의 이전·변경·폐지

(1) 상호의 양도

1) 상호양도의 의의

상호는 타인에게 양도할 수 있다. 상호권을 인격권으로 보게 된다면 상호의 양도는 불가능하겠지만 상호권을 "인격권적 성질을 포함하는 재산권"이라고 보는 경우에는 다른 일반재산과 같이 양도의 대상이 될 수 있기 때문이다. 상호권은 상호의 등기유무와 상관없이 인정된다. 따라서 상호의 양도도 등기의 유무와 상관없이 인정된다.

2) 상호양도의 제한

상호는 원칙적으로 영업과 함께 양도하는 경우에만 양도할 수 있다(상법 제25조 제1항). 이때 영업의 양도는 전부이어야 한다. 다만 영업을 폐지하는 경우에는 상호만의 양도가 가능하다(상법 제25조 제1항).

이때 영업의 폐지는 사실상 영업을 중단하는 것 만으로도 충분하다(1988. 1. 19. 87다카1295). 상호의 양도는 양도인과 양수인간의 의사표시만으로 그 효력이 발생한다. 등기된 양도의 제3자 대항에는 양도의 등기가 필요하므로(상법 제25조 제2항), 상호양도의 등기는 부동산 등기와 같이 취급된다.

3) 상호양도의 효력

상호양도의 효력으로서 양도인은 양도한 상호와 동일 또는 유사한 상호를 사용할 수 없게 된다. 영업양도와 함께 상호를 양도한 경우에는 영업양도의 효력으로서 겸업금지의 의무를 지므로(상법 제41조) 이 범위 내에서 동종의 영업을 할 수가 없고, 영업을 위하여 동일한 상호를 사용할 수 없다.

(2) 상호의 상속

상호는 상속에 의하여도 이전된다. 등기상호를 상속한 경우에는 상속인 또는 그 법정대리인이 그 등기의 신청을 하여야 하나(비송 제167조 제1항, 제169조), 그 등기가 양도의 경우와 같이 상호이전의 대항요건은 아니다.

(3) 상호의 변경·폐지

상호를 등기한 자는 그 상호를 변경 또는 폐지한 경우에도 이를 2주 내에 등기하여야 한다(상법 제40조). 상호의 변경 또는 폐지를 등기하지 않은 경우 이해관계인은 그 등기의 말소를 청구할 수 있다(상법 제27조). 또한 상호를 등기한 자가 정당한 사유없이 상호를 2년간 사용하지 않는 경우에는 그 상호를 폐지한 것으로 본다(상법 제26조).

여기에서 "정당한 사유없이"란 불가항력적인 사유뿐만 아니라 자금부족 등으로 인한 일시적인 사업 중단 등 주관적인 이유에 의한 상호사용의 불가도 포함된다. 그러나 상호는 영업종류의 변경으로 당연 폐지되지 아니한다. 다만 영업의 종류를 변경한 경우에는 이를 등기하여야 하고(비송 제166조 제2항), 그 업종에 관하여 이미 타인의 상호가 존재하는 경우에는 다시 등기할 수 없다(상법 제22조).

6. 명의대여자의 책임

(1) 의 의

명의대여자는 자기를 영업주로 오인하여 거래한 제3자에 대하여 그 거래로 인한 채무를 그 타인과 연대하여 변제할 책임이 있는데(상법 제24조), 이를 명의대여자의 책임이라고 한다. 판례는 관계법에서 등록명의를 다른 사람에게 빌려준다든지 하는 일이 금지되는 경우에도 그 등록명의를 대여하였다거나 그 명의로 등록할 것을 다른 사람에게 허락하였다면 등록명의자 스스로 영업주라는 것을 나타낸 것이라 할 것이므로 상법 제24조에 의한 명의대여자로서 책임이 있다고 하였다(1988. 2. 9. 87다카1304). 명의대여자 책임에 관한 상법 제24조가 명의대여자 책임을 인정하는 이론적 기초는 외관이론 또는 금반언의 법리이기 때문이며, 이로서 명의대여자의 책임을 정한 상법은 상호진실주의를 간접적으로 강제하는 효과가 있다.

(2) 명의대여자의 책임발생요건

1) 명의사용의 허락

명의대여자가 자기의 성명 또는 상호의 사용을 명의차용자에게 명시적 또는 묵시적으로 허락하였어야 한다. 묵시적 명의대여자의 책임을 인정하기 위하여는 영업주가 자기의 성명 또는 상호를 타인이 사용하는 것을 알고 이를 저지하지 아니하거나 자기의 성명 또는 상호를 타인이 사용함을 묵인한 사실 및 제3자가 타인의 성명 또는 상호를 사용하는 자를 영업주로 오인하여 거래를 한 사실이 인정되어야 할 것이다. 따라서 명의대여자가 상호 사용을 관리하여야 하는 의무가 인정되는 경우라고 한다면 이를 게을리 한 경우 묵시적 허락으로 인정될 것이다. 그러나 영업주가 자기의 상점, 전화, 창고등을 타인에게 사용하게 한 사실은 있으나 그 타인과 원고와의 거래를 위하여 영업주의 상호를 사용한 사실이 없는 경우에는 영업주가 자기의 상호를 타인에게 사용할 것을 묵시적으로 허락했다고 보기 어렵다 (1982. 12. 28. 82다카887).

2) 외관의 존재

명의대여자의 책임이 발생하기 위해서는 명의대여자가 명의차용자의 영업을 수행하고 있는 듯한 외관이 존재하여야 한다. 이는 사용하는 명의가 동일하거나 유사하여야 한다는 것을 의미한다. 명의차용자는 상행위를 한 자이므로 당연히 상인이어야 하나, 명의대여자는 상인이 아니어도 무방하다. 한편 명의대여자가 영업을 하고 있는 경우 명의대여자의 영업과 명의차용자의 영업이 동일하여야 하는지는 문제이다. 학설은 이를 긍정하는 학설과 부정하는 학설로 나뉘어 있다. 다만, 판례는 호텔 나이트 클럽 사건에서 임대인인 호텔이 그 명의로 영업허가가 난 나이트 클럽을 임대함에 있어 임차인에게 영업허가 명의를 사용하여 다른 사람에게 영업을 하도록 허락한 이상 명의대여자의 책임을 인정하여야 한다고 판시한 바 있다(1978. 6. 13. 78다236). 이 경우 명의대여자와 명의차용자의 영업이 동일하지 않으나 외관상 거래 상대방으로 하여금 충분히 오인할 수 있는 사정을 인정한 것으로 볼 수 있다.

3) 상대방의 오인

명의대여자는 상대방이 명의차용자의 영업을 명의대여자의 영업으로 신뢰한 경우에 책임을 진다. 즉, 명의차용자의 상대방이 명의대여자를 영업주 또는 거래의 주체로 오인하였어야 한다. 이 때 거래상대방은 명의차용자와 거래한 직접 상대방만을 의미한다. 다만 이러한 직접 상대방으로부터 영업상 채권을 양수한 자는 직접 상대방과 같이 취급된다(1970. 9. 29. 70다1703). 그런데 이러한 오인을 한 자가 오인을 함에 있어 중대한 과실이 있는 경우에는 명의대여자의 책임이 인정되지 않는다. 판례는 상법 제24조의 규정에 의한 명의대여자의 책임은 명의자를 영업주로 오인하여 거래한 제3자를 보호하기 위한 것이므로 거래 상대방이 명의대여 사실을 알았거나 모른 데에 대하여 중대한 과실이 있는 때에는 명의대여자는 책임을 지지 않는다고 판시하였다(1991. 11. 12. 91다18309). 상대방에게 이러한 중대한 과실이 있다는 사실에 대한 입증책임은 당연히 면책을 주장하는 명의대여자에게 있다(2001. 4. 13. 2000다10512).

4) 거래행위

명의대여자의 책임이 발생하기 위해서는 명의차용자가 대여자의 명의를 거래행위에 사용하고, 그 거래의 효과로서 발생한 채무에 한한다. 이 때 명의대여자의 영업범위 내에 속하는 거래 또는 동종영업여부는 묻지 아니한다. 한편, 어음행위에도 명의

대여자의 책임이 발생하는가에 대하여는 영업에 관하여 명의대여가 있고 그 영업과 관련하여 어음행위를 한 경우에는 명의대여자가 변제할 책임이 있음은 당연하다(1969. 3. 31. 68다2270). 그러나 특정한 어음행위에 대하여만 명의대여를 한 경우에는 제24조의 유추적용을 부정하고, 어음의 문언성 및 표현의 법리에 따라 명의대여자만이 책임을 져야 할 것이다.

명의 차용자의 영업과 관련된 불법행위로 인한 채무에 대해서는 명의대여자도 연대책임을 진다고 보는 학설도 있으나 판례는 이를 부정한다. 즉, 판례는 불법행위의 경우 설령 피해자가 명의대여자를 영업주로 오인하고 있었더라도 그와 같은 오인과 피해의 발생 사이에 아무런 인과관계가 없으므로, 이 경우 신뢰관계를 이유로 명의대여자에게 책임을 지워야 할 이유가 없다고 판단하였다(1998. 3. 24. 97다55621).

명의대여자의 책임은 명의차용자의 피용자의 행위에 대해서는 그 적용이 없다. 그러나 명의차용자가 그 사용인에게 대리권을 부여한 경우에는 명의대여자의 책임이 인정된다고 할 것이다(1989. 9. 12. 88다카26390). 한편, 타인에게 어떤 사업에 관하여 자기의 명의를 사용할 것을 허용한 경우에 그 사업이 내부관계에 있어서는 타인의 사업이고 명의자의 고용인이 아니라 하더라도 외부에 대한 관계에 있어서는 그 사업이 명의자의 사업이고 또 그 타인은 명의자의 종업원임을 표명한 것과 다름이 없다고 할 것이다. 따라서 명의사용을 허용받은 사람이 업무수행을 함에 있어 고의 또는 과실로 다른 사람에게 손해를 끼쳤다면 명의사용을 허용한 사람은 민법 제756조에 의하여 그 손해를 배상할 책임이 있다(2001. 8. 21. 2001다3658). 판례는 명의대여관계의 경우 민법 제756조가 규정하고 있는 사용자책임의 요건으로서의 사용관계가 있느냐 여부는 실제적으로 지휘·감독을 하였느냐의 여부에 관계없이 객관적·규범적으로 보아 사용자가 그 불법행위자를 지휘·감독해야 할 지위에 있었느냐의 여부를 기준으로 결정하여야 한다는 것이다(1989. 9. 12. 88다카26390).

(3) 명의대여의 효과

명의대여자는 자기를 영업주로 오인하여 거래한 제3자에 대하여 명의차용자와 연대하여 변제할 책임이 있다(상법 제24조). 이 경우 양자의 책임은 부진정연대채무의 관계에 있게 된다. 한편, 판례는 타인의 상호아래 대리점이란 명칭을 붙인 경우는 그 아래 지점, 영업소, 출장소 등을 붙인 경우와는 달리 타인의 영업을 종속적으로 표시하는 부가부분이라고 보기도 어렵기 때문에 제3자가 자기의 상호아래 대리점이란 명칭을 붙여 사용하는 것을 허락하거나 묵인하였더라도 상법상 명의대여자로서의 책임을 물을 수는 없다고 판시하였다(1989. 10. 10. 88다카8354).

Ⅲ. 상업장부

1. 서 설

(1) 상업장부의 의의

상업장부는 상인이 그 영업상의 재산 및 손익의 상황을 명백히 하기 위하여 상법상 의무로서 작성하는 장부를 말한다. 상법상 상인 일반의 상업장부로는 회계장부 및 대차대조표의 2종이 있다. 이외에 재산상태의 파악 이외의 목적을 위하여 작성하는 주주명부, 주주총회나 이사회의 의사록, 사채원부, 사채권자집회

의사록, 중개인 일기장 등은 상법상 상업장부가 아니다. 한편 소상인이 작성하는 장부에 대해서는 상업장부에 관한 규정을 적용하지 않는다(상법 제9조).

(2) 상업장부에 관한 의무

1) 상업장부의 작성

가. 작성의무자

모든 상인은 상업장부를 작성할 의무가 있다(상법 제29조 제1항). 특히 대차대조표의 경우에는 작성자가 기명날인 또는 서명하여야 한다(상법 제30조 제2항). 개인상인, 조합 또는 공익법인의 경우 상인자격의 취득과 동시에 작성의무를 지며, 회사는 설립등기에 의해 법인격을 취득함과 동시에 작성의무를 진다(상법 제30조 제2항). 상인자격을 상실한 때에는 작성의무도 상실한다. 따라서 개인상인의 경우에는 상인의 사망, 영업폐지에 의하여 종료하고, 회사는 청산이 종료한 때 종료한다.

나. 작성방법

상업장부의 작성방법과 관련하여서 상법은 일반적으로 공정하고 타당한 회계관행에 맡기고 있다(상법 제29조 제2항). 그러나 상업장부의 기재는 정연·명료하여야 한다. 회계장부에는 거래와 기타 영업상의 재산에 영향이 있는 사항을 기재하여야 하며(상법 제30조 제1항), 대차대조표에는 일반상인은 영업을 개시할 때와 매년 1회 이상 일정한 시기에, 회사는 성립한 때와 매 결산기에 회계장부에 의하여 작성하고 작성자가 기명날인 또는 서명하여야 한다(상법 제30조 제2항). 회사법의 경우 2011년 기존 재무제표의 작성방법에 관한 규정을 모두 삭제하고 이를 단순히 일반적으로 공정하고 타당한 회계관행에 따르도록 새로운 규정을 마련하였다(상법 제446조의2). 특히 상장회사는 한국채택 국제회계기준(K-IFRS)을 회계기준으로 채택하여 사용하고 있다.

다. 상업장부의 확정

상업장부는 개인상인의 경우 작성과 동시에 확정되나, 회사의 경우에는 작성 후 일정한 절차를 거쳐야 한다. 물적회사의 경우 이사회의 승인, 감사의 감사, 주주총회 또는 사원총회의 승인을 얻어야 하고(상법 제447조, 제447조의3, 제449조 제1항, 제583조 제1항), 인적회사의 경우 총사원 또는 업무집행사원의 승인을 얻어야 확정된다고 본다(상법 제200조, 제201조, 제269조).

2) 상업장부의 보존

가. 보존기간

상인은 상업장부와 영업에 관한 중요서류는 10년간 보존하여야 하나, 전표 또는 이와 유사한 서류는 5년간만 보존하면 된다(상법 제33조 제1항). "영업에 관한 중요서류"란 영업활동에 관한 증거로서의 가치가 있는 서류로서, 후일 분쟁이 발생한 경우 증거로 될 수 있는 서류를 말한다.

보존기간은 장부를 폐쇄한 날로부터 기산하는데(상법 제33조 제2항), 기산점인 "폐쇄한 날"은 결산을 마감한 때이다. 보존기간을 10년으로 한 것은 일반채권의 소멸시효가 10년이므로 그 기간 내에는 분쟁의 가능성이 잠재해 있기 때문에 그 증거를 보전하기 위함이다.

나. 보존의무자

상업장부의 보존의무자는 상인이다. 보존기간 내에 영업을 폐지하여도 보존의무가 있으며, 사망한 때에는 상속인이 보존하여야 한다. 회사기업의 장부보존의무에 관하여는 특별규정을 따로 두고 있다(상법 제266조, 제269조, 제541조, 제613조 제1항 등).

다. 보존방법

상업장부를 보존하는 방법에는 특별한 방법은 없다. 구체적인 보존방법 및 필요한 사항은 대통령령으로 정하도록 하고 있다(상법 제33조 제4항).

3) 상업장부의 제출

법원은 신청에 의하거나 직권으로 소송당사자에게 상업장부 또는 그 일부분의 제출을 명할 수 있다(상법 제32조). 법원으로 하여금 직권으로 그 제출을 명할 수 있게 한 것은 민사소송법상 일반원칙에 대한 특칙으로서, 서증일반의 제출의무에 관한 요건(민소법 제316조)을 필요로 하지 않는다. 제출의무자는 소송당사자에 한하며, 상인 또는 보존의무자로서 장부를 소지하고 있는 자이다. 제출서류의 범위는 상업장부에 한하고, 그 외의 영업상 중요한 서류는 포함되지 않는다. 상업장부의 증거력은 법관의 자유심증에 의하여 결정된다(민소법 제187조).

4) 제 재

개인상인의 경우에는 상업장부에 관한 상법상의 의무를 위반한 경우에도 별다른 제재가 없으며, 회사의 경우에는 특별한 제재를 정하고 있다. 즉, 회사의 경우 업무집행사원·이사·감사·검사인·청산인·지배인 등은 500만원 이하의 과태료의 제재가 있다(상법 제635조 제1항 제9호). 주식회사 및 유한회사의 경우 이사의 임무해태가 되어 회사 및 제3자에게 손해배상책임을 부담한다(상법 제339조, 제401조, 제567조).

2. 회계장부

(1) 회계장부의 의의

상인이 일상의 거래와 기타 영업상의 재산에 영향 있는 사항을 기재하는 동태적 상업장부이다(상법 제30조 제1항). 회계장부인가 아닌가는 그 명칭이나 형식과는 상관없이 그 실질에 의하여 판단하여야 한다. 따라서 회계부기상 일기장·분개장·원장은 물론 실제 거래에 쓰이는 전표도 회계장부에 포함된다고 할 것이다.

(2) 회계장부의 기재사항

일상의 거래 기타 영업상의 재산에 영향 있는 모든 사항이다. 현실적인 증감이어야 하므로 단순한 매매계약의 성립과 같은 법률관계의 발생만으로는 아직 기재능력이 없다. 다만 영업재산에서 지출한 개인상인의 가사비용이나 영업재산에 투입한 사용재산은 기재하여야 할 것이다.

(3) 회계장부의 기재방법·시기

기업회계에서의 명료성 원칙에 따라 부기·회계의 관행에 맞게 기재하여야 한다(상법 제29조 제2항). 법인기업의 경우 법인세법상 복식부기에 의하여야 하지만(법인세법 제62조), 개인기업의 경우에는 단식부기와 복식부기 중 기업의 규모와 특수성에 따라 임의로 정할 수 있다. 그러나 개인상인도 자본금액이 1,000만원 이상인 완전상인만이 상업장부의 작성의무를 지므로 복식부기로 하여야 할 것이다. 상업장부의 기재시기도 일반적으로 공정·타당한 회계관행에 따르면 된다(상법 제29조 제2항).

3. 대차대조표

(1) 대차대조표의 의의

일정한 시기에 있어서의 상인의 영업용 총재산을 자산·부채·자본의 과목으로 분류 기재하여 그 재산의 구성상태를 일목요연하게 하는 적요표, 즉, 개괄표로서 정태적 상업장부를 말한다.

(2) 대차대조표의 종류

대차대조표는 정태적 상업장부이지만 그 작성시기에 따라서 회사성립시 또는 매 결산기에 작성하고, 손익계산의 기초가 되는 통상대차대조표와 회사의 합병·자본감소·청산·파산 등에 작성하고, 재산분배의 기초가 되는 비상대차대조표로 분류된다.

(3) 대차대조표작성의 형식과 방법

대차대조표는 회계장부에 의하여 작성하고 그 작성자가 기명날인 또는 서명하여야 한다(상법 제30조 제2항). 기업회계의 실무에서는 "기업회계기준"에 정해져 있는 대차대조표작성기준(기회기 제11조)에 따라 작성한다. 여기서의 작성자는 개인기업의 영업주, 회사기업의 대표이사 등 작성의무가 있는 자를 말하고 실제로 기재한 자를 의미하지 않는다.

Ⅳ. 영업소

1. 영업소의 의의

일반적으로 영업소란 상인의 영업활동의 중심인 일정한 장소를 말한다. 영업소는 어느 정도의 독립성을 가지고 영업에 관한 지휘·결정을 하며, 활동의 결과가 보고·통일되는 장소적 구심점으로서 시간적으로 계속성이 있는 일정한 공간이어야 한다. 따라서 사실적 행위만이 이루어지는 창고는 영업소가 아니다(1998. 8. 21. 97다6704). 판례는 상법 제14조 제1항 소정의 표현지배인이 성립하려면 당해 사용인의 근무 장소가 상법상의 영업소인 '본점 또는 지점'의 실체를 가지고 어느 정도 독립적으로 영업 활동을 할 수 있는 것임을 요하고, 본·지점의 기본적인 업무를 독립하여 처리할 수 있는 것이 아니라 단순히 본·지점의 지휘·감독 아래 기계적으로 제한된 보조적 사무만을 처리하는 영업소는 상법상의 영업소인 본·지점에 준하는 영업 장소라고 볼 수 없다고 판시한 바 있다(1998. 10. 13. 97다43819).

2. 영업소의 종류

영업소는 일반적으로 본점과 지점으로 분류된다. 주된 영업소의 실체를 갖춘 것을 본점, 종된 영업소의 실체를 갖춘 것을 지점이라고 한다. 지점은 본점에 종속하여 본점의 지휘, 명령을 받아 그 영업활동을 분담하는 영업소로서 여러 개가 있을 수 있다.

3. 영업소의 법적효과

일반적으로 영업소는 자연인의 주소와 같은 법적 효과를 갖는다. 따라서 영업소는 영업에 관한 채무변제의 장소(민법 제667조, 제2항 단서), 증권채권의 변제장소(민법 제516조, 제524조), 상업등기 관할을 정하는 기초(상법 제34조), 재판관할을 정하는 기초(민사소송법 제5조, 제12조), 소송서류의 송달장소(민사소송법 제183조 제1항), 어음상 권리의 행사 또는 보존 장소가 되며

(어음법 제2조, 제4조, 제21조 이하 등), 표현지배인의 결정, 파산·화의·회사정리사건의 관할법원을 결정하는 기준이 된다.

지점에 관하여 본점소재지의 등기사항은 원칙적으로 지점소재지에서도 등기하여야 하고(상법 제35조), 외국회사의 지점도 등기하여야 하며(상법 제614조 제2항), 지점영업만을 위하여 지배인을 선임할 수 있고(상법 제10조, 제13조), 지점거래의 채무이행장소(상법 제56조), 정관 및 주총 의사록의 비치장소가 되며(상법 제396조), 지점만의 영업을 분리하여 영업양도·양수의 대상으로 할 수 있다(상법 제374조 제1항 제1호, 제576조 제1항).

제4장 상업등기

Ⅰ. 총 설

1. 상업등기의 의의

상업등기란 상법의 규정에 의하여 일정한 사항을 공시할 목적으로 법원의 상업등기부에 하는 등기로서 상법이 요구하는 대표적인 공시주의제도이다(상법 제34조). 상업등기는 중세 이탈리아의 상인단체명부에서 그 기원을 찾을 수 있다. 그 후 1861년 독일 보통상법전에서 모든 상인에게 상호·지배인 등을 등기하고 서명 등을 공시토록 하였으며, 이는 1897년 독일 신상법전에 수용되어 일본 및 우리나라에 전해졌다.

상업등기는 상업등기부에 하는 등기로서, 상업등기부에는 상호·미성년자·법정대리인·지배인·합자조합·합명회사·합자회사·유한책임회사·주식회사·유한회사·외국회사에 관한 11가지 종류가 있다(상업등기법 제11조 제1항). 따라서 이상의 11종의 등기부에 하는 등기만이 상업등기이다.

2. 상업등기의 필요성

기업이 일반 공중을 대상으로 거래활동을 집단적이고 계속적으로 하는 경우에는 기업에 관한 중요한 사항을 공시함으로써 거래의 효과를 예측하게 되어 거래의 원활·안전·신속·확실성을 높이게 된다. 상업등기제도는 이렇듯 거래를 보호하기 위한 하나의 방책으로 공시주의가 구체적으로 표현된 것이다. 결국 상업등기제도는 그 목적을 장기적인 측면에서 볼 때 부실기업의 자연도태를 촉진하게 되어 국민경제적인 의의가 크다고 할 것이다. 즉, 상업등기는 일반적으로 등기사항에 관한 신뢰로 자신의 거래행위의 법률적·경제적 효과를 손쉽게 예측할 수 있으며, 상인은 자신의 사회적 신용을 유지·증대 시킬 수 있다. 또한 상업등기는 공시사항에 대하여 선의의 제3자에 대한 대항요건이 된다.

Ⅱ. 등기사항

1. 의 의

등기사항이란 상법의 규정에 의하여 상업등기부에 등기하여야 하는 사항으로서, 상호 및 지배인 등 상 일반에 관한 사항, 미성년자 및 법정대리인 등 개인기업에 관한 사항, 회사의 설립, 자본의 증감 등 회사에 관한 사항 등으로 구분할 수 있다.

2. 절대적·상대적 등기사항

(1) 절대적 등기사항

절대적 등기사항은 반드시 등기하여야 하는 사항으로서 대부분의 등기사항이 이에 속한다. 이를 등기하지 않은 경우 선의의 제3자에게 대항하지 못한다(상법 제37조). 회사의 경우에는 개인기업과 달리 벌칙의 제재가 있다(상법 제635조 제1항 제1호).

(2) 상대적 등기사항

상대적 등기사항은 기업의 의사에 따라서 등기할 것인가를 결정할 수 있는 사항으로서 개인기업의 상호등기 등이 이에 해당한다. 상대적 등기사항이라도 일단 등기한 이상 그 사항의 변경·소멸은 절대적 등기사항이다(상법 제40조).

3. 창설적·면책적·선언적 등기사항

(1) 창설적 등기사항

창설적 등기사항은 법률관계를 설정하는 것을 목적으로 하는 등기사항으로서 지배인의 선임(상법 제13조), 회사의 설립등기(상법 제172조) 등이 해당한다.

(2) 면책적·선언적 등기사항

면책적 등기사항은 법률관계의 해소를 목적으로 하는 등기사항으로서 상호의 폐지등기(상법 제27조), 회사의 해산등기(상법 제228조 등), 사원의 퇴사등기(상법 제225조) 등이 해당한다. 한편 상호선정(상법 제22조) 등 이미 유효하게 형성된 법률관계의 선언을 위한 등기사항을 선언적 등기사항이라고 한다.

4. 지점·변경·소멸 등기

지점이 있는 경우에는 상법상 다른 규정이 없으면 본점의 소재지에서 등기하여야 하는 사항은 지점의 소재지에서도 등기하여야 한다(상법 제35조). 또한 등기사항에 변경이 있거나 그 사항이 소멸한 때에는 당사자는 지체없이 변경 또는 소멸의 등기를 하여야 한다(상법 제40조).

Ⅲ. 등기절차

1. 등기의 신청

(1) 의 의

등기는 원칙적으로 당사자의 신청에 의하여 이루어지는데(상법 제34조; 상업등기법 제17조 제1항), 이를 당사자신청주의라고 한다. 회사기업의 경우 상업등기가 의무로서 강제되며, 위반시 500만원 이하의 과태료의 제재를 받는다(상법 제635조 제1항 제1호). 그러나 일반 기업의 경우 지배인의 선임·해임의 경우를 제외하고는 등기의무가 없다. 다만 등기를 하지 않으면 등기의 이익을 향수할 수 없을 따름이다.

(2) 관할등기소

상업등기의 관할등기소는 등기신청자의 영업소재지를 관할하는 지방법원, 그 지원 또는 등기소이다(상법 제34조, 상업등기법 제3조 제1항).

2. 등기소의 심사권

(1) 의 의

상업등기는 국가의 공증행위라고 할 수 있고, 이러한 의미에서 등기는 등기의 공신력과는 별도로 실질관계에 부합하여야 한다. 따라서 등기소의 심사관은 신청서를 접수한 때에 일정한 절차를 거친 후 신청사항에 관하여 등기를 할 것인지 또는 신청을 각하할 것인지를 결정하여야 한다. 즉, 등기소의 심사관은 등기신청의 적법성에 관하여 심사를 하고, 적법성에 하자가 있음을 발견한 때에는 그 신청을 기각하여야 한다(상법 제159조).

(2) 등기소의 심사권에 관한 입법주의

1) 형식적 심사주의

등기소의 심사권의 범위와 관련하여 형식적 심사주의는 등기소가 그 신청이 형식적으로 적법한가를 심사할 권한과 의무가 있을 뿐이고, 신청사항의 내용이 진실과 부합하는가는 권한과 의무가 없다고 한다.

2) 실질적 심사주의

실질적 심사주의에 따르면 등기소는 형식적 적법성뿐만 아니라 신청사항의 진위에 관한 내용적·실질적 진실성의 문제까지도 심사할 권한과 의무가 있다고 한다.

3) 절충주의

절충주의인 수정 실질적 심사주의에 따르면 등기소는 형식적 심사의 권한과 의무가 있는 것은 물론, 실질적 심사의 권한을 가지나, 실질적 심사의 의무는 신청사항이 진실과 다르다는 의심이 가는 경우에만 있고, 일반적으로 실질적 심사의무를 부담하지 않는다고 한다.

Ⅳ. 등기의 효력

1. 서 설

상업등기의 목적은 거래관계의 중요한 사항을 널리 공시하기 위한 것이므로 등기뿐만 아니라 공고를 하여야만 비로소 효력이 생기도록 했었는데, 1995년 개정상법에서 등기만으로 일반적 효력이 생기도록 하였다.

2. 상업등기의 일반적 효력

(1) 의 의

등기사항은 등기 후가 아니면 선의의 제3자에게 대항할 수 없고, 등기 후라도 정당한 사유로 알지 못한 제3자에 대하여는 대항할 수 없는데(상법 제37조), 이를 상업등기의 일반적인 효력이라고 한다.

(2) 소극적 공시의 원칙

등기 전의 효력으로서 소극적 공시의 원칙은 등기사항을 악의의 제3자에 대해서는 대항할 수 있으나, 선의의 제3자에 대해서는 대항하지 못한다는 것이다(상법 제37조 제1항).

(3) 적극적 공시의 원칙

등기후의 효력으로서 적극적 공시의 원칙은 등기사항이 등기되면 선의의 제3자에게도 이를 대할 할 수 있다. 그러나 등기가 있었더라도 제3자가 이를 알지 못한 정당한 사유가 있는 경우에는 대항하지 못한다(상법 제37조 제1항). 정당한 사유에는 주관적 사유가 포함되지 않고, 입증책임은 이를 주장하는 제3자에게 있다.

(4) 일반적 효력의 범위

이러한 상업등기의 일반적 효력은 등기사항에 한한다. 또한 일반적 효력은 원칙적으로 거래관계와 소송관계에만 적용된다고 본다. 그러나 불법행위·사무관리·부당이득 등 거래에 의하지 않는 법률행위에도 적용된다는 주장이 있으나, 불법행위의 경우

거래행위적 불법행위에 한하여야 할 것이다. 한편 일반적 효력이 적용되는 지역적 범위는 영업소를 기준으로 한다.

3. 상업등기의 특수적 효력

(1) 창설적 효력

상업등기는 등기를 함으로써 특별한 효력이 생기는 경우가 있다. 창설적 효력은 등기를 함으로써 새로운 법률관계가 창설되는 경우로서 회사의 설립등기로서 회사가 성립하는 것(상법 제172조) 등이다.

(2) 보완적 효력

보완적 효력은 등기를 함으로써 등기사항인 법률관계의 전제조건인 법률사실의 하자가 보완되어 그 하자를 주장할 수 없게 되는 경우의 효력을 말한다. 설립등기가 설립무효의 하자를 보완하여(상법 제328조 제1항) 후에 회사의 설립무효·취소판결이 확정되어도 종래의 법률관계에는 아무런 영향을 미치지 않는 것 등을 말한다.

(3) 부수적 효력

부수적 효력은 등기가 어떤 행위의 허용 또는 면책의 기초가 되는 경우를 말하며, 주식회사의 설립등기를 하면 주권을 발행할 수 있고(상법 제355조 제2항) 합명회사·합자회사의 사원의 책임이 퇴사등기를 한 때로부터 2년(상법 제225조, 제269조), 해산등기를 한 때로부터 5년(상법 제267조, 제269조)이 경과한 후에 소멸하는 것 등을 말한다.

4. 상업등기의 추정력

등기된 사항에 관하여 우선 진실이라고 추정되는 사실상의 추정력은 인정되나, 법률상의 추정력이 인정 되느냐에 관하여는 이를 부정하고 있다. 즉, 소송에 있어서 등기사항이 원용된 경우에 그 사항의 존재를 부인하는 자에 대하여 입증책임을 전환시키는 법률상의 추정력은 없다. 그러나 거래의 안전을 도모하기 위해서 등기라는 외관을 신뢰한 자를 일단 보호하고, 그 외관을 부정하려는 자에게 거증책임을 지우는 것이 타당하다고 할 것이다. 판례는 법인등기부에 이사 또는 감사로 등재된 경우 선임절차의 적법성 추정여부를 판단함에 있어 법인등기부에 이사 또는 감사로 등재되어 있는 경우에는 특단의 사정이 없는 한 정당한 절차에 의하여 선임된 적법한 이사 또는 감사로 추정된다고 판시한 바 있다(1983. 12. 27. 88다카331).

5. 상업등기의 공신력

(1) 부실등기의 효력

등기에 법률상의 추정력을 인정한다고 하더라도 당사자가 등기와 진실관계가 다르다는 것을 입증한 경우에는 제3자의 신뢰는 보호받지 못한다. 즉 등기에는 공신력이 없다. 그러나 부실등기의 원인이 상인 자신에게 있는 경우에는 그 것을 믿은 제3자를 보호하여 줄 필요가 있다. 따라서 상법 제39조는 "고의 또는 과실로 인하여 사실과 상위한 사항을 등기한 자는 그 상위를 선의의 제3자에게 대항하지 못한다"고 하여 공신력을 상대적으로 인정하고 있다. 또한 자기의 등기가 권한이 없는 자에 의하여 부실등기된 사실을 알았으나 이를 경정 또는 말소하지 않은 자도 선의의 제3자에 대하여 대항하지 못한다고 할 것이다. 판례는 회사등기에는 공신력이 인정되지 아니하므로, 합자회사의 사원 지분등기가 부실등기인 경우 그 부실등기를 믿고 합자회사 사원의 지분을 양수하였다 하여 그 지분을 양수한 것으로는 될 수 없다고 판시한 바 있다(1996. 10. 29. 96다19321).

(2) 요 건

부실등기의 공신력을 인정하기 위해서는 상법 제39조에 따라 사실과 상위한 등기가 존재하여야 하고, 이러한 등기는 등기의무자의 귀책사유에 의하여야 하며, 제3자는 선의이어야 한다. 사실과 상위한 사실의 존재와 관련하여 판례는 주식회사의 대표이사로 선임되어 등기된 자를 제3자가 회사의 적법한 대표이사로 믿고 거래를 한 후에 이사들을 선임한 주주총회의 결의부존재확인 판결이 확정된 경우에 회사는 선의의 제3자에게 거래의 효력을 부인할 수 없다고 판시함으로써 부실등기의 공신력을 인정한 바 있다(1974. 2. 12. 73다1070). 이는 판결의 소급효로 인하여 등기된 내용이 처음부터 사실과 상위한 사항이기 때문에 제39조가 적용된 것이다.

등기의무자의 귀책사유와 관련하여 등기신청인이 법인인 경우에는 그 법인의 대표자의 고의 또는 과실을 기준으로 한다(1992. 9. 22. 91다5365). 판례는 등기신청권자 아닌 자가 주주총회 의사록 및 이사회 의사록 등을 허위로 작성하여 주주총회결의 및 이사회결의 등의 외관을 만들고 이에 터 잡아 이사 및 대표이사 선임등기를 마친 경우는 물론이고, 그와 같은 허위의 의사록에 선임된 것으로 기재된 이사 및 대표이사가 기존에 적법하게 선임된 이사 및 대표이사를 배제한 채 과반수에 미달하는 일부 주주에 대하여만 소집통지를 보낸 후 주주총회를 개최하여 일부 주주만의 찬성으로 이사 선임결의를 하고, 거기서 선임된 이사들로 구성된 이사회를 개최하여 새로운 대표이사를 선임한 후 대표이사 선임등기를 마친 경우에는 제39조가 적용되지 않는다고 하였다(2011. 7. 28. 2010다70018). 즉, 비록 외형상 주주총회결의 및 이사회결의가 존재한다고 하더라도 그것이 적법하게 선임된 대표이사와 이사들 및 나머지 주주들의 관여가 배제된 채 이루어진 이상 등기신청권자인 회사가 선임등기가 이루어지는 데에 관여한 것으로 볼 수 없고, 달리 회사의 고의·과실로 부실등기를 한 것과 동일시할 수 있는 특별한 사정이 없는 한 회사에 대하여 상법 제39조에 의한 부실등기 책임을 물을 수 없다는 것이다(2011. 7. 28. 2010다70018). 이 경우 위와 같이 허위의 주주총회결의 등의 외관을 만들어 부실등기를 마친 자가 회사의 상당한 지분을 가진 주주라고 하더라도 그러한 사정만으로는 회사의 고의 또는 과실로 부실등기를 한 것과 동일시할 수는 없기 때문이다(2011. 7. 28. 2010다70018).

특히 판례는 등기신청권자 아닌 제3자의 문서위조 등의 방법으로 이루어진 부실등기에 있어서는 등기신청권자에게 그 부실등기의 경료 및 존속에 있어서 그 정도가 어떠하건 과실이 있다는 사유만 가지고는 제39조를 적용할 수 없다고 판시하였다(1975. 5. 27. 74다1366). 그러나 등기신청권자가 스스로 등기를 하지 아니하였다 하더라도 그 등기가 이루어지는 데 관여하거나 그 부실등기의 존재를 알고 있음에도 이를 시정하지 않고 방치하는 등 등기신청권자의 고의 또는 과실로 부실등기를 한 것과 동일시할 수 있는 특별한 사정이 있는 경우에는 그 등기신청권자에 대하여 상법 제39조에 의한 부실등기 책임을 물을 수 있다고 하였다(2008. 7. 24. 2006다24100). 한편, 제39조가 적용되기 위해서 제3자는 선의이어야 하며, 중과실이 없어야 한다.

제5장 영업양도

Ⅰ. 영 업

1. 서 설

영업은 단순한 물건이나 권리의 집합체가 아니라 그보다 더 큰 사회적·경제적 가치를 가지는 기업활동의 총체를 의미한다고 할 것이다. 더욱이 자본주의경제의 발전과 함께 경영의 합리화와 이윤의 극대화를 위하여 기업의 집중 현상이 일어나는데, 이렇게 성립한 영업이 영업의 목적이나 영업주의 변경에 의하여 해체된다면 국민경제적으로 큰 손실이 아닐 수 없다. 따라서 상법은 영업을 양도의 대상으로 규정하고, 영업의 양도·양수의 자유를 보장하고 있다.

2. 영업의 개념

상법은 영업의 개념에 관한 구체적인 규정을 두고 있지 않으나, 대체로 주관적 의의의 영업과 객관적 의의의 영업으로 나누어서 사용하고 있다.

(1) 주관적 의의의 영업

주관적 의의의 영업이란 상인의 영리활동을 의미한다(상법 제5조, 제6조, 제8조, 제29조, 제53조 등). 그러나 상인의 영리활동은 영업의 종류에 따라 다르므로 영업양도에서 문제가 되는 것은 객관적 의의의 영업이라고 할 것이다(상법 제25조, 제41조 참조).

(2) 객관적 의의의 영업

객관적 의의의 영업이란 상인의 영업목적을 위하여 결합시킨 재산의 전체로서 인적·물적 시설에 의하여 경제적 목적을 추구하는 조직적 일체로서의 영업재산 총체를 말한다. 이러한 의미에서 영업재산은 동산·부동산·저당권(민법 제356조) 등의 적극재산과 영업에 관하여 발생한 각종의 채무인 소극재산으로 구성된다. 판례는 상법 제42조의 영업양도에서 말하는 영업이란 일정한 영업 목적에 의하여 조직화 된 유기적 일체로서의 기능적 재산이라고 하였다. 이때 유기적 일체로서의 기능적 재산이란 영업을 구성하는 유형·무형의 재산과 경제적 가치를 갖는 사실관계가 서로 유기적으로 결합하여 수익의 원천으로 기능한다는 것과 이와 같이 유기적으로 결합한 수익의 원천으로서의 기능적 재산이 마치 하나의 재화와 같이 거래의 객체가 된다는 것을 뜻한다고 하였다(1997. 11. 25. 97다35085).

Ⅱ. 영업양도

1. 영업양도의 의의

(1) 개념적 분석

1) 의 의

영업양도란 영리목적을 실현하기 위하여 조직화된 유기적 일체로서의 기능적 재산, 즉 객관적 의의의 영업을 영업의 동일성을 유지하면서 계약에 의하여 양도하는 것이다(상법 제41조~제45조). 판례는 영업양도가 있다고 볼 수 있는지의 여부는 양수인이 당해 분야의 영업을 경영함에 있어서 무(無)로부터 출발하지 않고 유기적으로 조직화된 수익의 원천으로서의 기능적 재산을 이전받아 양도인이 하던 것과 같은 영업적 활동을 계속하고 있다고 볼 수 있는지의 여부에 따라 판단되어야 한다고 하였다(1997. 11. 25. 97다35085). 예를 들어 슈퍼마켓의 매장 시설과 비품 및 재고 상품 일체를 매수한 것이 영업양도에 해당한다는 것이다(1997. 11. 25. 97다35085).

2) 양도의 대상

영업양도의 이전 대상은 객관적 의의의 영업인 영업재산이다. 영업재산에는 물건, 권리와 같은 영업용 재산뿐만 아니라 재산적 가치가 있는 사실관계가 기능적으로 조화된 일체를 포함한다. 영업양도는 영업의 동일성을 유지하면서 영업재산을 이전하여야 하는데, 영업의 동일성이 유지되는 한 부분적인 증감·변경이 있어도 무방하며, 일부의 유보나 일부만의 양도도 가능하다. 판례도 영업양도가 있었다고 인정하려면 당사자 사이에 영업양도에 관한 합의가 있거나 영업상의 물적, 인적 조직이 그 동일성을 유지하면서 양도인으로부터 양수인에게 일체로서 포괄적으로 이전되어야 한다고 하였다(1995. 7. 14. 94다20198). 따라서 영업의 동일성 여부는 일반 사회관념에 의하여 결정되어져야 할 사실인정의 문제이기는 하지만, 영업재산의 전부를 양도했어도 그 조직을 해체하여 양도했다면 영업의 양도는 되지 않는다(1989. 12. 26. 88따카10128).

반면에 그 일부를 유보한 채 영업시설을 양도했어도 그 양도한 부분만으로도 종래의 조직이 유지되어 있다고 사회관념상 인정되는 경우에는 영업의 양도가 된다(1989. 12. 26. 88따카10128). 즉, 영업양도는 단지 어떠한 영업재산이 어느 정도로 이전되어 있는가에 의하여 결정되어야 하는 것이 아니고 거기에 종래의 영업조직이 유지되어 그 조직이 전부 또는 중요한 일부로서 기능할 수 있는가에 의하여 결정되어야 하는 것이다(2003. 5. 39. 2002다23826). 따라서 영업재산의 일부를 유보한 채 영업시설을 양도했어도 그 양도한 부분만으로도 종래의 조직이 유지되어 있다고 사회관념상 인정되면 영업양도가 인정되지만, 영업재산의 전부를 양도했어도 그 조직을 해체하여 양도했다면 영업의 양도로 볼 수 없다(2003. 5. 39. 2002다23826).

영업양도는 인적설비의 양도도 매우 중요한 요소이다. 물적설비를 전부 양도하였어도 인적설비를 양도하지 않은 경우에는 영업양도로 잆정되지 않는다. 판례는 영업양도 당사자 사이에 근로관계의 일부를 승계의 대상에서 제외하기로 하는 특약이 있는 경우에는 그에 따라 근로관계의 승계가 이루어지지 않을 수 있으나, 그러한 특약은 실질적으로 해고나 다름이 없으므로, 근로기준법상 소정의 정당한 이유가 있어야 유효하며, 영업양도 그 자체만을 사유로 삼아 근로자를 해고하는 것은 정당한 이유가 있는 경우에 해당한다고 볼 수 없다고 하였다(1994. 6. 28. 93다33173). 결국 영업양도를 하면서 사업 부문에 속한 근로자 등 인적 조직과 장비 등의 물적 시설을 그대로 인수하지 아니한 경우에는 영업의 동일성을 유지한 채 포괄적으로 이전 받은 것으로 볼 수 없어 영업양도가 되지 않는다(1995. 7. 14. 94다20198).

3) 유사개념 구분

영업양도는 양도인과 양수인간의 채권계약에 의해 이루어지므로 상속에 의한 포괄승계와 다르다. 또한 영업양도는 영업의 소유관계에 변동이 생기는 것으로 그 경영관계에 변동이 생기는 영업의 임대차나 경영위임과도 다르다. 특히, 영업양도는 병존하는 양당사자간의 개인법상 특정승계이므로, 두 회사가 동일인격으로 합하는 단체법상 포괄승계인 회사합병과 다르다.

영업양도는 객관적 의의의 영업을 계약에 의하여 이전하나, 합병은 두 개 이상의 회사가 계약에 의해 하나의 회사로 결합하는 것이다. 그 성질에 있어서 영업양도는 채권계약 중 혼합계약으로서 불요식계약이나, 합병은 단체법상, 조직법상의 제도인 준물권계약으로서 법정기재사항을 작성해야 하는 점에서 요식계약이다. 또한 영업양도는 양도인 또는 양도회사가 소멸하지 않으므로 사원의 수용 및 고용관계의 승계문제가 발생하지 않으나, 합병은 해산회사가 소멸하므로 그 사원은 법률상 당연히 신설회사에 수용된다. 한편, 영업양도의 당사자는 회사 이외의 자연인도 가능하나, 합병의 당사자는 회사만이 가능하다.

한편, 개인 사업자가 그 사업이 어느 정도 성장하고 수익이 확대되는 경우 이를 법인으로 전환하는 경우가 많다. 이러한 경우 개인 사업자는 현재 영업을 현물출자하는 방식으로 법인을 설립하는 경우가 대부분이다. 이때 하게 되는 현물출자의 형태가 바로 영업양도의 형태와 크게 다르지 않다. 물론 법적으로 현물출자는 단체법적 설립행위이고 영업양도는 채권계약이라는 측면에서 다르지만 그 이해관계자에에 미치는 영향은 크게 다르지 않다. 따라서 이러한 경우 영업양도에 관한 규정을 유추적용하여야 한다고 할 것이다. 판례도 영업을 출자하여 주식회사를 설립하고 그 상호를 계속 사용하는 경우에는, 영업의 양도는 아니지만 출자의 목적이 된 영업의 개념이 동일하고 법률행위에 의한 영업의 이전이란 점에서 영업의 양도와 유사하며 채권자의 입장에서 볼 때는 외형상의 양도와 출자를 구분하기 어려우므로, 새로 설립된 법인은 상법 제42조 제1항의 규정의 유추적용에 의하여 출자자의 채무를 변제할 책임이 있다고 하였다(1995. 8. 22. 95다12231).

(3) 영업양도의 자유와 제한

영업양도는 원칙적으로 상인의 자유이다. 그러나 특별법에서 이를 제한하는 경우가 있다(공정거래법 제9조 제1항 제4호).

2. 영업양도의 법적성질

(1) 양도처분설

양도처분설은 영업을 순객관적으로 파악하여 영업양도의 대상을 물적 요소에 중점을 두고 권리의 객체인 영업을 양도처분하는 것을 영업양도라고 한다. 이는 다시 영업재산양도설·영업조직양도설·영업유기체양도설로 나뉜다.

영업재산양도설은 영업용으로 제공되는 각종재산의 총체를 영업으로 보고 이러한 영업재산을 양도하는 것이라고 한다. 영업조직양도설은 영업을 영업에 고유한 사실관계 또는 영업조직으로 파악하여, 각개의 재산은 그 영업조직의 종물이라고 하여, 영업양도는 영업에 고유한 사실관계 또는 영업조직의 양도라고 본다. 영업유기체양도설은 영업을 영업재산을 중심으로 이해하면서, 특히 영업의 유기체성을 강조하여 이러한 유기체의 양도가 영업양도라고 본다.

(2) 지위교체설

지위교체설은 영업 외의 주체적 활동면을 중시하여 영업양도의 대상을 인적 요소에 중점으로 두는 학설로서, 영업양도는 영업자로서의 법적 지위의 이전이라고 본다. 이는 다시 영업활동교체계약설·기업주체지위양도설·기업자지위승계설·지위재산이전설로 나뉜다.

영업활동교체계약설에 따르면 영업양도는 영업자로서의 지위의 이전을 주요 목적으로 하고, 이에 수반하여 영업활동의 수단인 영업재산을 이전할 의무를 부담하는 계약이라고 본다. 기업주체지위양도설은 영업양도는 양도인이 계약에 의하여 그 기업주체인 지위를 양수인에게 물려주는 것이라고 본다. 기업자지위승계설은 영업양도가 기업자지위의 인격교체를 목적으로 하는 행위라고 한다. 지위재산이전설은 영업양도를 영업의 경영자인 지위를 인계하는 약속과 함께 영업재산을 양도하는 것이라고 한다.

3. 영업양도의 절차

(1) 영업양도의 당사자

1) 양도인

영업의 양도인은 영업을 소유하고 있는 상인으로서 개인상인이나 회사, 또는 청산중의 회사도 영업을 양도할 수 있다.

2) 양수인

양수인은 개인상인이나 회사뿐만 아니라 상인이 아닌 자도 가능하다. 상인이 아닌 자가 영업을 양수하는 행위는 보조적 상행위가 될 것이고, 이를 통하여 상인 자격을 취득할 수 있다고 할 것이다.

(2) 대내적 의사의 결정

1) 회사가 양도인인 경우

합명회사 또는 합자회사의 경우 총사원의 동의가 필요하나(상법 제204조, 제269조), 회사가 해산한 후에는 총사원의 과반수결의를 요한다(상법 제257조, 제269조). 주식회사 또는 유한회사의 경우에는 해산 전후를 불문하고 주주총회 또는 사원총회의 특별결의가 필요하다(상법 제374조 제1호, 제576조 제1항). 주식회사의 경우에는 양도를 반대한 주주에게 주식매수청구권이 인정된다(상법 제374조의2).

2) 회사가 양수인인 경우

합명회사 또는 합자회사가 영업을 양수하는 경우에 이로 인하여 정관을 변경하는 때에는 총사원의 동의가 필요하고(상법 제204조, 제269조), 그 밖의 경우에는 일반적인 업무집행 방법으로 처리할 수 있다. 주식회사 또는 유한회사의 경우 다른 회사의 영업 전부를 양수하는 때에만 주주총회 또는 사원총회의 특별결의가 필요하다(상법 제374조 제3호, 제576조 제1항).

(3) 양도계약의 체결

1) 계약체결방식

양도계약의 체결방식에 관한 특별규정이 없어 당사자간의 합의만으로 성립하나, 계약의 중요성에 비추어 보통 서면계약의 방식으로 이루어진다. 양도계약은 대내적 의사가 결정된 후에 계약을 체결하여야 하나, 총사원의 동의 또는 총회의 결의를 조건으로 미리 양도계약을 체결하여도 무방하다. 판례는 상법상의 영업양도는 일정한 영업목적에 의하여 조직화된 유기적 일체로서의 기능적 재산인 영업재산을 그 동일성을 유지시키면서 일체로서 이전하는 채권계약이므로 영업양도가 인정되기 위해서는 영업양도계약이 있었음이 전제가 되어야 한다고 하였다(2005. 7. 22. 2005다602). 따라서 영업재산의 이전 경위에 있어서 사실상, 경제적으로 볼 때 결과적으로 영업양도가 있는 것과 같은 상태가 된 것으로 볼 수는 있다고 하더라도 묵시적 영업양도계약이 있고 그 계약에 따라 유기적으로 조직화된 수익의 원천으로서의 기능적 재산을 그 동일성을 유지시키면서 일체로서 양도받았다고 볼 수 없어 상법상 영업양도로 인정되지 않는다(2005. 7. 22. 2005다602).

2) 계약내용

양도계약의 내용은 일반적으로 자산과 부채에 관한 사항, 영업소와 상호의 양도에 관한 사항, 사용인의 인계에 관한 사항, 해약사유 기타 계약조건의 변경에 관한 사항 등을 포함한다.

4. 영업양도의 효과

(1) 당사자간의 효과

1) 영업재산의 이전의무

영업양도계약이 체결되면 양도인은 각종 영업재산을 양수인에게 이전하여 이익을 받게 할 적극적인 의무를 부담한다. 영업재산의 범위는 특약이 없는 한 영업에 속하는 일체의 재산이나, 포괄승계는 아니므로 재산의 종류에 따라 각각 개별적으로 이전절차를 밟고, 또 제3자에 대한 대항요건을 구비하는 절차도 밟아야 한다. 판례도 영업양도는 채권계약이므로 양도인이 재산이전의무를 이행함에 있어서는 상속이나 회사의 합병의 경우와 같이 포괄적 승계가 인정되지 않고 특정 승계의 방법에 의하여 재산의 종류에 따라 개별적으로 이전행위를 하여야 한다고 하였다(1991. 10. 8. 91다22018, 22025).

영업의 인적설비도 영업의 동일성을 유지하기 위하여 필요하기 때문에 양도인의 상업사용인 등에 대한 고용계약상의 권리도 이전된다고 본다. 판례도 영업이 포괄적으로 양도되면 양도인과 근로자 간에 체결된 고용계약도 양수인에게 승계된다고 판시하였다(1991. 8. 9. 91다15225). 다만 상업사용인 등은 고용계약을 해지할 수 있다(민법 제661조). 한편, 영업양도 당사자 사이에 근로관계 일부를 승계의 대상에서 제외하기로 한 특약이 있는 경우에는 그에 따라 근로관계의 승계가 이루어지지 않을 수 있으나, 그러한 특약은 실질적으로 해고와 다름이 없으므로 근로기준법상 정당한 이유가 있어야 한다(1995. 9. 29. 95다54245).

2) 경업금지의무

영업양도의 실효성 확보차원에서 상법은 양도인에게 일정한 범위의 경업금지의무를 부담시키고 있다. 즉, 당사자간에 다른 약정이 없으면 양도인은 10년간 동종영업을 하지 못한다(상법 제41조 제1항). 한편, 양도인이 동종영업을 하지 않을 것을 약정한 때에는 그 기간은 20년을 초과하지 않는 범위에서 효력이 있다(상법 제41조 제2항). 경업이 금지되는 대상으로서의 동종 영업은 영업의 내용, 규모, 방식, 범위 등 여러 사정을 종합적으로 고려하여 볼 때 양도된 영업과 경쟁관계가 발생할 수 있는 영업을 의미한다(2015. 9. 10. 2014다80440). 한편, 상법 제41조 제1항은 영업양도인의 경업금지의무를 규정하면서 경업금지지역을 동일한 특별시·광역시·시·군과 인접 특별시·광역시·시·군으로 규정하고 있다. 상법이 경업금지의무를 규정하고 있는 취지가 영업양수인을 보호하기 위한 것인 점을 고려하면, 경업금지지역으로서의 동일 지역 또는 인접 지역은 양도된 물적 설비가 있던 지역을 기준으로 정할 것이 아니라 영업양도인의 통상적인 영업활동이 이루어지던 지역을 기준으로 정하여야 한다(2015. 9. 10. 2014다80440). 이때 통상적인 영업활동인지 여부는 해당 영업의 내용, 규모, 방식, 범위 등 여러 사정을 종합적으로 고려하여 판단하여야 한다(2015. 9. 10. 2014다80440).

경업금지의무 부담자는 개인상인인 경우에는 개인인 양도인이고, 회사의 경우에는 회사 자체뿐만 아니라 회사의 대표자도 의무를 부담한다고 볼 것이다. 경업금지의무 발생시점은 영업양도계약이 이행되어 양수인이 영업활동을 할 수 있는 상태에 이르렀을 때라고 보는 것이 타당하다. 한편, 영업양도인이 경업금지의무를 위반한 때에는 양수인은 그 영업행위의 폐지 또는 중지를 청구할 수 있고, 그로 인한 손해가 발생한 경우에는 손해배상청구도 할 수 있다.

(2) 영업상 채권자에 대한 효과

1) 상호를 속용하는 경우

영업양도가 있었다고 하더라도 양도인의 채무는 인수의 합의가 없는 한 양수인에게 자동으로 승계되지 않는다. 그러나 양수인이 양도인의 채무를 승계하지 않았더라도 외관상 스 채무를 승계한 것처럼 보인다면 양수인은r 외관을 신뢰한 자에 대하여 책임을 진다. 상법은 영업양수인이 상호를 속용하는 경우를 이와 같이 보았다. 따라서 양도인의 상호를 속용하는 영업양수인은 양도인의 영업으로 인한 제3자의 채권에 대하여 변제책임을 진다(상법 제41조 제1항).

가. 책임요건

양수인은 완전 상인의 "영업"을 "양수"하여야 하고, 상호를 "계속사용"하여야 한다. 판례는 상법 제42조 제1항이 상호를 계속 사용하는 영업양수인에게 양도인의 영업으로 인한 채무에 대하여도 변제할 책임이 있다고 규정하고 있는 것은, 일반적으로 채무자의 영업상 신용은 채무자의 영업재산에 의하여 실질적으로 담보되는 것이 대부분인데 채무가 승계되지 아니함에도 상호를 계속 사용함으로써 영업양도의 사실 또는 영업양도에도 불구하고 채무의 승계가 이루어지지 않은 사실이 대외적으로 판명되기 어렵게 되어 채권자에게 채권 추구의 기회를 상실시키는 경우 양수인에게도 변제의 책임을 지우기 위한 것이라고 하였다(1998. 4. 14. 96다8826). 다만, 영업양도인이 사용하던 상호와 양수인이 사용하는 상호가 동일할 것까지는 없고 전후의 상호가 주요 부분에 있어서 공통되기만 하면 상호를 계속 사용한다고 본다(2015. 9. 10. 2014다80440). 따라서 영업양도인이 사용하던 상호인 "주식회사 파주레미콘"과 영업양수인이 사용한 상호인 "파주콘크리트 주식회사"는 주요 부분에서 공통된다고 보았다(2015. 9. 10. 2014다80440).

한편, 채권자가 선의이어야 하는가에 대해서는 의견이 나뉜다. 선의·악의를 구별할 필요는 없다는 의견과 선의의 채권자만이 보호 대상이 된다는 것이다. 이에 대하여 판례는 상호를 속용하는 영업양수인의 책임은 어디까지나 채무인수가 없는 영업양도에 의하여 채권추구의 기회를 빼앗긴 채권자를 보호하기 위한 것이므로, 영업양도에도 불구하고 채무인수 사실이 없다는 것을 알고 있는 악의의 채권자에 대하여는 상법 제42조 제1항에 따른 책임이 발생하지 않는다고 하였다(2022. 4. 28. 2021다305659). 특히, 채권자가 영업양도 무렵 채무인수 사실이 없음을 알지 못한 경우에는 특별한 사정이 없는 한 상법 제42조 제1항에 따른 영업양수인의 변제책임이 발생하고, 이후 채권자가 채무인수 사실이 없음을 알게 되었다고 하더라도 이미 발생한 영업양수인의 변제책임이 소멸하는 것은 아니라고 하였다(2022. 4. 28. 2021다305659).

나. 책임범위

양수인의 책임범위에 관하여 양도인과 양수인 사이에 채무인수계약이 없었던 경우는 물론이고, 무효인 경우에도 양수인은 자신의 전 재산으로써 책임을 진다. 한편, 영업을 상속인이 계속하는 경우에도 유추적용된다. 이는 채권자보호를 위하여 외관이론에 따라 특별한 규정을 둔 것이기 때문이다. 물론 영업양수인이 부담하는 책임은 당연히 양도인의 영업활동으로 인하여 발생한 채무에 한한다. 판례는 영업으로 인하여 발생한 채무란 영업상의 활동에 관하여 발생한 모든 채무를 말하는 것이므로 불법행위로 인한 손해배상채무도 이에 포함된다고 하였다(1989. 3. 28. 88다카12100).

다. 책임배제

양수인이 영업양도 후 지체없이 양도인의 채무에 대한 책임이 없음을 상호등기부에 등기하거나, 양도인과 양수인이 지체없이 그 뜻을 통지한 경우에는 채권자를 특별히 보호할 이유가 없으므로 양수인은 변제책임을 지지 않는다(상법 제42조 제2항 제2문).

2) 상호를 속용하지 않는 경우

양수인이 양도인의 상호를 계속하여 사용하지 않는 경우에는 채무인수 기타 채무부담행위가 없는 한 양도인의 영업상 채무를 양수인이 부담할 책임이 없는 것은 당연하다. 다만 양수인이 양도인의 영업을 양도하였다는 사실뿐만 아니라 채무도 인수하였다는 광고를 한 때(상법 제44조)에는 책임을 부담한다. 판례는 채무인수의 광고 이외에 양도인의 채권자에 대하여 개별적으로 통지를 하는 방식으로 그 취지를 표시한 경우에도 그 채권자와의 관계에서는 채무변제의 책임이 발생한다고 판단하였다(2008. 4. 11. 2007다89722).

3) 양도인의 책임

양수인이 상호를 속용하든지의 여부와 관계없이 양도인의 채무가 면제되는 것은 아니다. 양도인과 양수인은 부진정연대채무관계에 놓이고, 양도인의 책임은 영업양도 또는 채무인수의 광고 후 2년의 경과로 소멸하고, 그 후에는 양수인만이 책임을 진다(상법 제45조). 한편, 채무자인 양도인이 채무가 영업재산과 영업권이 유기적으로 결합된 일체로서의 영업을 양도함으로써 채무초과상태에 이르거나 이미 채무초과상태에 있는 것을 심화시킨 경우 영업양도는 채권자취소권 행사의 대상이 된다(2015. 12. 10. 2013다84162). 따라서 영업양도 후 종래의 영업조직이 전부 또는 중요한 일부로서 기능하면서 동일성을 유지한 채 채무자에게 회복되는 것이 불가능하거나 현저히 곤란하게 된 경우 채권자는 사해행위취소에 따른 원상회복으로 피보전채권액을 한도로 하여 영업재산과 영업권이 포함된 일체로서의 영업의 가액을 반환하라고 청구할 수 있다(2015. 12. 10. 2013다84162).

(3) 영업상 채무자에 대한 효과

1) 상호를 속용하는 경우

영업양수인이 양도인의 상호를 계속사용하는 경우에는 영업양도인의 채권양도가 없더라도 영업양수인에 대한 채무자의 변제가 선의이며, 중대한 과실이 없는 한 유효하다(상법 제43조). 그러나 이는 지시식이나 무기명식 증권상의 채무자에 대하여는 적용이 없다.

2) 상호를 속용하지 않는 경우

영업양수인이 상호를 속용하지 않는 경우에는 상법에 아무런 규정이 없으므로 민법의 일반규정에 따른다. 즉, 채권양도의 대항요건이 구비된 경우에는 양수인에게 변제하여야 한다. 그렇지 않은 경우 양수인에게 변제한 때에는 채권의 준점유자에 대한 변제(민법 제470조)로 되지 않는 한 변제의 효력이 없다.

III. 영업의 임대차·경영위임

1. 영업의 임대차

(1) 의 의

영업임대차란 상인이 영업의 전부 또는 독립된 일부를 일괄하여 타인에게 임대하는 계약을 말한다. 이러한 점에서 개개의 물건의 임대차를 전제로 하는 민법상의 임대차계약(민법 제618조 이하)과 다르다.

(2) 영업임대차의 방식·절차

영업임대차의 방식은 주식회사와 유한회사의 경우 주주총회 또는 사원총회의 특별결의에 의한다(상법 제374조 제1항 제2호, 제576조 제1항). 그 외의 특별한 방식은 없다. 또한 그 절차에 대해서도 상법상 특별한 규정은 없으나 대체로 임대차계약이 체결된다. 한편, 영업임대에 반대하는 주주에 대하여 주식매수청구권이 인정된다(상법 제374조의2).

(3) 영업임대차의 효력

1) 당사자간의 효력

임차인은 영업재산의 이용권이 생기고(민법 제618조), 차임지급의무를 부담한다(민법 제618조, 제544조). 임대인은 영업양도인과 마찬가지로 경업금지의무를 부담한다고 할 것이다(상법 제54조).

2) 제3자에 대한 효력

영업양도와는 달리 임대인의 영업상 채권·채무가 임차인에게 이전되지 않는다. 그러나 임차인이 채무인수를 광고 또는 통지한 경우에는 제44조를 유추적용하여 임차인이 변제의 책임을 부담하고, 임차인이 상호를 속용하는 경우 선의의 채무자의 임차인에 대한 변제는 제43조를 유추적용하여 유효한 변제로 보아야 할 것이다. 또한 제3자가 임차인을 임대인으로 오인하여 거래한 경우에는 제24조의 명의대여자의 책임에 의하여 임대인은 임차인과 연대하여 그 영업상의 채무를 변제하여야 하는 경우도 있을 수 있다.

2. 경영위임

(1) 의 의

상인이 기업의 경영을 타인에게 위임하는 계약을 말한다. 영업임대차의 경우와는 달리 기업은 종전과 같이 위임인의 명의로 경영되므로 경영의 소유자가 계속 영업자로 된다. 이때 영업의 계산이 수임인에게 귀속되는 경우를 협의의 경영위임 또는 영업위임이라고 하고, 위임인에게 귀속되는 경우를 관리위임 또는 영업관리계약이라고 한다.

영업으로 인한 채권 채무는 모두 위임인에게 귀속하지만 계산관계는 수임인에게 귀속하므로 위임은 경업금지의무를 진다고 본다. 협의의 경영위임은 영업임대차와 영업관리계약의 중간 형태라고 볼 것이다.

(2) 경영관리계약

경영관리계약은 당사자의 일방이 상인을 위하여 영업의 경영을 인수하는 내용의 계약으로서 위임의 일종이라고 할 것이다. 경영은 위임인의 명의로 되므로 협의의 경영위임과 같으나 손익관계는 위임인에게 귀속되고 수임인은 다만 보수를 받는데 지나지 않는다.

(3) 회사의 경영위임

영업의 임대차와 마찬가지로 주식회사 또는 유한회사가 경영위임을 하는 경우에는 주주총회 또는 사원총회의 특별결의가 있어야 한다(상법 제374조 제1항 제2호, 제576조 제1항). 합명회사와 합자회사의 경우에는 정관에 다른 정함이 없는 한 총사원의 동의가 있어야 한다. 한편, 경영위임에 반대하는 주주에 대하여 주식매수청구권이 인정된다(상법 제374조의2).

3. 영업의 담보와 강제집행

(1) 영업담보와 강제집행의 이익

영업은 재산이나 권리의 단순한 집합체가 아니라 영리목적을 실현하기 위하여 조직된 유기적 일체로서의 기능적 재산을 의미하는 것이므로, 영업전체에 대한 담보설정이나 강제집행을 할 수 있게 하면 유기적 일체로서의 영업의 가치를 활용할 수 있게 하는 동시에 금융의 편의를 도모할 수 있다는 실익이 있다.

(2) 상법규정의 부재

우리상법은 영업의 담보와 강제집행에 관한 규정을 마련하지 않고 있기 때문에 영업에 관한 개개의 재산에 담보를 설정하거나 강제집행을 하여야하므로 조직체로서의 영업을 파괴하는 결과가 된다. 입법론적인 고려가 요구된다고 할 것이다.

제 2 편
상행위

제1장 상행위법 총론

Ⅰ. 서 론

1. 상행위법의 의의

(1) 서 설

상법의 적용대상인 기업은 영리를 목적으로 하기 때문에 다른 기업이나 일반 공중을 상대로 끊임없는 거래를 하게 된다. 이렇듯 기업이 영리목적을 실현하기 위하여 하는 모든 경영활동을 상행위라고 한다. 이러한 기업의 상행위의 범위와 기준을 제시하고 규율하는 법이 상행위법이다.

(2) 형식적 의의의 상행위법

형식적 의의의 상행위법이란 상법전 제2편 "상행위"의 규정을 말한다. 우리 상법의 상행위편은 다른 분야에 비하여 그 비중이 낮다. 그 이유는 민법의 상화현상에 따른 상행위편 통칙 규정의 단편화, 상행위법의 규율대상으로서의 금융업, 증권업, 서비스업 등 현대적 업종의 미수용, 기업집중의 현상으로 인한 개별적 상거래 중심에서 행위의 조직화로의 이전 등을 들 수 있다.

(3) 실질적 의의의 상행위법

실질적 의의의 상행위법이란 상거래 주체 간의 이익의 조정을 위한 기업의 활동에 관한 법규의 총체를 말한다. 실질적 의

의의 상행위법은 주로 상법 제2편에 규정되어 있으나, 그 외에도 보험·해상규정, 상사특례법령, 상관습법의 형식으로 존재한다. 실제에 있어서도 상관습 또는 상관습법 및 수많은 상사특별법이 실질적 의의의 상행위법으로서 중요한 지위를 차지한다.

2. 상행위법의 특성

(1) 민법에 관한 특성

상행위법은 기업활동에 관한 법으로서, 기업활동을 하는 자는 상인으로서 민법상의 일반인과는 달리 스스로의 이익을 옹호할 능력이 있는 자이다. 따라서 상행위법에서는 민법상의 일반규정과는 달리 사적자치가 광범위하게 인정되며, 그 규정도 대체로 임의 법규로 되어있다. 즉, 민사거래는 원칙적으로 무상이지만(민법 제600조, 제686조 등), 상사거래는 유상이 원칙이다(상법 제55조 제1항, 제61조 등). 민사거래는 일반적으로 개별적·일시적으로 이루어지므로 특별히 신속성을 요하지 않으나(민법 제528조 등), 상사거래는 집단적·반복적으로 이루어지므로 신속성을 요한다(상법 제52조 제1항 등). 또한 민사거래는 일반적으로 거래방식에 있어 정형성을 요하지 않으나, 상사거래는 일반적으로 불특정 다수인을 상대로 계속적·반복적으로 이루어지므로 거래방식이 정형성을 갖는다.

(2) 강행규정화의 특성

상행위의 특성으로 인하여 오늘날의 상사거래는 보통거래약관에 의한 부합계약의 형식으로 이루어지는 것이 일반적인 현상이다. 따라서 실제 거래에 있어서는 계약자유의 원칙이 상당히 제약을 받게 되고, 특히 독점기업의 횡포까지도 나타나게 되었다.

이러한 의미에서 현대의 상행위법은 경제주체 간의 경제적 이익을 합리적으로 조정하는 기능을 수행하고, 특히 거래의 상대방을 보호하기 위하여 점차 강행규정화하는 경향이 있다.

3. 상행위법의 적용

상행위법은 당사자 쌍방에 대하여 상행위가 되는 쌍방적 상행위는 물론 일방적 상행위인 경우에도 당사자자 전원에 대하여 적용된다(상법 제3조). 따라서 당사자 일방이 수인인 경우에 그 중 1인에게만 상행위가 되는 경우에도 전원에 대하여 상법이 적용된다. 또한 공법인의 상행위에 대해서는 법령에 다른 규정이 없는 한 상법이 적용된다(상법 제2조).

Ⅱ. 상행위법의 체계

1. 상행위법 총론

상행위법 총론은 기업활동의 일반에 공통적으로 적용되는 특칙과 모든 상인이 이용할 수 있는 특수한 계약에 관한 규정을 두고 있다. 즉, 상법은 제3편 제1장에서 "통칙"을 규정하고 있다. 구체적으로 이를 살펴보면 상행위의 개념과 종류, 민법상의 거래규정을 수정하기 위한 특별규정의 일부, 상거래의 개체로서의 상법증권, 즉 유가증권의 준용규정에 관한 것으로 이루어져 있다. 제2장 "매매"에서는 상인간의 매매에 관한 특칙을 규정하고, 제3장과 제4장에서는 상법적 특수계약으로서의 대차결제의 특수제도인 "상호계산"과 특수한 계약적 기업형태인 "익명조합"에 관하여 각각 특별규정을 두고 있다.

2. 상행위법 각론

상행위법 각론에서는 기업환경에 따라 현존하는 많은 업종 중에서도 특히 중요하고 특징적인 것들을 대표적으로 규정하고 있다. 즉, 제5장에서 제14장까지 대리상·중개업·위탁매매업·운송주선업·운송법·공중접객업 및 창고업, 그리고 금융리스업·가맹업·채권매입업 등 10종의 거래형태에 관하여 규정하고 있다.

이외에 기업의 거래활동의 대상 중에는 보험 및 해상도 포함되나, 보험거래를 규율하기 위한 독자적인 법원칙을 인정하고, 보험법 자체가 하나의 독립한 단위를 이루고 있다. 또한 해상운송도 육상운송과 공통점이 많기는 하지만 해상 기업활동이라는 특수성으로 인하여 다른 해사법규와 일괄적으로 규정할 필요에 따라 상법은 편을 달리하여 규정하고 있다. 그 밖에 증권업·금융업 등 기타의 중요한 업종은 그 중요성을 인하여 그에 관한 사항을 특별법에서 규정하고 있다.

제2장 상행위에 관한 특칙

Ⅰ. 민법 총칙편에 대한 특칙

1. 상행위의 대리·위임

(1) 대리의 방식

1) 민법의 일반원칙

민법상의 대리에 있어서는 현명주의(민법 제114조, 제115조)를 따르므로 대리인이 본인을 표시하지 않은 때의 이행의 청구는 대리인에게만 할 수 있다(민법 제115조). 대리관계를 알지 못하는 경우에라도 상대방이 대리인으로서 한 것임을 알았거나 알 수 있었을 때에는 본인에게 대리의 효과가 귀속한다(민법 제115조 단서).

2) 상법의 특칙

상사대리에 있어서는 익명주의·비현명주의를 따른다(상법 제48조). 따라서 대리인이 본인을 표시하지 않은 경우에도 민법의 경우와는 달리 본인에게 대리효과를 귀속시키는 것이 원칙이다. 그러나 상대방이 대리관계를 알지 못하는 때에는 본인과 대리인은 부진정연대채무의 관계에 서게 되어 대리인도 책임을 부담한다. 판례도 대리인이 본인의 대리인임을 표시하지 않은 경우에도 그 거래 자체는 상법 제48조에 의하여 본인과 거래상대방 사이에 성립하는 것이라고 판단하였다(1996. 10. 15. 94다41935, 41942).

거래상대방은 본인을 위한 것임을 알지 못한 것을 스스로 입증하여야 한다. 그런데 상대방이 그 사실을 알지 못한 데에 과실이 있는 경우에는 어떠한가. 상법 제48조가 민법 제115조와는 달리 과실의 유무에 관하여 아무런 언급을 하고 있지 않기 때문에 학설이 나뉜다. 그러나 상대방에게 중대한 과실이 있는 경우에는 악의와 마찬가지로 취급하므로 큰 문제가 되지 않는다. 결국 과실로 알지 못한 경우가 문제일 것이나 상대방이 선의이며 중과실이 아닌 이상 대리인에 대해서도 책임을 물을 수 있다고 보는 것이 타당하다. 한편, 어음·수표는 외관을 존중하기 때문에 어음행위의 대리에 있어서 익명주의를 적용하지 않는다.

(2) 본인의 사망과 상사대리의 소멸

1) 민법의 일반원칙

민법상의 대리권은 본인과 대리인간의 개인적인 신뢰관계를 바탕으로 주어진 것이므로 본인이 사망하는 경우 대리권은 소멸한다(민법 제127조 제1호).

2) 상법의 특칙

상인이 그 영업에 관하여 수여한 대리권은 본인이 사망하는 경우라도 대리권이 소멸하지 않고 그 상속인과 대리인 사이에 여전히 대리권이 존속한다(상법 제50조). 이는 기업과 거래한 제3자를 보호하고, 거래의 안전을 기하기 위한 것이다. 상인이 그 영업에 관하여 수여한 대리권이란 대리권을 수여하는 행위인 위임 자체가 영업에 관하여, 즉 영업을 위하여 하는 행위로서 본인에게 상행위(상법 제47조 참조)가 되는 경우로서 "상행위인 수권행위에 의하여 생긴 대리권"이기 때문이다.

(3) 대리권의 범위

1) 민법의 일반원칙

민사대리에 있어서는 대리인의 권한에 속하지 않는 행위는 원칙적으로 본인에 대하여 효력이 없고(민법 제114조, 제126조), 수임인은 "위임의 본지에 따라 선량한 관리자의 주의로써" 위임사무를 처리하여야 한다.(민법 제681조).

2) 상법의 특칙

상사대리에 있어서는 "위임의 본지에 반하지 아니한 범위 내에서 위임받지 아니한 행위를 할 수 있다"(상법 제49조). 이를 문언상으로만 보면 대리권에 속하지 않는 행위까지도 할 수 있는 것으로 이해할 수 있다. 따라서 이를 민법의 예외 규정으로서 대리권의 범위를 확장한 것으로 이해하는 학설도 있다. 그러나 이는 민법의 예외규정이라기 보다 민법의 원칙을 보다 명백히 한 당연한 해석규정이라고 보아야 한다. 즉, "위임의 본지에 반하지 아니한 범위 내에서" 위임받지 아니한 행위를 하는 것은 결국 민법의 "위임의 본지에 따라 선량한 관리자의 주의로써" 위임사무를 처리하는 것과 같은 의미이기 때문이다. 따라서 상행위의 수임자는 사정이 변경된 경우에 위임사무를 임기응변적으로 처리할 수 있다.

2. 소멸시효

(1) 일반원칙

민법상 채권의 소멸시효는 10년이다(민법 제162조). 이에 반하여 상행위로 인한 채권의 소멸시효는 5년이다(상법 제64조).

(2) 상행위로 인한 채권

1) 적용범위

상행위로 인하여 생긴 채권이란 적어도 당사자의 일방에 대하여 상행위가 되는 행위로 인하여 발생한 것이어야 한다는 것이다. 그러나 거래행위로 인하여 발생한 채권이 아닌 것, 즉 부당이득반환청구권이나 불법행위로 인한 손해배상청구권 같은 법정채권에 대해서는 원칙적으로 민법상의 소멸시효가 적용한다. 판례는 당사자 쌍방에 대하여 모두 상행위가 되는 행위로 인한 채권뿐만 아니라 당사자 일방에 대하여만 상행위에 해당하는 행위로 인한 채권도 상법 제64조 소정의 5년의 소멸시효기간이 적용되는 상사채권에 해당한다고 하였다(1997. 8. 26. 97다9260). 그리고 상사시효가 적용되는 상행위에는 상법 제46조 각 호에 해당하는 기본적 상행위뿐만 아니라, 상인이 영업을 위하여 하는 보조적 상행위도 포함된다고 판단하였다(1997. 8. 26. 97다9260).

특히 판례는 채무의 동일성을 유지하면서 이를 종래의 채무자로부터 제3자인 인수인에게 이전하는 것을 목적으로 하는 계약인 면책적 채무인수에 있어 인수인은 종래의 채무자와 지위를 교체하여 새로이 당사자로서 채무관계에 들어서서 종래의 채무자와 동일한 채무를 부담하고 동시에 종래의 채무자는 채무관계에서 탈퇴하여 면책되는 것일 뿐이기 때문에 인수채무가 원래 5년의 상사시효의 적용을 받던 채무라면 그 후 면책적 채무인수에 따라 그 채무자의 지위가 인수인으로 교체되었다고 하더라도 그 소멸시효의 기간은 여전히 5년의 상사시효의 적용을 받는다고 하였다(1999. 7. 9. 99다12376). 이러한 법리는 채무인수행위가 상행위나 보조적 상행위에 해당하지 않는다고 해도 마찬가지이므로 이러한 경우에도 5년의 상사시효의 적용을 받는다(1999. 7. 9. 99다12376).

2) 부당이득반환청구권 기한 시효

판례는 유독 부당이득반환청구권을 행사하는 경우에는 그 사안에 따라 상사시효를 적용하기도 하고 민사시효를 적용하기도 하였다. 예를 들어 회사의 주주에 대한 위법배당금 반환청구 사건에서 판례는 부당이득반환청구권이라도 그것이 상행위인 계약에 기초하여 이루어진 급부 자체의 반환을 구하는 것으로서 그 채권의 발생 경위나 원인, 당사자의 지위와 관계 등에 비추어 그 법률관계를 상거래 관계와 같은 정도로 신속하게 해결할 필요성이 있는 경우 등에는 5년의 소멸시효를 정한 상법 제64조가 적용된다고 판단하였다(2021. 6. 24. 2020다208621). 그러나 이와 달리 부당이득반환청구권의 내용이 급부 자체의 반환을 구하는 것이 아니거나 신속한 해결 필요성이 인정되지 않는 경우라면 특별한 사정이 없는 한 상법 제64조는 적용되지 않고 10년의 민사소멸시효기간이 적용된다고 하였다(2021. 6. 24. 2020다208621). 따라서 배당가능이익이 없는데도 이익의 배당이나 중간배당이 실시된 경우 회사나 채권자가 주주로부터 배당금을 회수하는 것은 회사의 자본충실을 도모하고 회사 채권자를 보호하는 데 필수적이므로 회수를 위한 부당이득반환청구권 행사를 신속하게 확정할 필요성이 크다고 볼 수 없다고 하면서 5년의 상사시효가 아닌 10년의 민사시효가 적요된다고 하였다(2021. 6. 24. 2020다208621).

그러나 보험계약자가 다수의 계약을 통하여 보험금을 부정 취득할 목적으로 보험계약을 체결하여 그것이 민법 제103조에 따라 선량한 풍속 기타 사회질서에 반하여 무효인 경우 보험자의 보험금에 대한 부당이득반환청구권은 상법 제64조를 유추적용하여 5년의 상사 소멸시효기간이 적용된다고 하였다(2021. 7. 22. 2019다277812 전합). 보험계약의 정형성이나 법률관계의 신속한 처리 필요성에 비추어 상사 소멸시효기간에 관한 규정을 유추적용하여야 한다는 것이다.

결국 판례는 부당이득반환청구권을 행사한 경우에는 신속한 해결 필요성이 인정된다면 상사시효가 적용되고, 그러한 필요성이 인정되지 않는다면 민사시효가 적용된다고 하여 그 기준을 신속한 해결의 필요성에서 찾고 있음을 알 수 있다.

II. 민법 물권편에 대한 특칙

1. 상인간의 유치권

(1) 상인간의 유치권의 의의

1) 민사유치권

민사유치권은 타인의 물건 또는 유가증권을 점유하고 있는 자가 그 물건에 관해서 발생한 채권의 변제를 받을 때까지 그 물건을 유치할 수 있는 권리이다(민법 제320조, 제328조). 예컨대 시계상은 수리대금의 지급을 받을 때까지는 수리한 시계를 유치해서 그 반환을 거절할 수 있다. 채무자는 수리대금을 지급하지 않는 한 유치권은 간접적으로 수리대금의 지급을 강제하는 역할을 하게 되는 것이다. 이와 같은 유치권의 역할을 유치적 작용이라 한다. 유치권은 그 물건에 관해서 생기게 된 채권에 대해서 법률상 당연히 생기는 법정담보물권으로서 위의 시계의 수리대금의 경우 외에도 생활관계에서 서로 가방을 바꾸어 가졌을 경우의 가방에 대한 반환청구권에도 인정된다. 유치권과 관련하여 유치권자가 적극적으로 유치물을 경매할 수 있는가는 문제이다. 그러나 다른 채권자가 그 물건을 경매해서 경락인이 결정되었다고 하더라도 경락인은 우선 유치권자에게 그 채권액만큼 먼저 경락대금에서 지급하여야 당해 물건을 받아낼 수 있으므로 사실상 채권자에 의한 경매가 이루어진 경우에도 유치권자는 우선적으로 변제를 받을 수가 있다.

2) 상사유치권

상사유치권은 기업활동에 있어서의 신용보호라는 특수한 요청에 따라 상사채권의 물적담보를 강화하기 위하여 민사유치권보다 그 성립요건을 완화·변경한 것으로 민사유치권의 규정을 준용한다. 이러한 상사유치권은 상인간의 상행위로 인한 채권이 변제기에 있을 때 채권자가 당사자 간에 다른 약정이 없는 한 변제를 받을 때까지 그 채무자에 대한 상행위로 인하여 자기가 점유하고 있는 채무자의 물건 또는 유가증권을 유치하는 권리를 말한다(상법 제58조).

(2) 상사유치권의 성립요건

1) 당사자

쌍방이 모두 상인이어야 한다. 상인인 한 소상인이라도 무방하다. 그리고 유치권이 성립한 후에 상인자격을 상실하였더라도 무방하다. 이러한 점에서 대리상의 유치권과 같고(상법 제91조), 민사유치권(민법 제320조) 및 위탁매매인(상법 제111조)·운송주선인(상법 제120조)·육상운송인(상법 제147조)·해상운송인(상법 제800조 제2항) 등에서 인정된 특별상사유치권과 다르다.

2) 피담보채권

쌍방적 상행위로 인하여 생긴 채권이어야 하고 변제기에 있어야 한다. 이러한 점에서 유치목적물에 관하여 생긴 채권만이 피담보채권이 되는 민사유치권과 다르다(민법 제320조). 한편 피담보채권이 변제기에 있어야 한다는 점은 민사유치권 및 특별상사유치권과 같다.

3) 유치목적물

가. 서 설

상법 제58조는 채권자가 채무자에 대한 상행위로 인하여 자기가 점유하고 있는 채무자 소유의 물건 또는 유가증권으로 규정하고 있다. 그러나 유치목적물에는 부동산도 포함된다고 할 것이다. 판례도 상사유치권은 민사유치권의 성립요건을 변경·완화하여 채권자보호를 강화함으로써 계속적 신용거래를 원활·안전하게 하기 위하여 당사자 사이의 합리적인 담보설정의사를 배경으로 하여 추인된 법정담보물권으로서 그 목적물을 동산에 한정하지 않고 '물건 또는 유가증권'으로 규정하고 있는 점에 비추어 보면 상사유치권의 대상이 되는 '물건'에는 부동산도 포함된다고 하였다(2013. 5. 24. 2012다39769, 39776).

한편 점유취득의 원인은 채무자에 대한 상행위에 의하여 채권자가 그 목적물을 유치하여야 한다. 채권자가 유치물을 직접 점유하는 것은 물론 간접점유를 하더라도 무방하다.

나. 목적물과 피담보채권의 관련성

민사유치권의 경우 피담보채권이 목적물에 관하여 생길 것을 요구하여 양당사자간의 견연관계를 요건으로 하고 있으나, 상사유치권에서는 이를 요건으로 하지 않는다. 한편 채권자가 유치하는 목적물은 채권자와 채무자에게 쌍방적 상행위인 행위에 의한 취득은 물론 채권자에게만 상행위인 행위로 취득하는 것도 가능하다.

4) 유치권배제의 특약

상사유치권은 법정담보물권의 일종이지만 당사자는 다른 약정으로 상인간의 유치권의 성립을 배제할 수 있다(상법 제58조 단서). 명문의 규정이 없는 민사유치권에 있어서도 당사자간의 특약으로 유치권을 배제할 수 있다고 보아야 할 것이다.

5) 상사유치권의 효력

상법에 다른 규정이 없으므로 민법의 규정에 의한다. 따라서 유치권자는 채권의 변제를 받을 때까지 목적물을 점유하고 그 인도를 거부할 수 있고(민법 제320조 제1항), 채권의 변제를 받기 위하여 목적물을 환가할 수 있다. 환가방법은 경매가 원칙이나(민법 제322조 제1항), 정당한 이유가 있는 때에는 간이변제충당을 할 수 있다(민법 제322조 제2항). 한편 유치권의 최우선 순위 담보권으로서의 지위를 부당하게 이용하고 이에 대한 남용을 방지할 필요가 있다. 따라서 판례는 채무자가 채무초과의 상태에 빠져 있고 이미 채무자 소유의 목적물에 저당권 기타 담보물권이 설정되어 있어서 유치권의 성립에 의하여 저당권자 등이 그 채권 만족상의 불이익을 입을 것을 잘 알면서 자기 채권의 우선적 만족을 위하여 위와 같이 취약한 재정적 지위에 있는 채무자와의 사이에 의도적으로 유치권의 성립요건을 충족하는 내용의 거래를 일으키고 그에 기하여 목적물을 점유하게 됨으로써 유치권이 성립하였다면 다른 특별한 사정이 없는 한 이는 신의칙에 반하는 권리행사 또는 권리남용으로서 허용되지 않는다고 하였다(2011. 12. 22. 2011다84298).

6) 상사유치권의 소멸

상인간의 유치권은 피담보채권의 소멸·양도, 목적물의 멸실

등에 의하여 소멸하고, 목적물의 점유를 상실한 때(민법 제328조), 유치권자의 의무위반으로 인하여 채무자가 유치권의 소멸을 청구한 때(민법 제324조 제3항), 채무자가 상당한 담보를 제공하고 유치권의 소멸을 청구한 때(민법 제327조) 소멸한다.

2. 상사질권

(1) 민사질권

1) 의 의

질권이란 채권자가 채권의 담보로서 채무자 또는 제3자인 물상보증인으로부터 받은 담보물권을 의미한다(민법 제329조, 제355조). 물건을 채무의 변제가 있을 때까지 유치함으로써 채무의 변제를 간접적으로 강제하는 동시에, 변제가 없는 때에는 그 질물로부터 우선적으로 변제를 받는다. 질권은 저당권과 함께 약정담보물권으로서 금융을 얻는 수단으로 이용된다. 질권을 설정할 수 있는 것은 동산과 채권·주식·특허권 등과 같이 양도할 수 있는 권리이다. 부동산에는 저당권만을 설정할 수 있다.

2) 유 질

유질은 질권설정행위 또는 변제기 전의 계약으로 채무자가 채무이행을 하지 않을 때에 질물의 소유권을 질권자가 취득하게 하거나, 법률이 정한 방법에 의하지 아니하고 질물을 처분하기로 약정하는 것이다. 채권자 즉, 질권자에 있어서는 채권을 확보하기 위하여 매우 편리하고 유용한 방법이 되지만, 자칫하면 채무자의 궁박한 상태를 이용하여 적은 채무 때문에 값비싼 질물을 취득하여 부당이득을 하는 것을 허용하는 것이 되므로 경제적 약자인 채무자를 보호의 필요성이 나타나게 되었다.

3) 유질계약의 금지

질권설정자는 채무변제기 전의 계약으로 질권자에게 변제에 갈음하여 질물의 소유권을 취득하거나 법률에 정한 방법에 의하지 않고서는 질물을 처분할 것을 약정하지 못한다(민법 제339조). 그러나 변제기 이후에 유질계약을 하는 것은 당사자의 궁박상태를 이용하여 폭리를 취할 염려가 없으므로 유질계약이 허용된다고 할 것이다.

(2) 상사질권

1) 서 설

민법 제339조의 유질계약금지조항은 "상행위로 인한 채권"을 담보하기 위하여 설정한 질권에는 적용되지 않는다(상법 제59조). 이는 상인들은 자신의 경제적 행위에 대한 충분한 방어능력을 갖추고 있다는 전제 아래에서 채권자의 질권실행의 간이화를 도모함으로써 기업금융의 편의 내지 원활을 기하고자 하는데 그 이유가 있다.

2) 상행위로 인한 채권

상사질권에 있어서 "상행위로 인한 채권"은 쌍방적 상행위로 인한 채권뿐만 아니라 일방적 상행위로 인하여 발생한 채권도 포함한다. 판례는 질권설정계약에 포함된 유질약정이 상법 제59조에 따라 유효하기 위해서는 질권설정계약의 피담보채권이 상행위로 인하여 생긴 채권이면 충분하고, 질권설정자가 상인이어야 하는 것은 아니라고 하였다(2017. 7. 18. 2017다207499). 그러나 채무자가 비상인인 경우에는 여전히 그에게 자기 방어적 능력이 구비되었다고 볼 수 없으므로 그를 보호하여야 할 필요가 존재한다. 따라서 채권자가 비상인인 경우 이외에 채무자가 비상인인 경우에는 상사질권의 규정은 그 적용이 없다고 할 것이다.

III. 민법 채권편에 대한 특칙

1. 계약의 성립

(1) 청약의 효력

1) 대화자간의 청약

상법상 대화자간에 있어서 계약의 청약을 받은 자가 즉시 승낙을 하지 않은 때에는 그 효력을 잃는다(상법 제51조). 민법에서는 이러한 규정을 두고 있지는 않지만, 청약의 효력은 대화가 이루어지고 있는 동안에만 효력이 있다고 보아야 할 것이므로 이는 민법에서도 동일하게 해석된다고 할 것이다.

2) 격지자간의 청약

가. 승낙기간을 정한 경우

민법은 격지자간에 있어서 승낙기간을 정한 경우에는 승낙기간 내에 승낙의 통지를 "수령"하지 못하면 청약은 효력을 잃은 것으로 된다. 즉, 도달주의에 의한다(민법 제528조 제1항). 그런데 상법은 이에 관하여 특별히 다른 규정을 두고 있지 않으므로 상사거래에 있어서도 민법상 일반원칙에 따라 도달주의에 위한다.

나. 승낙기간을 정하지 않은 경우

구 상법은 격지자간에 있어서 승낙기간을 정한 경우 이외에 승낙기간을 정하지 않은 경우에는 상대방이 승낙을 "발송"한 때에

계약이 성립하는 것으로 하여 도달에 대한 위험을 청약자가 부담하도록 하여 발신주의에 의한다고 규정하였었다(구 상법 제52조 제1항). 이에 대하여 현행 민법은 제531조에서 격지자간의 계약은 승낙의 통지를 발송한 때에 성립한다고 규정하고 있다. 유럽계약법이나 국제물건매매계약에 관한 유엔협약(United Nations Convention on Contracts for the International Sale of Goods: CISG, 1980년 비엔나협약 제18조), UNDROIT 원칙(제2조 및 제6조) 등 국제거래에 있어서는 격지자간 거래에 있어서 승낙기간을 정하고 있든 그렇지 않든 이를 도달주의로 규정하고 있다. 따라서 현행 민법 제531조도 이러한 국제적 정합성을 고려하여 이를 도달주의로 개정하려는 시도가 이어졌다. 만약에 민법이 도달주의로 개정된다면 구 상법 제52조가 유일하게 국내 상사거래에서만 발신주의를 정하는 규정인 것이었다. 따라서 2010년 개정 상법은 제52조를 삭제하여 격지자간 거래는 승낙기간의 여부와 상관없이 모두 도달주의로 개정하였다.

3) 계약의 성립시기

상법에 특별한 규정을 두고 있지 않으므로 민법의 일반원칙이 적용된다. 즉, 승낙의 통지를 발송한 때에 성립한다(민법 제531조).

(2) 청약수령자의 의무

1) 낙부통지의무

가. 민법의 일반원칙

민법상 계약의 청약을 받은 자는 승낙의 여부를 통지할 의무가 없다. 즉, 청약수령자의 명시적 또는 묵시적인 승낙의 의사표시가 없으면 계약은 성립하지 않는다. 판례도 청약자가 미리 정한 기간 내에 이의를 하지 아니하면 승낙한 것으로 간주한다는 뜻을 청약시 표시하였다고 하더라도 이는 상대방을 구속하지 아니하고 그 기간은 경우에 따라 단지 승낙기간을 정하는 의미를 가질 수 있을 뿐이라고 하였다(1999. 1. 29. 98다48903).

나. 상법의 특칙

상법상 계약의 청약을 받은 자는 지체없이 낙부의 통지를 발송하여야 하고, 이것을 해태한 때에는 승낙한 것으로 본다(상법 제53조). 이를 청약수령자의 낙부통지의무라고 한다. 이때 계약의 청약을 받은 자는 상인이어야 한다. 물론 청약자와는 상시 거래관계가 있어야 하나, 청약자는 상인이 아니어도 상관없다. 계약의 청약은 영업부류에 속한 계약이어야 하는데, 이는 이미 상인의 지위가 전제되므로 기본적 상행위나 준상행위만을 그 대상으로 한다고 보아야 할 것이다.

2) 물건보관의무

가. 민법의 일반원칙

민법상 청약과 함께 물건을 받은 청약수령자는 그 청약을 거절한 경우에라도 그 물건을 반환하거나 보관하여야 할 아무런 의무가 없다.

나. 상법의 특칙

민법과는 달리 상법에서는 청약과 함께 물건을 송부 받은 때에는 그 청약을 거절한 때라도 청약자의 비용으로 그 물건을 보관할 의무가 있다(상법 제60조 본문). 다만 그 물건의 가액이 보관비용을 상환하기에 부족하다든가 그 보관으로 인하여 손해를 받을 염려가 있는 경우에는 보관의무가 면제된다(상법 제60조 단서).

다. 의무위반의 효과

청약수령자가 물건보관의무를 이행하지 않음으로써 발생한 손해에 대한 손해배상책임을 부담한다.

2. 행위의 유상성

(1) 상인의 보수청구권

1) 의 의

민법상 타인을 위하여 한 행위는 무상이 원칙이나(민법 제686조, 제701조, 제707조), 상인이 그 영업의 범위 내에서 타인을 위하여 행위를 한 때에는 특약이 없어도 상당한 보수를 청구할 수 있다(상법 제61조). 판례도 복덕방에 상호를 내걸고 부동산 매매 등의 소개업을 하는 자는 상인임이 명백하고 상인인 소개업자가 그 영업범위 내에서 타인을 위하여 행위를 한 이상 특별한 약정이 없다고 하더라도상법 제61조에 의하여 소개를 부탁한 상대방에 대하여 상당한 보수를 청구할 수 있다고 하였다(1968.7.24. 68다955).

2) 영업의 범위 내 행위

영업의 범위 내 행위란 기본적 상행위는 물론 보조적 상행위도 포함된다. 즉, 채무의 보증이나 어음의 인수와 같은 법률행위는 물론이고, 보관이나 운송과 같은 사실행위도 포함된다.

3) 타인을 위한 행위

타인을 위한 행위란 그 행위의 법률상 또는 사실상의 효과가 타인에게 귀속되는 것으로서 그 행위의 원인이 반드시 위임관계에 있을 필요가 없으며, 타인에게 이익이 되었는가도 불문한다.

(2) 법정이자청구권

1) 소비대차의 이자

가. 소비대차

당사자 일방이 금전 기타 대체물의 소유권을 상대방에게 이전할 것을 약정하고 상대방은 그와 같은 종류·품질 및 수량으로 반환할 것을 약정함으로써 성립하는 계약이다(민법 제598조, 제608조). 금전의 소비대차가 가장 대표적인 것으로서 민법상 소비대차계약은 차주와 대주간의 합의만으로써 성립하는 낙성계약이다. 소비대차에는 이자를 지급하는 경우와 지급하지 않는 경우가 있는데, 차주의 이자지급의무는 특약에 의하여 발생한다.

나. 상법의 특칙

민법상 소비대차는 무이자가 원칙이나, 상인의 금전소비대차인 경우, 즉 상인이 그 영업에 관하여 금전을 대여한 경우에는 당사자간에 특약이 없더라도 대주는 법정이자를 청구할 수 있다(상법 제55조 제1항).

2) 체당금의 이자

체당금에 관하여도 그것이 위임(민법 제688조)이나 임치(민법 제701조)에 의한 것이 아니라면 이자를 청구할 수 없는 것이 원칙이다. 그러나 사무관리 등에 있어 상인이 영업범위 내에서 상인·비상인을 불문하고 타인을 위하여 금전을 체당한 경우에는 법정이자를 청구할 수 있다(상법 제55조 제2항). 이때 이자청구권과 채당행위에 대한 보수청구권은 별개로 공존할 수 있다.

(3) 법정이율

민법상 법정이율은 연 5푼이나(민법 제379조), 상법상 상행위로 인하여 생긴 채무의 법정이율은 연 6푼이다(상법 제54조).

3. 채무의 이행

(1) 이행의 장소

1) 서 설

채무의 이행장소와 관련하여 상법에는 특별한 규정이 없고, 다만 지점거래로 인한 지참채무의 이행장소는 지점으로 본다는 규정만이 있다(상법 제56조). 따라서 이행장소와 관련한 민법상 일반원칙에 따를 수밖에 없다.

2) 특정물의 인도채무

특정물 인도채무의 경우 그 채무의 성질 또는 당사자의 의사표시로 변제장소를 정하지 않은 때의 이행장소는 채권성립 당시의 물건소재지로 한다(민법 제467조 제1항).

3) 특정물 이외의 채무

특정물 이외의 채무의 변제는 지참채무로서 채권자의 현주소에서 하여야 하지만, 영업에 관한 채무의 이행장소는 채권자의 현영업소에서 하여야 한다(민법 제467조 제2항). 다만 채권자의 지점에서의 거래로 인한 지참채무의 이행장소가 그 행위의 성질 또는 당사자의 의사표시에 의하여 특정되지 아니한 경우 특정물 인도 외의 채무이행은 그 지점을 이행장소로 본다(상법 제56조).

4) 증권채무

지시채권과 무기명채권 등의 채무이행장소는 이를 정하지 않은 경우에는 추심채무로서 채무자의 현영업소로 하고, 영업소가 없는 경우에는 현주소로 한다(상법 제65조, 민법 제516조).

(2) 이행의 청구

법령 또는 관습에 의하여 영업시간이 정해져 있는 때에는 채무의 이행 또는 이행의 청구는 그 시간 내에 하여야 한다(상법 제63조). 이와 관련하여 민법의 일반원칙도 거래관행이나 신의칙에 의한다고 하는 것이 정설이므로, 상법의 본 규정은 민법의 특칙이라기보다는 당연한 원칙을 주의적으로 규정한 것으로 보는 것이 타당하다.

4. 상사채권의 연대책임

(1) 다수채무자의 연대책임

1) 민법의 일반원칙

민법상 채무자가 수인인 경우에는 특별한 약정이 없는 한 균등비율에 의한 분할채무가 원칙이다(민법 제408조).

2) 상법의 특칙

가. 의 의

상법상 상행위가 되는 행위로 인한 채무자가 수인인 경우에는 각 채무자는 연대하여 변제할 책임이 있다(상법 제57조 제1항).

나. 적용요건

상법상 다수채무자의 연대책임을 적용하기 위한 요건으로 채무의 발생원인이 되는 행위는 채무자 1인 또는 그 전원에 대하여 상행위이어야 한다. 그리고 그 채무가 수인 중 1인 또는 전원에게 상행위가 되는 행위로 인한 채무이어야 한다. 판례도 상법 제57조 제1항의 취지는 상사거래에 있어서의 인적 담보를 강화하여 채무이행을 확실히 하고 거래의 안전을 도모함으로써 상거래의 원활을 기하려는 것으로 여기에서 연대채무를 지우게 되는 행위는 수인이 그 1인 또는 전원에게 상행위가 되는 행위로 인하여 채무를 부담하는 경우이어야 한다고 하였다(1987.6.23. 86다카633). 특히 그 채무는 수인의 채무자가 하나의 공동행위에 의하여 부담한 것이어야만 한다(1956. 9. 20. 4289민상347).

이때 각자의 개별적인 행위로 인하여 부담한 채무에는 이 규정이 적용되지 않는다. 이와 관련하여 판례는 그룹내에 설치된 조달본부의 물품구매행위에 대하여 조달본부는 법인격 없는 그룹내의 편의상 기구에 불과한 것으로서 조달본부의 물품구매행위는 동 그룹내의 각 독립한 법인체인 계열회사들이 조달본부에 그 대행을 위임하거나 이에 관한 대리권수여에 따른 행위라고 하였다. 따라서 각 거래는 계열회사와 물품공급회사 사이에 이루어진 것으로서 그 법률효과는 그 당사자에게만 직접 미치고 유관관계가 없는 다른 계열회사는 아무런 권리의무가 발생하지 아니하는 제3자의 지위에 있음에 불과하기 때문에 조달본부에서 물품을 발주 구입하였다는 사실을 들어 상법 제57조 제1항의 수인이 그 1인 또는 전원에게 상행위로 인하여 부담하는 공동구매라고 할 수 없다고 보았다. 결국 이상의 각 계열회사들 사이에 상법상 연대채무관계는 발생할 수 없다는 것이다(1987.6.23. 86다카633). 다만 판례는 조합채무가 조합원 전원을 위하여 상행위가 되는 행위로 부담하게 된 것이라면 상법 제57조 제1항을 적용하여 조합원들의 연대책임을 인정하였다(2018. 8. 1. 2017다246739).

(2) 보증인의 연대책임

1) 민법의 일반원칙

가. 의 의

민법상 보증인은 최고 및 검색의 항변권이 있으며(민법 제437조), 보증인이 수인인 경우에는 각자 균등한 비율로 보증채무를 부담하는 분별의 이익을 갖는다(민법 제439조).

나. 최고의 항변권

최고의 항변권이란 채권자가 보증인이게 채무의 이행을 청구한 때에 보증인이 주채무자에게 변제자력이 있다는 사실 및 그 집행이 용이하다는 것을 증명하여 먼저 주채무자에게 청구할 것을 항변할 수 있음을 말한다(민법 제437조 본문). 보증인의 항변에도 불구하고 채권자가 주채무자에게 최고를 하지 않았을 때는 후일 주채무자로부터 변제를 받을 수 없는 경우에도, 즉시 최고를 하면 변제를 받을 수 있었던 한도 내에서 보증인으로부터 변제를 받을 수 없게 된다(민법 제438조).

다. 검색의 항변권

검색의 항변권이란 채권자가 주채무자에게 최고를 한 다음에 보증인에 대하여 이행을 청구한 경우에도 보증인이 다시 주채무자에게 변제자력이 있다는 사실 및 그 집행이 용이하다는 것을 증명하여 먼저 주채무자에게 집행하라고 그 청구를 거절할 수 있는 항변을 말한다(민법 제437조). 보증채무의 보충성에 입각하여 최고의 항변권과 함께 인정된 것이다.

2) 상법의 특칙

가. 의 의

상법상 보증이 상행위이거나 주채무가 상행위로 인한 것인 때에는 주채무자와 보증인은 연대책임을 진다(상법 제57조 제2항). 이는 상거래로 인한 채무이행의 확실성을 담보하기 위하여 보증인에게 최고의 항변권 및 검색의 항변권을 제한한 것이며, 이때 채권자는 상인이 아니어도 된다.

나. 보증의 상행위

보증이 상행위인 경우라 함은 상인이 그 영업을 위하여 보증하는 경우로서, 보증이 보증인인 상인에 대하여 보조적 상행위 또는 준상행위인 경우를 말한다. 이때 상행위는 쌍방적 상행위는 물론 일방적 상행위도 포함된다.

다. 주채무의 상행위

주채무가 상행위로 인한 경우라 함은 주채무의 발생원인이 상행위로 인한 것을 말한다. 이때의 주채무는 주채무자의 상행위로 인하여 발생한 것만을 포함하고, 일방적 상행위로서 채권자에게만 상행위가 되는 경우는 포함되지 않는다고 보는 것이 타당하다고 할 것이다. 상법 제57조의 취지가 채무이행을 보다 확실하게 하여 거래의 안전을 보호하기 위한 것이기 때문이다.

라. 효 과

보증인은 최고 검색권을 갖지 못하고, 주채무자와 연대하여 변제할 책임이 있다(상법 제57조 제2항).

5. 상사매매

(1) 상사매매의 의의

상사매매란 당사자 쌍방이 상인인 경우의 매매를 말하는 것으로서, 기본적 상행위는 물론 보조적 상행위도 포함된다. 상법상 상사매매의 특칙은 상인간의 매매에만 적용되므로 일방적 상행위인 경우에는 그 적용이 없다.

(2) 매도인의 공탁권·경매권

1) 민법의 일반원칙

민법상 매수인이 매매목적물의 수령을 지체하는 경우에 매도인은 공탁권과 경매권을 행사하여(민법 제487조 제490조) 목적물의 인도의무를 면할 수 있다. 이때 공탁이 원칙이며, 경매는 목적물이 공탁에 적당하지 않거나, 멸실 또는 훼손될 염려가 있거나, 공탁을 위하여 과다한 비용이 드는 경우에 한하여 법원의 허가를 얻어서 할 수 있다(민법 제490조).

2) 상법의 특칙

가. 공탁권

상인간의 매매에 있어서 매수인이 목적물의 수령을 거부하거나 이를 수령할 수 없는 때에는 매도인은 그 물건을 매수인의 비용과 위험부담으로 공탁할 수 있다(상법 제67조 제1항). 매도인이 물건을 공탁한 때에는 지체없이 매수인에 대하여 이에 관한 통지를 발송하여야 한다(상법 제67조 제1항).

나. 경매권

상인간의 매매에 있어서 매수인이 목적물의 수령을 거부하거나 이를 수령할 수 없을 때에는 매도인은 상당한 기간을 정하여 최고한 후 그 물건을 경매할 수 있다(상법 제67조 제1항). 매수인에게 최고할 수 없거나 목적물이 멸실 훼손의 염려가 있는 경우에는 최고 없이도 경매할 수 있다(상법 제67조 제2항). 매도인이 목적물을 경매한 때에는 지체없이 매수인에 대하여 그 통지를 발송하여야 한다. 이를 해태한 경우 손해배상책임을 진다.

상법상 경매는 매수인의 계산으로 하는 것이기 때문에 매도인은 경매의 경우에 수임자와 같은 지위에 있다. 따라서 경매비용의 상환을 청구할 수 있다. 그리고 경매비용을 공제한 잔액을 공탁하여야 하나, 그 대금에서 경매대금의 전부나 일부를 매매대금에 충당할 수 있다(상법 제67조 제3항). 그러나 민법의 일반원칙에 따르면 매도인은 경매대금의 공탁만이 가능하다(민법 제490조).

다만, 경매가 적법하게 이루어지지 않은 경우에는 매수인은 그 매각을 자기의 계산으로 한 것으로 보지 않을 수 있다. 즉 매도인은 매수인에게 경매의 효력을 주장할 수 없다.

(3) 매수인의 목적물 검사·하자통지의무

1) 민법의 일반원칙

민법은 매매목적물에 하자가 있거나 수량부족이 있는 때에 매도인은 하자담보책임을 지고, 매수인은 대금감액을 청구할 수 있다. 매수인이 선의이면 계약해제와 손해배상청구도 할 수 있다. 이때 매수인이 악의이면 계약일로부터 1년, 선의이면 사실을 안 날로부터 1년 또는 6월내에 행사하여야 한다(민법 제570조~제575조, 제580조~582조).

2) 상법의 특칙

상인간의 매매에 있어서는 민법의 일반원칙에서 규정하지 않는 목적물의 검사·하자통지의무를 매수인에게 부과하고 있다(1999. 1. 29. 98다1584). 즉, 매수인은 목적물을 수령한 후 지체없이 검사하여야 하고, 하자를 발견한 즉시 통지하여야 한다. 매수인에게 이러한 의무를 부과한 것과 관련하여 판례는 상법 제69조 제1항의 매수인의 목적물의 검사와 하자통지의무에 관한 규정의 취지는 상인간의 매매에 있어 그 계약의 효력을 민법 규정과 같이 오랫동안 불안정한 상태로 방치하는 것은 매도인에 대하여는 인도 당시의 목적물에 대한 하자의 조사를 어렵게 하고 전매의 기회를 잃게 될 뿐만 아니라, 매수인에 대하여는 그 기간중 유리한 시기를 선택하여 매도인의 위험으로 투기를 할 수 있는 기회를 주게 되는 폐단 등이 있어 이를 막기 위하여 하자를 용이하게 발견할 수 있는 전문적 지식을 가진 매수인에게 신속한 검사와 통지의 의무를 부과함으로써 상거래를 신속하게 결말짓도록 한 것이라고 하였다(1987. 7. 21. 86다카2446).

따라서 매수인이 이러한 통지를 하지 않으면 매도인이 악의인 경우를 제외하고는 대금감액청구, 계약해제 손해배상청구를 하지 못한다. 다만 당해 하자가 즉시 발견할 수 없는 것인 때에는 6월내에 이를 발견하여 통지하면 그 권리를 상실하지 않는다(상법 제69조). 그런데 판례는 중매인이 군수산업협동조합으로부터 경락받은 수산물에 숨은 하자가 있어도 농수산물 유통 및 가격안정에 관한 법률에 기한 조합의 공판사업규정에 따라 즉시 이의하고 그 인수를 거부하지 아니한 이상 상법 제69조 제1항 소정의 손해배상청구를 할 수 없다고 판단하였다(1991.8.13. 91다14970).

한편, 이러한 상법상 특칙이 적용되기 위해서는 상인간 상사매매이어야 한다. 그리고 실제로 목적물을 수령하여야 하고, 매도인이 수량부족이나 물건의 하자에 악의가 아니어야 한다. 한편 판례는 매매 목적물과 관련하여 부대체물의 경우에는 상사매매에 관한 규정이 적용되지 않는다고 하였다. 즉, 당사자의 일방이 상대방의 주문에 따라 자기소유의 재료를 사용하여 만든 물건을 공급할 것을 약정하고 이에 대하여 상대방이 대가를 지급하기로 약정하는 제작물공급계약은 그 제작의 측면에서는 도급의 성질이 있고 공급의 측면에서는 매매의 성질이 있어 이러한 계약은 대체로 매매와 도급의 성질을 함께 가지고 있는 것이라고 하였다. 이때 그 적용법률은 계약에 의하여 제작공급하여야 할 물건이 대체물인 경우에는 매매로 보아서 매매에 관한 규정이 적용된다고 할 것이나 물건이 특정의 주문자의 수요를 만족시키기 위한 부대체물인 경우에는 당해 물건의 공급과 함께 그 제작이 계약의 주목적이 되어 도급의 성질을 강하게 띠고 있다 할 것이므로 이 경우에는 매매에 관한 규정이 당연히 적용된다고 할 수 없다고 하였다(1987. 7. 21. 86다카2446).

(4) 매수인의 보관·공탁·경매의무

1) 민법의 일반원칙

민법의 일반원칙에 따르는 경우, 매매 목적물의 하자 또는 수량부족으로 인하여 매수인이 계약을 해제한 때에 각 당사자는 원상회복의 의무를 지고, 매수인은 목적물을 반환할 의무를 질 뿐이다. 즉, 매수인은 수량을 초과한 부분에 대해서는 상위 또는 초과 부분을 반환하면 충분하고 그 부분에 대하여 보관의무를 지는 것은 아니다(민법 제548조).

2) 상법의 특칙

상인간의 격지매매에 있어서 매수인이 수령한 목적물의 하자나 수량부족으로 계약을 해제하거나 수량이 초과한 때에는 그 목적물을 매도인에게 반송할 것이 아니라 매도인의 비용으로 보관 또는 공탁하여야 한다(상법 제70조 제1항). 만일 목적물이 멸실 또는 훼손될 우려가 있는 때에는 법원의 허가를 얻어 경매하여 그 대가를 보관 또는 공탁하여야 한다. 이러한 경우의 경매를 긴급매각이라고 하고, 매수인은 매도인에게 지체없이 그 통지를 발송하면 된다(상법 제70조 제2항). 매수인이 보관·공탁 또는 경매의무를 위반한 때에는 매도인에 대하여 손해배상책임을 부담한다.

(5) 확정기매매

1) 의 의

확정기매매란 매매의 성질 또는 당사자의 의사표시에 의하여 일정한 기간 내에 이행하지 않으면 계약의 목적을 달성할 수 없는 매매를 말한다. 즉, 이행시기가 계약의 성패를 좌우할 정도로 매매의 본질적인 요소가 되는 경우이어야 한다. 따라서 단순히 이행기간이 정해졌다고 확정기매매라고 할 수 있는 것은 아니다(1955. 3. 31. 4287민상320). 판례는 상인 사이에 이루어진 선물환계약은 그 약정 결제일에 즈음하여 생길 수 있는 환율변동의 위험을 회피하기 위하여 체결되는 것으로서 그 성질상 그 약정 결제일에 이행되지 않으면 계약의 목적을 달성할 수 없는 상법 제68조의 확정기매매라 판단한 바 있다(2003. 4. 8. 2001다38593). 또한 국제해상매매계약에 있어서 C.I.F. 약관이 있는 경우에 매도인은 목적물을 계약 소정의 목적지까지 운송하기 위하여 운송계약을 체결하고 약정된 일자 또는 기간 내에 선적항의 본선상에 물품을 인도하여야 하는 경우에도 원자재매매계약이 그 성질 또는 당사자의 의사표시에 의하여 약정된 선적기간 내에 선적되지 아니하면 계약의 목적을 달성할 수 없는 확정기매매에 해당한다고 판단하였다(1995. 5. 26. 93다61543).

2) 민법의 일반원칙

민법상 정기행위의 경우 채무자가 이행을 지체하면 채권자는 이행의 최고(민법 제544조)를 하지 않더라도 의사표시만으로 즉시 계약을 해제할 수 있다(민법 제545조).

3) 상법의 특칙

가. 서 설

상인간의 확정기매매에 있어서 당사자의 일방이 이행시기를 경과한 때에는 상대방에 대한 해제의 의사표시를 하지 않아도 계약이 해제된 것으로 본다(상법 제68조). 따라서 상대방이 그 매매계약의 존속을 원한다면 즉시 이행의 청구를 하여야 한다.

나. 해제의 요건

확정기매매의 당연해제는 상인간의 상행위인 매매에만 적용된다. 또한 당해 매매가 매매의 성질 또는 당사자의 의사표시에 의하여 일정한 일시 또는 기간 내에 이행하지 않으면 계약의 목적을 달성할 수 없는 것이어야 한다. 그리고 채무자의 귀책사유에 의한 채무불이행이 있어야 한다. 귀책사유가 없는 경우에도 적용된다는 견해가 있으나, 해제가 되면 계약해제의 일반법리에 따라 채무자는 원상회복의무와 손해배상책임을 지는데 과실 없는 채무자에게 이를 부담시키는 것이 타당하지 않다고 본다. 마지막으로 상대방이 즉시 이행청구를 하지 않았어야 한다.

다. 당연해제의 효과

이상의 요건을 구비하면 확정기매매계약은 당연히 해제된 것으로 본다(상법 제68조). 확정기매매계약이 해제되면 민법상 계약해제에 관한 일반원칙이 적용된다(민법 제548조, 제549조). 채권자는 이행시기의 경과로 인하여 손해가 발생한 때에는 그 손해에 대하여 매도인의 귀책사유가 있는 경우 그 손해의 배상을 청구할 수 있다(민법 제551조).

6. 무상수취인의 주의의무

(1) 서 설

1) 민법상 주의의무

주의의무에 대하여 그 주의의무를 부담하는 개개인의 차이를 고려하지 않고, 추상적 평균인을 전제로 하는 것을 선량한 관리자의 주의의무 또는 선관주의의무라고 한다. 이에 대하여 주의의무에 대하여 개개인의 차이를 고려하고 그 주의의무를 부담하는 개개인에 대하여 구체적·개별적 인간을 전제로 하는 것을 자기재산과 동일한 주의의무라고 한다.

선량한 관리자의 주의의무를 결한 경우를 추상적 과실이라고 하고, 자기재산과 동일한 주의의무를 결한 경우를 구체적 과실이라고 한다. 자기재산과 동일한 주의의무는 자기를 위하여 하는 것과 동일한 주의의무 또는 고유재산에 대하는 것과 동일한 주의의무 등으로 표현되기도 한다.

2) 민법상 선관주의의무 원칙

민법은 합리적·추상적 인간을 상정하고 있으므로 민법상의 주의의무는 선량한 관리자의 주의의무를 원칙적인 것으로 한다. 따라서 법인의 이사(민법 제61조), 유치권자(민법 제324조), 질권자(민법 제343조), 특정물의 매도인(민법 제374조), 수임인(민법 제681조), 후견인(민법 제956조)에 관하여 이를 인정하고 있다. 선관주의의무는 개별적인 명문의 규정이 없더라도 대부분의 법률관계에서 당연히 인정되는 주의의무이다.

3) 주식회사 이사의 주의의무

가. 선관주의의무

이사는 회사와 위임관계(상법 제382조 제2항)에 있으므로 선량한 관리자의 주의(민법 제681조)를 다하여 충실하게(상법 제382조의3) 회사의 업무를 집행하여야 한다. 특히 이사는 회사와의 신뢰관계를 전제로 그 지위를 이용하여 자기 또는 제3자의 이익을 도모할 것을 목적으로 회사의 이익을 해치지 않아야 한다. 이를 충실의무라고 한다. 또한 이사는 이사회의 구성원으로서 감사에 대한 보고의무 및 대표이사의 직무집행을 감독할 감시의무가 있다(상법 제393조). 더욱이 이사는 회사의 실정을 누구보다도 잘 알고 있으므로 그 지위를 악용할 소지가 있으므로 상법은 이사에게 경업피지의무(상법 제397조)·자기거래금지의무(상법 제398조) 및 비밀유지의무(상법 제382조의4) 등을 부과하고 있다.

나. 충실의무

상법은 1998년 개정을 통하여 이사로 하여금 법령과 정관의 규정에 따라 회사를 위하여 그 직무를 충실하게 수행하도록 충실의무를 규정하였다(상법 제382조의2). 이러한 충실의무의 법적성질에 관하여는 선관주의의무와 관련하여 동질설과 이질설로 나뉜다.

동질설은 충실의무는 선관의무의 동질적인 의미이거나 선관의무를 구체적으로 표현하고 있는 것이라고 한다. 이에 대하여 이질설은 선관의무는 이사가 직무를 준수함에 있어 준수하여야 할 주의의 정도에 관한 규정이고, 충실의무는 이사가 그 지위를 이용하여 회사의 이익을 고려하지 않고 자기 또는 제3자의 이익만을 추구하여서는 안 된다는 의무의 내용에 관한 규정이라고 한다. 그러나 1998년 상법이 이사의 충실의무를 명문화한 것은 이사의 선관주의의무를 보다 명확히 하려는데 그 취지가 있다고 할 것이고, 판례도 양자를 특별히 구분하지 않는 것(대1986. 6. 25. 85다카1954)을 볼 때 동질설이 타당하다.

(2) 민법의 일반원칙

무상 수취인의 주의의무에 관하여 민법은 자기재산과 동일한 주의를 하면 되도록 규정하고 있다(민법 제695조).

(3) 상법의 특칙

상법에서는 상인이 그 영업범위 내에서 물건의 임치를 받은 경우에는 무상이라고 하더라도 선량한 관리자의 주의(민법 제681조)를 하도록 특별규정을 두었다(상법 제62조). 상법에서 말하는 "영업범위 내"는 기본적 상행위로서의 영업 이외에 보조적 상행위까지 포함되므로 민법에서보다 주의의무를 가중하고 있는 것이다.

Ⅳ. 유가증권에 관한 규정

1. 총 설

(1) 상법의 입장

상법은 화물상환증, 창고증권, 주권, 사채권, 선하증권 등에 관하여 그 기초가 되는 기업의 실질관계와 관련하여 해당하는 곳에 개별적인 규정을 두고 있으나, 구체적 규정은 민법 및 어음법·수표법의 규정을 준용하고 있다.

(2) 상법상 유가증권 규정

상행위법 통칙에서는 유가증권 일반에 관하여는 특별한 규정을 두지 않고, 다만 상법 제65조에서 증권적 채권인 지시채권과 무기명 채권에 관한 민법규정(민법 제508조~제525조) 및 배서의 무조건성과 일부배서의 무효에 관한 어음법 규정(어음법 제12조 제1항, 제2항)을 준용하는데 그치고 있다.

(3) 입법론

유가증권은 상법, 민법, 어음법 및 수표법에 분산 규정되어 있어 체계성이나 일관성에 문제가 되는 바, 이런 점을 고려해 볼 때 입법론적으로 미국의 통일유통증권법(Uniform Negotiable Instruments Law of 1896)과 같은 별도의 유가증권법의 제정을 통하여 유가증권에 관한 통일적이고도 체계적인 규정을 마련하는 것이 필요하다고 본다.

2. 준용규정

(1) 상법의 규정

상법 제65조는 "금전, 물건 또는 유가증권의 지급을 목적으로 하는 유가증권"을 규정하고, 민법 및 어음법의 규정을 준용하도록 하고 있다.

(2) 민법규정의 준용

금전, 물건 또는 유가증권의 지급을 목적으로 하는 유가증권에는 지시채권의 양도방식(민법 제508조), 환배서(민법 제509조), 배서의 방식(민법 제510조), 약식배서의 처리방식(민법 제511조), 소지인출급배서의 효력(민법 제512조), 배서의 자격수여적 효력(민법 제513조), 선의취득(민법 제514조), 이전배서와 인적 항변(민법 제515조), 변제의 장소(민법 제516조), 증서의 제시와 이행지체(민법 제517조), 채무자의 조사권리의무(민법 제518조), 변제의 증서교부(민법 제519조), 영수의 기입청구권(민법 제520조), 공시최고절차에 의한 증서의 실효(민법 제521조), 공시최고절차에 의한 공탁·변제(민법 제522조), 무기명채권의 양도방식(민법 제523조), 지명소지인출급채권(민법 제525조) 등에 관한 민법규정을 준용한다(상법 제65조).

(3) 어음법 규정의 준용

배서의 요건에 관하여는 어음법(어음법 제12조 제1항, 제2항)의 규정을 준용한다(상법 제65조).

V. 상호계산

1. 서 설

(1) 상호계산의 의의

상호계산이란 상인간 또는 상인과 비상인 간에 상시 거래관계가 있는 경우에 일정한 기간 내의 거래에서 생기는 채권·채무의 총액을 상계하고 그 잔액을 지급할 것을 약정하는 계약이다(상법 제72조).

(2) 상호계산의 대상

상호계산에 계입되는 채권·채무는 특약이 없는 한, 계산 기간 중에 거래관계에서 보통 발생하는 일체의 채권·채무이고, 거래의 종류는 묻지 않는다. 다만, 집단적으로 총액을 상계하는 것이므로 금전채무에 한한다. 따라서 거래와 관계없이 발생한 채권·채무, 즉 사무관리나 부당이득 또는 불법행위 등에 의하여 발생한 채권·채무는 상호계산의 목적이 되지 않는다. 담보부채권의 경우에도 상대방의 무담보책권과 상계가 될 수 있다는 점에서 그 대상이 되지 않는다고 할 것이다.

(3) 상호계산기간

1) 서 설

상호계산은 일정한 기간 동안에 발생한 채무를 당사자 상호간에 포괄적으로 상계하는 것이다. 이때 그 단위가 되는 기간을 상호계산이라고 하며, 상호계산기간은 당사자가 임의로 정할 수 있다. 그러나 당사자간에 특별히 정함이 없으면 그 기간은 6월로 한다(상법 제74조).

2) 단계적 상호계산

상호계산은 일정한 기간의 거래를 일괄적으로 상계하고 잔액을 확정하는 기간적 상호계산이 원칙이다. 그러나 은행의 당좌예금계약과 당좌대월계약에서와 같이 거래가 있을 때마다 상계하여 잔액을 확정하고 이자를 계산하는 방식도 가능하다고 본다. 이를 단계적 상호계산이라고 한다.

(4) 상호계산의 경제적 기능

1) 간이화 기능

상호계산은 대차결제의 기술적 제도로서, 은행 간이나 은행과 고객, 생산자와 위탁매도인, 상인과 대리상 및 운송업자 상호간의 거래에서와 같이 계속적이고 빈번한 거래관계에 있는 당사자 간에 금전 지급에 따르는 비용·위험·불편을 덜고, 자금의 비생산적인 고정화를 방지할 수 있다.

2) 담보적 기능

상호계산은 일방 당사자의 채권 중에서 장차 상계될 금액의 한도 내에서는 상대방에 대한 채무로써 담보를 확보하고 있는 것과 같은 효과를 누리게 된다.

3) 신용제공의 기능

상호계산계약의 당사자들은 상호계산에 의하여 자신의 각 개별적인 채무의 변제를 계산서 승인에 의하여 잔액이 확정될 때까지 연기하는 효과를 얻게 된다.

(5) 상호계산의 법적 성질

상호계산의 법적성질에 관하여는 다양한 학성이 나뉜다. 즉, 상호적 소비대차설, 상호적 위임설, 혼합계약설, 상호적 신용개시계약설, 연기계약설, 상계계약설 등의 학설이 그것이다. 그러나 상호계산은 실질적으로 새로운 채권·채무를 발생시키는 계약이 아니고, 단지 이미 발생한 채권·채무의 결제방법을 약정하는 계약일 뿐이라는 점에 주목할 필요가 있다. 따라서 상호계산은 일반사법상의 계약유형으로 볼 것이 아니라, 상법상 특수한 낙성계약으로 보는 것이 타당하다.

2. 상호계산의 효력

(1) 소극적 효력

1) 상호계산불가분의 원칙

상호계산은 일괄하여 결제하는 제도이므로 일정한 기간 내에 생긴 일체의 채권 및 채무는 당연히 계산에 계입되어 그 독립성을 상실한다. 그리고 그러한 채권 및 채무는 결산기에 이르러 일괄적으로 상계할 때까지 정지상태에 놓이게 된다. 이를 상호계산불가분의 원칙 또는 상호계산의 소극적 원칙이라고 한다.

2) 상호계산불가분의 원칙의 예외

상호계산에 계입된 채권 및 채무는 상대방의 동의가 없는 한 임의로 계산으로부터 제거할 수 없다. 그러나 어음 기타의 상업증권을 수수한 대가로서의 채권·채무를 상호계산에 계입한 경우에는 후에 증권 채무자가 채무를 변제하지 아니하였을 경우에 한하여 예외적으로 당사자는 그 대가에 관한 항목을 계산에서 제거할 수 있다(상법 제73조).

3) 상호계산의 제3자에 대한 효력

상호계산에 계입된 채권에 대하여 제3자가 이를 개별적으로 양수하거나 압류할 수 있는가의 문제이다. 이에 대하여 사실상 상호계산불가분의 원칙에 따라 제3자의 양수나 압류는 불가능하다는 견해가 있다(절대적 효력설). 이에 대하여 상호계산이 당사자간의 계약이기 때문에 이를 통해 채권의 영도나 압류가능성을 배제할 수 없다는 견해도 있다(상대적 효력설). 또한 채권의 양도는 가능하나 압류는 불가능하다는 절충적인 견해도 있다. 생각해보면 상호계산 자체가 당사자간 계약에 의한 것이므로 이를 근거로 채권의 양도나 채권에 기한 압류를 불가능하게 한다는 것은 이해하기 어렵다. 결국 채권의 양도나 압류가 가능하다고 보아야 할 것인데, 그렇다면 상호계산 제도의 취지가 무색해지는 결과가 발생한다. 따라서 채권의 양도나 압류가 가능하다고 하더라도 이 경우 당사자 간에 그 채권의 양도나 압류에 대한 통지 및 그에 따른 승낙이 있는 경우에 가능하도록 하는 것이 타당하다고 할 것이다.

(2) 적극적 효력

1) 서 설

상호계산 기간이 만료되면 계산에 계입되었던 채권 및 채무의 총액을 일괄상계하고 잔액을 확정한다. 이렇게 확정된 잔액은 기존에 계입된 채권 및 채무와는 전혀 다른 새로운 채권이라고 할 것이다. 그리고 당사자의 일방은 그 확정된 잔액의 지급청구권을 행사하게 된다.

2) 잔액확정방법

당사자의 일방이 채권·채무의 각 항목과 차계잔액을 기재한 계산서를 제출하고 상대방이 이것을 승인함으로써 잔액이 확정된다. 이 계산서의 승인은 잔액을 확정하고 잔액지급의 새로운 채무를 발생시키므로 목적변경으로 인한 경개로서의 효력을 가진다고 할 것이다.

3) 계산서승인의 효과

상호계산계약의 목적이 계산관계를 신속·간명하게 처리하는데 있으므로 계산서를 승인하면 기존의 채권 및 채무는 모두 소멸하고 전혀 새로운 채권이 발생하게 된다. 따라서 각 당사자는 각 항목에 관하여 기존에 존재하던 하자를 이유로 하여 이의를 제기하지 못한다(상법 제75조 본문).

다만, 계산상 착오나 탈루가 있는 경우에는 이의를 제기할 수 있다(상법 제75조 본문). 이때 계산서에 착오 또는 탈루가 있을 경우에는 이의를 제기할 수 있다고 하는 것과 관련하여 승인행위 무효설과 부당이득 반환청구설이 대립한다. 원래 상호계산은 당사자간의 계산관계를 간명하게 처리하고자 하는 것이므로, 착오 또는 탈루는 계산서의 승인 자체에는 영향을 미치지 않고 상호계산과는 별도로 부당이득의 반환을 청구할 수 있다고 보는 것이 타당하다고 할 것이다.

3. 상호계산의 종료

(1) 상호계산의 종료

상호계산은 존속기간의 만료 등 계속적 계약의 일반적 종료원인에 의하여 종료하는 것은 물론이나, 당사자는 언제든지 임의로 계약을 해지할 수도 있다(상법 제77조 전단). 이외에 당사자 일방에 파산 또는 회사정리절차의 개시가 있을 때에도 당연히 종료한다.

(2) 종료의 효과

계약이 종료하였을 때에는 계산기간과 관계없이 당사자는 즉시 계산을 폐쇄하고, 잔액의 지급을 청구할 수 있다(상법 제77조 후단). 파산 또는 회사정리절차가 개시되는 때에는 잔액채권은 파산채권 또는 정리채권이 된다(파 제343조 제2항; 제125조 제2항).

VI. 익명조합

1. 총 설

(1) 익명조합의 의의

익명조합이란 당사자 일방이 상대방의 영업을 위하여 출자를 하고, 상대방이 그 영업으로 인한 이익을 분배할 것을 약정하는 계약이다(상법 제78조). 따라서 판례는 시설투자자에게 정기적으로 일정액을 지급하고 다른 상대방이 단독으로 사업을 경영하기로 하는 계약은 익명조합이 아니라고 하였다(1983.5.10. 81다650). 즉, 당사자의 일방이 상대방의 영업을 위하여 출자를 하는 경우라 할지라도 그 영업에서 이익이 난 여부를 따지지 않고 상대방이 정기적으로 일정한 금액을 지급하기로 약정한 경우는 가령 이익이라는 명칭을 사용하였다 하더라도 익명조합약정이 아니라는 것이다(1962.12.27. 62다660). 한편, 익명조합은 양당사자관계이나 당사자의 일방이 복수인이라도 상관없다. 익명조합원의 자격에는 제한이 없으나,

영업자는 성질상 상인이어야 한다.

(2) 익명조합의 경제적 기능

복수인이 공동으로 사업을 경영하여 이익을 창출하고 분배하려고 할 때 민법상 조합을 이용하는 것이 보통이나, 민법상의 조합은 조합원 전원이 업무를 집행하며 또 조합재산은 조합원의 합유이므로(민법 제704조), 이로 인해 복잡한 법률문제가 발생하여 신속·원활을 위주로 하는 상기업의 형태로는 적합하지가 않다. 따라서 신속·원활한 영업활동에 적합하도록 민법상의 조합을 상법 이념에 맞게 규정한 것이 익명조합이다.

(3) 익명조합에 관한 입법정책

우리 상법은 익명조합계약이 상인인 영업자의 보조적 상행위이기 때문에 이를 상행위편에 규정하고 있으나, 경제적으로 익명조합은 공동기업의 한 형태이므로 독일과 프랑스 상법은 이를 회사편에서 규정하고 있다.

2. 익명조합의 법적 성질

(1) 서 설

익명조합은 유상, 쌍무, 낙성, 불요식의 계약으로서 영업자의 이익분배가 요소인 상법상 특수한 계약이다. 내부적으로는 조합관계가 존재하는 내적 조합이므로 익명조합에 관하여는 민법상 조합에 관한 규정이 적용된다고 본다.

(2) 민법상 조합과의 차이

1) 조 합

2인 이상이 상호 출자하여 공동사업을 경영하기로 약정하는 계약으로서(민법 제703조 제1항) 출자는 금전 및 그 밖의 재산·노무·신용 등 재산적 가치가 있으면 되고, 그 종류·성질에는 제한이 없다. 사업은 영리를 목적으로 하지 않는 것이나 일시적인 것도 상관없지만, 이익은 전원이 균점하는 것이어야 한다. 조합계약의 법률적 성질은 낙성·유상·쌍무계약이다. 조합의 업무집행은 원칙적으로 전 조합원 과반수 찬성으로써 행한다. 다만 조합계약으로 1명 또는 수인의 조합원을 업무집행자로 정한 경우에는, 다른 조합원은 검사권만을 가진다(민법 제706조, 제710조). 조합의 재산은 조합원의 합유에 속하고, 조합의 해산시까지 분할청구를 할 수 없다(민법 제704조). 조합원은 임의로 조합에서 탈퇴할 수 있는 것이 원칙이며, 부득이한 사유가 있으면 해산청구도 할 수 있다(민법 제716조, 제720조).

2) 익명조합

익명조합의 당사자는 "두 당사자" 간에 한정되고(상법 제78조), 출자목적물은 "금전 또는 재산"에 한한다(상법 제86조, 제272조). 또한 익명조합의 영업은 "영업자의 단독기업"이고(상법 제80조), 재산의 소유형태는 영업자의 단독소유이다(상법 제79조). 익명조합원의 출자는 영업자에게 귀속되며, 익명조합원은 제3자에 대하여 권리·의무를 가지지 아니하므로 민법상 조합과는 많은 차이가 있다.

(3) 소비대차와의 차이

익명조합은 불확정한 이익의 분배를 목적으로 하고, 익명조합원이 업무감시권을 가지며(상법 제86조, 제277조), 익명조합의 종료의 경우에 익명조합원이 반드시 출자재산 또는 출자금액을 반환받을 수 있는 것도 아니므로 소비대차와 다르다.

(4) 익명조합과 합자회사와의 차이

1) 공통점

익명조합과 합자회사는 모두 "코멘다(Commenda)"에서 유래한 제도로서 익명조합원은 유한책임사원과 그 지위가 유사하므로 익명조합원에 대해서는 유한책임에 관한 일부 규정을 준용하고 있다(상법 제86조, 제272조, 제277조, 제278조).

2) 차이점

가. 법률관계

익명조합은 단순한 계약관계이나(상법 제78조), 합자회사는 법인으로서 회사의 일종이다(상법 제169조, 제171조).

나. 출자의무

익명조합에서는 익명조합원만이 출자의무를 부담하고(상법 제78조), 출자목적물은 재산출자에 한정되나(상법 제86조, 제272조), 합자회사에서는 모든 사원이 출자의무를 부담하고(상법 제269조, 제179조 제4호), 무한 책임사원은 신용출자 및 노무출자도 할 수 있다(상법 제222조).

다. 재산의 귀속

익명조합의 재산은 영업자의 재산이 되나(상법 제79조), 합자회사의 재산은 회사의 재산이다. 따라서 판례도 익명조합관계에 있는 영업에 대한 익명조합원이 상대방의 영업을 위하여 출자한 금전 기타의 재산은 상대방인 영업자의 재산으로 되는 것이므로 영업자가 그 영업의 이익금을 함부로 자기 용도에 소비하였다 하여도 횡령죄가 될 수 없다고 판단하였다(1971.12.28. 71도2032).

라. 제3자에 대한 책임

익명조합에서는 영업자만이 영업을 수행하고, 영업의 채권자에 대한 책임을 부담하나(상법 제80조), 합자회사에서는 전사원이 회사의 채권자에 대하여 무한 또는 유한책임을 부담한다.

마. 이익의 분배

익명조합에서는 익명조합원에게만 이익을 분배하는 것이 계약의 요소이나, 합자회사에서는 전사원에게 이익을 배당하며, 이는 합자회사의 요소가 아니다.

바. 손실분담의무

익명조합에서는 특약이 없는 한 익명조합원은 손실분담의무가 없으나, 합자회사에서는 전사원이 손실을 분담한다.

3. 익명조합의 내부관계

(1) 당사자

1) 익명조합원

익명조합원의 자격에는 제한이 없으므로 상인이든 비상인이든 관계없이 누구나 될 수 있으며, 수인이 공동으로 익명조합원이 될 수 있다.

2) 영업자

영업자는 성질상 상인이어야 한다. 익명조합에 있어서 출자는 영업자의 "영업을 위하여"하기 때문이다. 영업자의 이러한 상인자격은 반드시 계약이전에 존재하여야 하는 것은 아니며, 계약 준비행위인 계약체결과 동시에 상인자격을 취득하여도 된다.

(2) 익명조합원의 권리의무

1) 출자의무

가. 출자의 대상

익명조합원은 영업자의 영업을 위하여 계약에서 정한 대로 출자하여야 한다. 출자의 목적은 금전 기타의 재산에 한하며, 신용이나 노무는 출자의 목적이 될 수 없다(상법 제86조, 제272조). 그러나 특약에 의하여 특정재산에 대한 사용권만을 출자하거나 채권을 양도하는 것은 허용된다. 출자 재산은 영업자의 재산으로 본다(상법 제79조). 따라서 판례도 조합 또는 내적 조합과 달리 익명조합의 경우에는 익명조합원이 영업을 위하여 출자한 금전 기타의 재산은 상대편인 영업자의 재산이 되므로 영업자는 타인의 재물을 보관하는 자의 지위에 있지 않고, 따라서 영업자가 영업이익금 등을 임의로 소비하였더라도 횡령죄가 성립할 수는 없다고 하였다(2011. 11. 24. 2010도5014).

나. 영업자의 영업

영업자의 영업은 수입과 지출·손익이 구별될 수 있는 상대적 독립성을 가지면 충분하며, 영업자가 영위하는 영업의 전부일 필요는 없고, 한 영업의 특정부문과 같이 영업의 일부라도 무방하다.

2) 손실분담의무

가. 서 설

상법이 익명조합원의 손실분담에 관한 규정을 두고는 있으나(상법 제82조 제1항), 이것이 익명조합계약의 요소는 아니다. 다만 익명조합도 공동기업이므로 이익을 분배하는 이상 손실도 분담하는 것이 원칙이라고 할 것이다.

나. 손실분담의 추정

비율은 특약이 없는 한 이익분배의 비율과 같다고 본다(민법 제711조 제2항). 분담방법은 계산상 출자액의 감소이며, 손실이 출자액을 초과하는 경우라도 이미 받은 이익의 반환이나 증자의 의무는 없다(상법 제82조 제1항).

3) 지위불양도의무

익명조합원은 출자의 의무를 이행한 후에라도 영업자의 동의가 없으면 그 지위를 타인에게 양도, 상속하지 못한다고 본다. 이는 영업자의 경우에도 같다.

4) 감시권

익명조합원은 영업자의 영업에 관하여 업무집행의 권리의무는 없으나, 합자회사의 유한책임사원과 같이 감시권이 있다(상법 제86조, 제277조).

(3) 영업자의 의무

1) 영업수행의무

영업자는 계약의 정함에 따라 선량한 관리자의 주의로써 영업을 수행할 의무를 부담한다. 따라서 영업자가 정당한 사유없이 영업을 개시하지 않거나 휴업·폐업한 경우에는 익명조합원은 손해배상을 청구할 수 있고, 경우에 따라서는 계약을 해지할 수 있다(상법 제83조 제2항). 물론 언급한 바와 같이 익명조합원은 영업자의 영업에 관하여 감시권이 있다(상법 제86조, 제277조).

2) 이익분배의무

영업자는 영업으로 인한 이익을 분배할 의무를 부담한다(상법 제78조). 이익이란 당해 영업년도 중에 영업활동을 통해 증가된 재산액이다. 이익분배는 익명조합의 요소이다. 이익분배의 비율에 관한 특약이 없으면 출자액의 비율에 따른다(민법 제711조 제1항). 익명조합원의 출자가 손실로 인하여 감소된 때에는 그 손실을 전보한 후가 아니면 이익배당을 청구하지 못한다(상법 제82조 제1항). 또한 익명조합원은 손실이 출자액을 초과한 경우에도 이미 받은 이익을 반환하거나 증자할 의무가 없다(상법 제82조 제2항).

3) 경업금지의무

익명조합의 영업자에게 경업금지의무가 있는지에 대하여는 상법이 특별히 정하고 있지 않으므로 학설이 나뉜다. 그러나 익명조합은 실질적으로 영업자와 익명조합원의 공동사업으로서 영업자는 선량한 관리자로서의 주의의무를 부담한다. 특히 익명조합의 영업자는 합자회사의 무한책임사원과 같은 지위에 있으므로 영업자는 경업금지의무를 진다고 보는 것이 타당하다. 반대로 익명조합원의 경우에는 경업금지의무를 부담하지 않는다. 합자회사의 경우 유한책임사원은 다른 사원의 동의없이 자기 또는 제3자의 계산으로 회사의 영업부류에 속하는 거래를 할 수 있도록 경업을 허용하고 있는 것과 같이 이해하면 된다(상법 제275조).

4. 익명조합의 외부관계

(1) 영업자와 제3자와의 관계

익명조합은 법률상 영업자의 단독영업이므로 제3자와의 사이에 발생된 모든 권리·의무는 영업자에게만 귀속한다(서울고법 1967. 2. 15. 66 나 400 판결).

(2) 익명조합원과 제3자와의 관계

익명조합원은 제3자와의 사이에 아무런 법률관계도 생길 수 없으며(상법 제80조), 영업자를 대리할 권한도 없다(상법 제86조, 제278조). 다만 익명조합원이 자기의 성명을 영업자의 상호 중에 사용하거나, 자기의 상호를 영업자의 상호로 사용할 것을 허락한 때에는 그 사용 이후의 채무에 대하여 영업자와 연대하여 변제할 책임을 부담한다(상법 제81조). 이는 상법 제24조가 타인에게 자기의 성명 또는 상호를 사용하여 영업을 할 것을 허락한 경우 자기를 영업주로 오인하여 거래한 제3자에 대하여 그 타인과 연대하여 변제할 책임을 정하고 있는 명의대여자의 책임과 같은 법리라고 할 것이다. 그러나 상법은 익명조합의 경우 명확하게 제81조를 규정하고 있으므로 같은 문제가 발생한 경우라고 한다면 제24조가 아니라 제81조를 적용하여야 한다(제12회 변호사 시험문제 참조).

5. 익명조합의 종료

(1) 익명조합의 종료원인

1) 계약의 해지

조합계약으로 조합의 존속기간을 정하지 아니하거나 어느 당사자의 종신까지 존속하기로 약정한 때라도 각 당사자는 6월 전에 예고를 하고 영업년도 말에 계약을 해지할 수 있다(상법 제83조 제1항). 다만 부득이한 사정이 있는 때에는 각 당사자는 언제든지 해지할 수 있다(상법 제83조 제2항). 이경우의 해지권은 특약으로라도 제한하지 못한다고 할 것이다.

2) 법정종료사유

익명조합계약은 영업의 폐지 또는 양도, 영업자의 사망 또는 금치산, 영업자 또는 익명조합원의 파산으로 종료한다(상법 제84조).

(2) 익명조합의 종료효과

1) 출자금반환

익명조합계약이 종료하면 영업자는 "출자의 가액"을 익명조합원에게 반환하여야 한다(상법 제85조 본문). 사용권을 출자하였을 경우에는 출자물 자체를 반환하여야 하며, 손실분담으로 출자가 감소한 때에는 그 잔액만을 반환하면 된다(상법 제85조 단서).

2) 출자총액반환청구권

익명조합원의 출자총액반환청구권은 단순한 채권으로서 익명조합원은 영업자의 다른 채권자와 동등한 지위에서 권리를 행사할 수 있을 뿐이다. 그러나 익명조합원의 파산에 의하여 익명조합계약이 종료한 때에는 영업자에 대한 출자반환청구권은 파산재단이 갖는다. 다만 익명조합원이 물건의 사용권을 출자한 경우 영업자가 파산한 때에는 그 물건에 관한 환취권을 갖는다(파 제407조).

Ⅶ. 합자조합

1. 총 설

(1) 합자조합의 의의

합자조합이란 조합의 업무집행자로서 조합의 채무에 대하여 무한책임을 지는 조합원과 출자가액을 한도로 하여 유한책임을 지는 조합원이 상호출자하여 공동사업을 경영할 것을 약정함으로써 그 효력이 생기는 공동기업의 형태를 말한다(상법 제86조의2). 합자조합은 2011년 상법 개정으로 새롭게 도입된 기업형태인데, 이는 미국에서 이용되고 있는 기업의 형태 중 합자조합(Limited Partnership : LP)제도가 그 원형이다. 이렇듯 합자조합은 그 실질이 기업조직이지만 사실상 법인격인 부여되어 있지 않다는 점에서 상법의 회사편에서 다루지 않고, 상행위편에서 다루게 된 것이다. 합자조합은 조합의 업무집행자로서 조합의 채무에 대하여 무한책임을 부담하는 무한책임조합원과 자신의 출자가액을 한도로 유한책임을 부담하는 유한책임조합원으로 구성된다. 따라서 합자조합의 그 내부관계는 조합의 법리에 따라 비교적 자유로우면서 외부적으로는 유한책임이 적용되므로 자본조달이 비교적 용이하다는 특징이 있다.

(2) 합자회사와의 관계

합자회사는 무한책임사원과 유한책임사원으로 구성되는 회사로서(상법 제268조) 합명회사의 하나의 변형이라고 볼 수 있다. 이러한 이원작인 구조는 합바조합과 동일한데, 합자회사는 법인격을 가진 회사라는 점에 차이가 있다. 따라서 같은 기업의 형태에서 법인격이 없는 경우에는 합자조합이고, 법인격이 있는 경우에는 합자회사로 이해하면 된다. 다만 법인격이 있는 회사와 법인격이 없는 조합이라는 차이로 인해 일부 차이가 존재한다. 다른 회사가 합자조합의 무한책임조합원이 될 수 있지만, 합자회사의 무한책임사원은 될 수 없는 것이다(상법 제173조). 또한 합자조합은 유한책임조합원의 지분을 양도함에 있어 조합계약에 따라 탄력적으로 정할 수 있으나(상법 제86조의7 제2항), 합자회사의 유한책임사원의 지분양도는 무한책임사원 전원의 동의를 요한다(상법 제276조). 합자조합에서 무한책임조합원은 물론 유한책임조합원이 업무집행조합원이 될 수 있으며(상법 제86조의4 제1항 제1호), 업무집해조합원은 원칙적으로 각자가 합자조합의 업무를 집해하고 대리할 권한이 있는데(상법 제86조의5 제1항), 합자회사의 경우에는 무한책임사원만이 회사의 업무를 집행하고 대표할 수 있으며, 유한책임사원은 그러하지 아니하다(상법 제278조). 특히 합자조합은 당사자간 계약으로 성립하는 법인격 없는 조합인데 반하여, 합자회사는 정관의 작성과 설립등기로 성립하는 회사이다. 따라서 합자회사는 합명회사로 그 조직을 변경하거나 다른 회사와 합병을 할 수 있다. 그러나 합자조합은 조직변경이나 합병이 불가하다.

2. 합자조합의 성립

(1) 당사자

합자조합은 무한책임조합원과 유한책임조합원 각각 1인 이상 사이에서 조합계약을 체결함으로써 성립한다. 회사는 유한책임조합원은 물론 무한책임조합원도 될 수 있다. 비영리법인의 경우에는 우한책임조합원이 될 수 있다.

(2) 조합계약서

합자조합의 설립을 위한 조합계약서에는 1. 목적; 2. 명칭; 3. 업무집행조합원의 성명 또는 상호, 주소 및 주민등록번호; 4. 유한책임조합원의 성명 또는 상호, 주소 및 주민등록번호; 5. 주된 영업소의 소재지; 6. 조합원의 출자(出資)에 관한 사항; 7. 조합원에 대한 손익분배에 관한 사항; 8. 유한책임조합원의 지분(持分)의 양도에 관한 사항; 9. 둘 이상의 업무집행조합원이 공동으로 합자조합의 업무를 집행하거나 대리할 것을 정한 경우에는 그 규정; 10. 업무집행조합원 중 일부 업무집행조합원만 합자조합의 업무를 집행하거나 대리할 것을 정한 경우에는 그 규정; 11. 조합의 해산 시 잔여재산 분배에 관한 사항; 12. 조합의 존속기간이나 그 밖의 해산사유에 관한 사항; 13. 조합계약의 효력 발생일을 기재하여야 한다. 그리고 조합계약서에는 총조합원이 기명날인 또는 서명하여야 한다(상법 제86조의3).

(3) 합자조합의 설립등기

상법은 업무집행조합원으로 하여금 합자조합 설립 후 2주 내에 조합의 주된 영업소의 소재지에서 다음의 사항을 등기하도록 하고 있다(상법 제86조의4). 구체적으로는 1. 목적; 2. 명칭; 3. 업무집행조합원의 성명 또는 상호, 주소 및 주민등록번호; 4. 유한책임조합원의 성명 또는 상호, 주소 및 주민등록번호; 5. 주된 영업소의 소재지; 6. 둘 이상의 업무집행조합원이 공동으로 합자조합의 업무를 집행하거나 대리할 것을 정한 경우에는 그 규정; 7. 업무집행조합원 중 일부 업무집행조합원만 합자조합의 업무를 집행하거나 대리할 것을 정한 경우에는 그 규정; 8. 조합의 존속기간이나 그 밖의 해산사유에 관한 사항; 9. 조합계약의 효력 발생일; 그리고 10. 조합원의 출자의 목적, 재산출자의 경우에는 그 가액과 이행한 부분 등이 그것이다. 이는 조합계약서에 기재하여야 하는 사항 중에서 6, 7 및 8을 제외한 나머지 사항이다. 이 중에서 7과 8은 조합원의 내부적인 관계에 한정되므로 이를 굳이 등기하지 않더라도 제3자의 이해관계와는 크게 관련이 없는 것이기 때문이다. 그리고 6은 상법 제86조의4 제2항에서 보다 구체적으로 등기할 사항으로 정하고 있기 때문이다.

한편 상법은 합자조합의 등기사항을 정하면서 "4. 유한책임조합원의 성명 또는 상호, 주소 및 주민등록번호"를 등기하는 경우에는 "유한책임조합원이 업무를 집행하는 경우에 한정한다"고 하여 간접적으로 유한책임조합원이 업무집행조합원이 될 수 있음을 규정하고 있다. 상법은 합자조합의 유한책임조합원과 관련하여 제86조의8 제3항이 제278조를 준용한다고 하여 유한책임조합원은 합자회사의 유한책임사원과 마찬가지로 업무집행을 하지 못하는 것으로 규정하고 있다. 그런데 등기사항을 정하고 있는 제86조의4 제1항 제1호에서는 "유한책임조합원이 업무를 집행하는 경우"라고 하여 유한책임조합원이 업무집행을 할 수 있는 것으로 정하고 있다. 따라서 이 두 규정은 모순되는 모양을 갖추고 있으나, 이를 근거로 상법 제278조는 임의규정이라고 볼 수밖에 없다는 견해가 있으며, 이것이 통설 및 판례의 입장이라는 것이다(1997. 4. 26. 75다1341).

3. 내부적 법률관계

(1) 출자의무와 손익분배

1) 출자의무

합자조합의 조합원은 조합계약에 따라 출자의무를 부담한다.

유한책임조합원은 금전 또는 현물로 출자의 목적이 제한되므로 신용이나 노무를 출자의 목적으로 할 수 없다(상법 제86조의8 제3항; 제272조). 그러나 무한책임조합원은 출자의 목적물에 상법상 아무런 제한이 없으므로 금전이나 현물을 포함하여 신용이나 노무도 출자가 가능하다(상법 제86조의8 제4항). 그러나 합자조합의 경우 이에 관하여 조합계약에서 달리 정할 수 있으므로 유한책임조합원도 조합계약에서 정하는 바에 따라 신용이나 노무의 출자가 가능하다고 할 것이다.

2) 손익의 분배

상법은 합자조합의 조합계약서에 기재할 사항으로 조합원에 대한 손익분배에 관한 사항을 정하고 있다. 그러나 그 구체적인 사항에 대해서는 따로 규정하고 있지 않으므로 민법의 일반원칙을 따르면 될 것이다. 즉, 손익의 분배비율을 정하지 않은 경우에는 각 조합원의 출자가액에 비례하여 정하고, 이익 또는 손실 중 어느 하나에 대해서만 분배비율을 정한 때에는 이익과 손실 모두에 공통된 분배비율로 추정한다(민법 제711조).

(2) 업무집행

1) 업무집행조합원

합자조합의 업무집행은 업무집행조합원이 한다(상법 제86조의5 제1항). 따라서 조합원이 아닌 제3자가 업무집행을 담당할 수 없다. 그런데 업무집행조합원은 무한책임사원이라고 이해되는데(상법 제86조의2), 상법은 합자조합의 등기사항을 정하면서 유한책임조합원이 업무집행조합원이 되는 경우 이를 등기하도록 하고 있다. 따라서 결국은 유한책임조합원도 업무집행조합원이 될 수 있음이 전제된 것이다. 이에 대하여 입법의 착오라고 주장하는 견해도 있으나, 이미 언급한 바와 같이 이와 관련한 상법 제278조를 임의규정으로 보면서 조합계약에 따라 유한책임조합원도 업무집행조합원이 될 수 있다고 보는 견해도 있다. 그러나 상법의 구성과 관계를 고려하면 이에 관한 상법의 규정은 개정할 필요가 있다.

2) 업무집행 방식

합자조합의 업무집행방식은 업무집행조합원이 행하는데, 업무집행조합원이 수인이 경우 조합계약에서 달리 정하지 않는 경우 각자가 조합의 업무집행권을 갖는다(상법 제86조의5 제1항). 이때 각 업무집행조합원의 업무집행에 관한 행위에 대하여 다른 업무집행조합원의 이의가 있는 경우에는 그 행위를 중지하고 업무집행조합원 과반수의 결의에 따라야 한다(상법 제86조의5 제2항). 특히 조합계약으로 둘 이상의 업무집행조합원이 공동으로 합자조합의 업무를 집행하거나 대리할 것을 정할 수도 있으며, 업무집행조합원 중 일부 업무집행조합원만 합자조합의 업무를 집행하거나 대리할 것을 정할 수도 있다(상법 제86조의3 제9호 및 제10호).

3) 업무집행조합원의 의무

업무집행조합원은 선관주의의무를 부담하다(상법 제86조의5 제3항). 상법은 특별히 이를 제86조의5 제2항에서 규정하고 있다. 그러나 업무집행조합원은 민법상 수임인의 주의의무를 부담하는데 상법은 이를 합자조합에 준용하고 있으므로 이를 제86조의5 제2항에서 따로 규정하지 않더라도 선관주의무를 부담한다(상법 제86조의8 제4항; 민법 제707조, 제681조). 한편, 업무집행조합원은 다른 조합원의 동의가 없이는 자기 또는 제3자의 계산으로 합자조합의 영업부류에 속하는 거래를 하지 못하고, 동종영업을 목적으로 하는 다른 회사의 무한책임사원이나 이사가 되지 못한다(상법 제86조의8 제2항, 제198조, 제199조). 그러나 유한책임조합원의 경우에는 경업에는 특별히 제한이 없고 자기거래만 제한된다(상법 제86조의8 제3항; 제199조). 물론 유한책임조합원이 업무집행조합원이 되는 경우에는 당연히 경업도 금지된다고 할 것이다. 그러나 조합계약에서 달리 정하는 경우에는 자기거래나 경업이 금지되지 않는다(상법 제86조의8 제2항 단서).

(3) 조합원의 변동

1) 조합원의 신규 가입

상법은 합자조합의 조합원의 변동에 대해서 따로 규정하고 있지 않다. 따라서 민법상 조합에 관한 법리가 적용되어 조합이 성립된 이후 조합원의 신규 가입은 조합의 필요에 따라 언제든지 가능하다. 다만 새로운 조합원의 가입은 조합계약에서 달리 정하지 않는 이상 조합원 전원의 동의를 요한다.

2) 지분의 양도

민법상 조합의 경우 조합원 지분양도는 조합원 전원의 동의를 얻어야 한다(1958. 2. 26. 4290민상693). 상법은 합자조합의 업무집행조합원이 지분을 양도하고자 하는 경우에는 다른 조합원 전원의 동의를 받도록 하고 있다(상법 제86조의7 제1항). 이는 민법상 조합의 경우와 다르지 않다. 다만 유한책임조합원의 지분은 조합계약에서 정하는 바에 따라 양도할 수 있다(상법 제86조의7 제2항). 합자회사의 유한책임사원의 경우 무한책임사원 전원의 동의를 얻도록 한 것과는 다소 차이가 있다(상법 제276조). 상법은 유한책임조합원의 지분을 양수한 자는 양도인의 조합에 대한 권리·의무를 승계한다고 규정하고 있으나(상법 제86조의7 제3항) 업무집행조합원의 지분을 양수한 자에 대한 권리의무에 관한 사항은 따로 정하고 있지 않다. 그러나 유한책임조합원의 지분을 양수한 자와 마찬가지로 업무집행조합원의 지분을 양수한 자도 지분을 양도한 업무집행조합원의 조합에 대한 권리와 의무를 승계한다고 보아야 할 것이다. 다만 이는 계약에 따라 달라질 수 있음은 당연하다.

3) 조합원의 탈퇴

합자조합원의 탈퇴와 관련해서도 상법은 아무런 규정을 두고 있지 않다. 따라서 민법상 조합에 관한 법리가 적용된다. 조합계약으로 조합의 존속기간을 정하지 아니하거나 조합원의 종신까지 존속할 것을 정한 때에는 각 조합원은 언제든지 탈퇴할 수 있다. 그러나 부득이한 사유없이 조합의 불리한 시기에 탈퇴하지 못한다(민법 제716조 제1항). 그러나 조합계약에서 조합의 존속기간을 정한 때에도 조합원은 부득이한 사유가 있으면 탈퇴할 수 있다(민법 제716조 제2항). 이외에 조합원은 사망, 파산, 성년후견의 개시 또는 제명(除名) 중 어느 하나에 해당하는 사유가 있으면 탈퇴된다(민법 제717조). 이때 조합원의 제명은 정당한 사유있는 때에 한하여 다른 조합원의 일치로써 이를 결정하는데, 제명결정은 제명된 조합원에게 통지하지 아니하면 그 조합원에게 대항하지 못한다(민법 제717조).

4. 외부적 법률관계

(1) 조합원의 대리권

1) 업무집행조합원의 대리권

업무집행조합원은 조합계약에 다른 규정이 없으면 각자가

합자조합의 업무를 집행하고 대리할 권리와 의무가 있다(상법 제86조의5 제1항). 합자조합은 법인격이 없으므로 업무집행조합원은 합자조합을 대리하는 형식이 전체 조합원을 대리하는 형식이다. 수인의 업무집행조합원이 있는 경우 각자가 대리하게 되지만, 조합계약으로 업무집행조합원 중 일부 업무집행조합원만 합자조합의 업무를 집행하거나 대리하게 할 수 있고 또한 수인의 업무집핸조합원이 공동으로 업무를 집행하거나 대리할 것을 정할 수도 있다. 공동으로 업무집행을 대리할 것을 정한 경우 업무집행조합원 증 1인이 단독으로 대리행위를 한 경우에는 무권대리로서 무효가 된다. 그러나 제3자의 합자조합에 대한 의사표시는 공동대리의 권한있는 업무집행조합원 1인에 대하여 하더라도 그 효력이 생긴다(상법 제86조의8 제2항, 제208조 제2항). 업무집행조합원은 합자조합의 영업에 관하여 재판상 또는 재판외의 모든 행위를 할 권한이 있으며, 권한에 대한 제한은 선의의 제3자에게 대항하지 못한다(상법 제86조의8 제2항, 제209조).

2) 유한책임조합원의 대리권

유한책임조합원은 원칙적으로 업무집행권이 없으므로 대리권도 갖지 못한다. 제86조의8 제3항이 합자회사의 유한책임사원이 업무집행을 하거나 대표행위를 하는 것을 금지하는 제278조를 준용하고 있기 때문이다. 그러나 제86조의8 제3항은 "조합계약에 다른 규정이 없으면"이라고 하여 조합계약으로 유한책임조합원에게 업무집행권과 대리권을 부여할 수 있는 것으로 해석된다. 이는 제86조의4 제1항 제1호에서는 유한책임조합원이 업무집행조합원이 되는 것을 전제로 합자조합의 등기사항을 정하고 있다. 따라서 조합계약에서 유한책임조합원에게 대리권을 부여하였다면 유한책임조합원도 업무집행조합원으로서 대리권을 갖는다. 굳이 이를 부인하여 유한책임조합원의 대리행위를 무권대리행위로 보아 무효로 할 이유가 없기 때문이다.

(2) 조합원의 책임

1) 업무집행조합원의 책임

업무집행조합원은 합자회사의 무한책임사원과 같이 조합의 채무에 대하여 무한·직접·연대책임을 부담한다(상법 제86조의8 제2항, 제212조). 따라서 조합의 채권자는 조합재산으로부터 채권을 완전히 변제받지 못하는 경우 업무집행조합의 개인재산에 대하여 강제집행을 할 수 있다. 그러나 업무집행조합원은 조합에 변제의 자력이 있으며 집행이 용이한 것을 증명하게 되면 그 책임을 면할 수 있다(상법 제86조의8 제2항, 제212조). 이러한 업무집행조합원의 무한책임은 실제로 자신이 업무집행권이 있는지 여부와 상관없이 업무집행조합원이기 때문에 갖는 책임이다. 합자회사의 경우에는 실제로 엄무집행사원과 무한책임사원의 개념을 서로 구분하고 있는 것을 참고하면 합자조합에서도 이를 개념적으로 구분하거나 아니면 현재의 체제를 유지한다면 무한책조합원을 통일하여 사용하는 것도 좋을 것이다.

2) 유한책임조합원의 책임

유한책임조합원은 조합계약에서 정한 출자가액에서 이미 이행한 부분을 뺀 가액을 한도로 하여 조합채무를 변제할 책임이 있다. 이 경우 합자조합에 이익이 없음에도 불구하고 유한책임조합원이 배당을 받은 때에는 그 금액은 변제책임을 정할 때에 변제책임의 한도액에 더한다.(상법 제86조의8). 따라서 유한책임조합원은 자신이 출자한 가액, 즉, 조합계약에서 정한 출자가액을 한도로 하여 직접책임을 부담한다는 것이다. 한편 유한책임조합원은 연대책임을 지지 않는다(상법 제86조의8 제4항 단서, 민법 제713조).

5. 합자조합의 해산

(1) 해산사유

상법은 합자조합의 해산사유에 대하여 합자회사의 해산사유를 준용하고 있다. 따라서 무한책임조합원 또는 유한책임조합원의 전원이 퇴사한 때에 해산된다(상법 제86조의8 제1항, 제285조). 그 외의 경우에는 민법상 조합의 해산사유가 적용된다. 즉, 조합계약에서 정한 해산사유가 발생하거나 부득이한 사유가 있는 때에는 각 조합원은 조합의 해산을 청구할 수 있다(상법 제86조의8 제1항, 민법 제720조). 합자조합이 해산한 때에는 무한책임조합원 과반수의 의결로 청산인을 선임한다. 청산인을 선임하지 아니한 때에는 업무집행사원이 청산인이 된다(상법 제86조의8 제2항, 제287조).

(2) 조합의 계속

합자조합이 무한책임조합원 또는 유한책임조합원의 전원이 퇴사하여 해산한 경우에는 잔존한 무한책임조합원 또는 유한책임조합원 전원의 동의로 새로 유한책임조합원 또는 무한책임조합원을 가입시켜서 합자조합을 계속할 수 있다(상법 제86조의8 제1항, 제285조 제2항). 상법에서는 조합계약에서 정한 해산사유가 발생한 경우에는 회사를 계속하는 규정을 따로 두고 있지 않은데, 조합원 전원이 동의하는 경우에는 합자조합을 계속할 수 있음은 당연하다.

제3장 상행위법 각론

Ⅰ. 대리상

1. 총 설

(1) 대리상의 의의

대리상이란 일정한 상인을 위하여 상업사용인이 아니면서 상시 그 영업 부류에 속하는 거래의 대리 또는 중개를 영업으로 하는 자를 말한다(상법 제87조). 대리상은 스스로 독립된 상인으로서 대리 또는 중개라는 상행위를 영업으로 함으로써 상인자격을 취득한다.

판례는 어떤 자가 제조회사와 대리점 총판 계약이라고 하는 명칭의 계약을 체결하였다고 하여 곧바로 상법 제87조의 대리상으로 되는 것은 아니고, 그 계약 내용을 실질적으로 살펴 대리상인지의 여부를 판단하여야 한다고 하였다. 따라서 전문취급점이나 전국총판의 실질적인 법률관계는 대리상인 경우도 있고 특약점인 경우도 있으며 위탁매매업인 경우도 있기 때문에 제조회사가 제3자에 대하여 대리점에게 자사 제품의 판매에 관한 대리권을 수여하였는지를 기준을 판단하여야 한다고 하였다(1999. 2. 5. 97다26593).

(2) 대리상계약

대리상의 영업은 대리 또는 중개의 인수로서 특정 상인을 위하여 그와 대리 또는 중개를 하기로 계약하는 것이다. 이를 대리상계약이라고 한다. 대리상 계약은 위임계약이라고 본다.

(3) 대리상의 지위

대리상은 일정한 상인을 위하여 그 영업을 보조하는 자이다. 여기에서 본인은 반드시 상인이어야 하며, 그 수는 1인이든 수인이든 상관없다. 대리상은 독립된 상인이므로 영업주에게 종속되는 상업사용인과 다르고, 특정다수인과 상시 보조관계를 갖고 거래의 대리 또는 중개를 하는 점에서 불특정다수인을 위하여 상행위의 중개 또는 주선행위를 하는 중개인(상법 제93조)이나 위탁매매인(상법 제101조)과도 구별된다.

(4) 대리상의 종류

본인의 영업부류에 속하는 거래의 대리행위를 하는 자를 체약대리상이라 하고, 중개를 하는 자를 중개대리상이라고 한다.

2. 대리상과 본인과의 관계

(1) 대리상의 권리

1) 보수청구권

가. 의 의

대리상은 상인이므로 수임인은 특별한 약정이 없으면 위임인에 대하여 보수를 청구하지 못하도록 한 민법상 위임과는 달리(민법 제686조) 특약이 없더라도 상당한 보수를 청구할 수 있다(상법 제61조).

나. 요 건

대리상 계약의 내용과 일치하는 거래의 대리 또는 중개가 실질적으로 성립하고, 이러한 거래의 대리 또는 중개는 대리상의 활동에 의하여 성립하여야 한다.

2) 유치권

가. 의 의

대리상은 다른 특약이 없는 한 거래의 대리 또는 중개로 인한 채권이 변제기에 있는 때에는 그 변제를 받을 때까지 본인을 위하여 점유하는 물건 또는 유가증권을 유치할 수 있다(상법 제91조).

나. 특 징

피담보채권과 유치물 사이에 개별적인 관련성을 필요로 하지 않는다는 점에서 민법상 유치권(민법 제320조)과 다르고 일반 상사유치권과 같다. 그러나 채무자와의 상행위로 인하여 점유하는 것이 아니라도 된다는 점, 즉 목적물이 본인의 소유가 아니어도 된다는 점에서 일반 상사유치권(상법 제58조)과 다르고 민법상 유치권과 같다는 특징을 갖는다.

3) 보상청구권

가. 의 의

대리상의 활동으로 고객이나 영업상의 거래가 현저하게 증가하여 대리상 계약이 종료된 후에도 본인이 이익을 얻고 있는 경우가 충분히 있을 수 있다. 상법은 이러한 경우 그 계약의 종료가 대리상의 책임 있는 사유로 인한 것이 아닌 한, 대리상은 상당한 보상을 청구할 수 있도록 하였다 이를 대리상의 보상청구권이라고 한다(상법 제92조의2 제1항).

나. 요 건

대리상의 보상청구권 행사의 전제로서, 우선 본인과 대리상 사이에는 유효하게 성립된 대리상 계약이 종료되어야 한다. 그리고 대리상 관계의 종료 후에도 본인이 이익을 얻고 있어야 한다. 마지막으로 대리상 계약의 종료가 대리상의 귀책사유로 인한 것이 아니어야 한다.

다. 법률효과

보상청구권은 계약종료시점에서 성립하며, 보상금액을 청구함에 있어서는 대리상계약의 종료 전 5년간의 평균보수액을 초과할 수 없고, 대리상계약의 존속기간이 5년 미만인 경우에는 그 기간의 평균보수액을 기준으로 한다(상법 제92조의2 제2항).

라. 행사기간

대리상의 보상청구권은 대리상계약이 종료한 날로부터 6월 이내에 행사하지 않으면 소멸한다(상법 제92조의2 제3항). 이 기간은 제척기간이다. 한편 보상청구권을 당사자간 합의아래 배제할 수 있는가에 대하여 의견이 나뉜다. 상법은 이와 관련한 규정을 두고 있지 않는 사정에서 당사자간 합의로 이를 배제할 수 있다고 볼 것이다.

(2) 대리상의 의무

대리상 계약을 위임계약이라고 이해하는 한 대리상과 본인간의 내부관계에서 대리상은 선관주의의무를 부담한다. 판례도 대리상은 적어도 민법 제681조의 규정 취지에 따라 위임자의 이익을 해하지 않을 선량한 관리자의 주의의무를 부담한다고 하였다(2003. 4. 22. 2000다55775, 55782).

1) 통지의무

민법상 수임인은 위임인의 청구가 있는 때에는 위임사무의 처리상황을 보고하여야 한다(민법 제683조). 그러나 대리상이 거래의 대리 또는 중개를 한 때에는 본인의 청구를 기다리지 않고, 지체없이 본인에게 그 통지를 발송하여야 한다(상법 제88조).

2) 경업 및 겸직금지의무

대리상은 본인의 허락없이 자기나 제3자의 계산으로 본인의 영업부류에 속하는 거래를 하거나 동종영업을 목적으로 하는 다른 회사의 무한책임사원 또는 이사가 되지 못한다(상법 제89조 제1항). 그런데 상업사용인의 의무를 정하고 있는 상법 제17조는 상업사용인에게 겸직금지의무를 부과하면서 동종영업일 것을 요하지 않고, 또한 다른 상인의 사용인이 되지 못한다고 규정하고 있다. 따라서 상법은 대리상에게 상업사용인과 동일한 경업금지의무를 부과하면서, 겸직금지의무는 달리 정하고 있다. 즉, 동종영업을 목적으로 하는 경우에만 금지하고 있으며, 다른 상인의 사용인이 될 수 없다는 규정을 제외하고 있다. 그러나 규정의 취지상 대리상의 경우에도 다른 상인의 사용인이 되지 못하낟고 보는 것이 타당하다. 한편, 경업금지의무의 위반효과는 상업사용인의 경우와 같다(상법 제89조 제2항).

3) 영업비밀준수의무

대리상은 대리상계약이 존속하는 동안은 물론이거니와 그 계약이 종료된 후라도 계약과 관련하여 알게 된 본인의 영업상의 비밀을 지켜야 할 의무가 있다(상법 제92조의3).

3. 대리상과 제3자와의 관계

(1) 대리상의 권리

1) 서 설

가. 체약대리상

체약대리상은 대리상계약에서 인정하는 범위 내에서 계약체결에 관한 대리권을 갖는다.

나. 중개대리상

중개대리상은 영업주인 본인과 제3자와의 중간에서 거래의 성립을 위하여 중개를 할 뿐이므로 대리권이 없다. 다만 중개와 관련한 행위를 대리상계약에서 인정하는 범위 내에서 할 수 있는 권한을 갖는다.

2) 통지수령권

상법은 대리상에게 상사매매에 있어서 목적물에 대한 검사의무가 있는 매수인의 편의를 도모하고 원활하고 신속한 거래를 기하기 위하여 물건의 판매나 그 중개의 위탁을 받은 대리상에 관하여 목적물의 하자·수량부족 기타 매매의 이행에 관한 통지를 받을 권한을 부여하고 있다(상법 제90조). 이점이 통지수령권이 없는 중개인과 다른 점이다(상법 제93조). 한편, 판례는 법률행위에 의하여 수여된 대리권은 원인된 법률관계의 종료에 의하여 소멸하는 것이므로 특별한 사정이 없는 한, 매수명의자를 대리하여 매매계약을 체결하였다고 하여 곧바로 대리인이 매수인을 대리하여 매매계약의 해제 등 일체의 처분권과 상대방의 의사를 수령할 권한까지 가지고 있다고 볼 수는 없다고 판단하였다(1997. 3. 25. 96다51271).

그러니까 대리상의 통지수령권은 목적물의 하자·수량부족 기타 매매의 이행에 관한 통지를 받을 권한으로 제한되는 것이다.

(2) 대리상의 의무·책임

1) 의 의

체약대리상이 한 법률행위에 대해서는 본인이 의무와 책임을 지고 대리상은 아무런 책임을 지지 않는다. 중개대리상이 한 행위에 대해서도 대리상은 계약상의 당사자가 아니므로 제3자에 대하여 의무와 책임을 지지 않는다.

2) 본인과의 관계

가. 서 설

대리상이 고의 또는 과실로 제3자에게 손해를 입힌 경우 대리상만이 책임이 있고 본인은 책임을 지지 않는다. 다만 보험대리상의 경우 보험업법(보험업법 제102조 제1항)에서 본인인 보험자에게 민법상의 사용자책임과 유사한 책임을 부담시키고 있다.

나. 보험업법 제102조 제1항

보험업법은 "보험회사는 그 임직원·보험설계사 또는 보험대리점 소속 보험설계사를 포함한 보험대리점이 모집을 하면서 보험계약자에게 손해를 입힌 경우 배상할 책임을 진다"고 규정라고 있다. 그러나 "보험회사가 보험설계사 또는 보험대리점에 모집을 위탁하면서 상당한 주의를 하였고 이들이 모집을 하면서 보험계약자에게 손해를 입히는 것을 막기 위하여 노력한 경우에는 그러하지 아니하다"고 하여 본인에 대한 책임면제 사항을 함께 규정하고 있다.

4. 대리상관계의 종료

(1) 일반종료원인

대리상계약은 그 법적성질이 위임이므로, 민법상의 위임종료원인이 있으면 소멸한다(민법 제690조). 그러나 본인의 사망은 그 원인이 되지 않는다(상법 제50조). 본인의 영업해소로 종료하는 것은 당연하다.

(2) 계약의 해지

상법은 대리상관계가 지속성을 갖는다는 점에서 민법 제689조 제1항에서 규정하고 있는 "위임의 상호해지자유의 원칙"에 대한 특칙을 두고 있다. 즉, 계속적 영업을 전제로 하는 당사자가 계약의 존속기간을 약정하지 아니한 때에도 각 당사자는 2월 전에 예고를 하여 그 계약을 해지할 수 있도록 하였다(상법 제92조 제1항). 그러나 부득이한 경우에는 언제든지 계약을 해지하는 것이 가능하다(상법 제92조 제2항).

Ⅱ. 중개업

1. 총 설

(1) 중개인의 의의

중개인이란 타인 간의 상행위의 중개를 영업으로 하는 독립된 상인이다(상법 제93조). 중개란 타인간의 법률행위를 성립시키기 위하여 진력하는 사실행위로서, 중개인의 영업은 중개를 인수하는 것을 말한다. 즉 불특정다수인을 위하여 그와 중개를 하기로 계약하는 것이 된다. 중개 그 자체는 그 계약의 이행행위로서 보조적 상행위이다.

(2) 중개인의 지위

중개인은 계약체결을 위한 대리권은 없으므로 위탁매매인(상법 제101조)과 운송주선인(상법 제114조)과 다르다. 또한 불특정 다수인을 위하여 중개하므로 중개대리상과 다르며, 상행위를 중개하는 점에서 상행위 이외의 행위의 중개를 영업으로 하는 이른바 민사중개인과도 구별된다.

(3) 중개계약의 성질

1) 의 의

중개계약은 낙성계약이지만, 중개인이 적극적으로 중개할 의무를 부담하며 위탁자의 입장에서 계약의 성립시 보수지급의무를 부담하는 경우를 쌍방적 중개계약이라고 한다. 그 성질은 위임이다. 반면에 중개인이 적극적 의무를 부담하지 않으나 의탁자의 입장에서 계약의 성립시 보수지급의무를 부담하는 경우를 일방적 중개계약이라고 한다. 그 성질은 도급계약에 준하거나 유사하다고 보는 것이 다수설이나, 이때에도 이를 위임이라고 보는 것이 타당하다고 본다.

2) 도 급

당사자의 일방인 수급인이 어떤 일을 완성할 것을 약정하고, 상대방인 도급인이 그 일의 결과에 대하여 보수를 지급할 것을 약정함으로써 성립하는 계약으로서(민법 제664조~제674조) 도급은 고용이나 위임과 같이 노무공급계약의 일종이나, 특히 "일의 완성"을 목적으로 하는 점이 특징이다.

2. 중개인의 의무

중개계약을 위임으로 보기 때문에 중개인은 당연히 선관주의 의무를 부담한다. 이외에 상법은 별도로 중개이의 의무를 규정하고 있다.

(1) 견품보관의무

1) 의 의

중개인이 그 중개한 행위에 관하여 견품을 받은 때에는 그 행위가 완료할 때까지 이를 보관하여야 한다(상법 제95조). 이때 그 행위가 완료된 때라 함은 중개행위가 성립한 때가 아니라, 이의기간의 경과, 계약의 해제, 소멸시효의 완성, 화해의 성립 또는 목적물 급여의 승인 등으로 계약상의 권리의무가 소멸되어 목적물의 품질에 관한 분쟁이 발생하지 아니할 것이 확실하게 될 때를 말한다. 상사매매에 있어서 매수인이 불건을 보관하는 경우 매도인의 비용으로 한다는 규정을 두고 있는 경우를 보면(상법 제70조 제항), 중개인의 경우에는 특별한 규정을 따로 두고 있지 않으므로 그 보관비용은 중개인이 부담한다.

2) 의무종료효과

중개인의 견품보관의무가 종료된 후에는 그 견품을 소유자에게 반환하여야 하고, 다른 약정이나 관습이 없는 한 견품보관에 대한 별도의 보수를 청구할 수 없다.

(2) 결약서교부의무

1) 의 의

당사자 간에 계약이 성립된 때에는 중개인은 지체없이 각 당사자의 성명 또는 상호, 계약년월일과 그 요령을 기재한 서면인 결약서를 작성하여 기명날인 또는 서명을 한 후 각 당사자에게 교부하여야 한다(상법 제96조 제1항). 다만 중개인은 그의 중개에 의하여 성립된 당사자간의 계약이 즉시 이행될 성질이라면 결약서를 교부하지 않아도 된다. 판례는 상법 제96조와 제99조에 의하면 타인간의 상행위의 중개를 영업으로 하는 중개인은 그의 중개에 의하여 성립된 당사자간의 계약이 즉시 이행될 성질의 것이 아닌 이상 각 당사자의 성명 또는 상호, 계약년월일과 그 계약의 요령을 기재한 서면을 작성하여 각 당사자로 하여금 이에 기명날인케한후 그 서면을 각 상대방에게 교부하여야 하며 중개인이 임의 또는 당사자 일방의 요구에 따라 상대방에게 그의 성명 또는 상호를 표시하지 않았을 경우에는 그 중개인 자신이 상대방에 대하여 그 계약에 대한 이행책임을 지어야 한다고 판단하였다(1972.8.22. 72다1071,1072).

2) 결약서의 법적성질

결약서는 당사자 간에 계약이 성립한 후에 중개인이 작성하는 것이므로, 계약서도 아니고 계약성립의 요건도 아닌 단순한 증거서면에 불과하다. 따라서 상관습상 결약서의 작성이 요구되지 않는 경우에는 당사자가 이를 면제한 경우와 같이 결약서작성의무 면제된다고 할 것이다.

3) 결약서의 내용

결약서에 기재하여야 하는 내용은 각 당사자의 성명 또는 상호, 계약의 연월일, 계약요령, 중개인의 기명날인 또는 서명이 있다. 계약요령이란 계약내용의 요점으로 목적물의 명칭수량·품질·이행방법·시기·장소 등을 의미한다.

4) 결약서 교부시기

중개인은 당사자간의 계약이 즉시 이행하여야 하는 것인 때에는 지체없이 결약서를 작성하여 기명날인 또는 서명한 후 각 당사자에게 교부하여야 한다(상법 제96조 제1항). 계약이 즉시 이행하지 않아도 되는 계약인 때에는 중개인은 각 당사자로 하여금 결약서에 기명날인 또는 서명하게 한 후 그 상대방에게 이를 교부하여야 한다(상법 제96조 제2항).

5) 계약성립의 추정

결약서를 수령한 계약의 당사자 중에서 이의가 있는 경우에는 중개인이 아닌 계약의 상대방에게 이의를 제기하여야 한다. 그러나 양 당사자가 이의 없이 결약서를 수령한 때에는 결약서의 내용에 따라 계약이 성립된 것으로 추정된다(민소법 제329조).

(3) 장부작성·등본교부의무

중개인은 중개인 일기장을 비치하여야 한다. 일기장은 상업장부와는 다른 것으로서 결약서의 기재사항을 기재하여야 한다(상법 제97조 제1항). 그리고 각 당사자가 중개행위에 관한 장부의 등본교부를 청구한 때에는 언제든지 이에 응해야 한다(상법 제97조 제2항).

(4) 성명·상호묵비의무

당사자가 그 성명 또는 상호를 상대방에게 표시하지 아니하도록 중개인에게 요구한 때에는 중개인은 그 상대방에게 교부할 결약서와 중개인 일기장의 등본에 이를 기재하지 못한다(상법 제98조). 이러한 성명·상호묵비의무는 거래의 당사자가 굳이 이를 밝히지 않음으로써 거래가 원활하게 이루어질 수 있다는 점을 감안한 것이기 때문에 중개를 위탁한 당사자뿐만 아니라 그 상대방이 요구한 때에도 발생한다고 볼 것이다.

(5) 개입의무

중개인이 임의로 또는 당사자의 묵비 요구에 따라 당사자의 일방의 성명이나 상호를 상대방에게 표시하지 아니한 때에는 상대방은 중개인에 대하여 그 이행을 청구할 수 있다(상법 제99조). 이러한 중개인의 개입의무는 상대방의 신뢰를 보호하기 위하여 거래의 당사자가 아닌 중개인에게 지운 특별한 이행담보책임이다(1972. 8. 22. 72 다 1071).

3. 중개인의 권리

(1) 보수청구권

중개인은 특약이 없어도 당연히 상당한 보수를 청구할 수 있으며(상법 제61조), 이를 중개료라고 한다. 중개인은 이러한 보수청구를 결약서의 교부 또는 교환이 끝난 후에만 행사할 수 있다(상법 제100조 제1항). 보수청구권은 당연히 중개계약이 유효하게 성립한 경우에 갖는 것으로서 중개인의 보수는 계약의 당사자가 균등하게 부담한다.

(2) 비용상환청구권의 배제

중개인은 중개를 함에 있어 지출한 비용을 따로 청구할 수 없다. 이미 중개인에 대한 보수에 중개의 비용이 당연히 포함되어 있으므로 중개인은 특약이나 관습이 없는 한 별도의 비용상환청구권을 갖지 않는 것이 바람직하기 때문이다.

(3) 급여수령권의 배제

중개인은 중개만을 할뿐이고 스스로 행위의 당사자가 되거나 당사자의 대리인의 지위를 갖는 것도 아다. 따라서 다른 약정이나 관습이 있는 경우를 제외하고는 그 중개한 행위에 관하여 당사자를 위하여 지급 기타의 이행을 받을 권한이 없다(상법 제94조).

Ⅲ. 위탁매매업

1. 총 설

(1) 위탁매매인의 의의

위탁매매인이란 자기명의로써 타인의 계산으로 물건 또는 유가증권의 매매를 하는 자를 말한다(상법 제101조). 여기서 "자기명의"란 자기가 권리의무의 주체가 되는 것을 말하고, "타인의 계산"이란 그 거래로 인한 손익을 타인에게 귀속시킨다는 뜻으로 이러한 행위를 "주선"이라고 한다.

(2) 위탁매매인의 지위

위탁매매인은 생산자나 소매상으로부터 위탁을 받아 자신의 이름으로 이들 위탁자를 위해 상품의 매매를 영업으로 하고 일정한 수수료를 받는 상법상 상인이다(상법 제101조). 실제상의 매매를 위탁매매인 자신의 이름으로 하므로 비록 거래상으로는 손익과 관계가 없다 하더라도 매매상대방에 대해 책임을 지지 않으면 안 된다. 이러한 위탁매매인은 상품매매를 자신의 이름과 손익부담을 전제로 하는 상인도매상과 다르며 또한 위탁자의 이름으로 매매알선만 하는 대리상과도 다르다. 따라서 판례는 위탁판매에 있어서는 위탁품의 소유권은 위임자에게 속하고 그 판매대금은 다른 특약이나 특별한 사정이 없는 한 이를 수령함과 동시에 위탁자에 귀속한다 할 것이므로 위탁매매인이 이를 사용, 소비한 때에는 횡령죄가 성립한다고 판단하였다(1982. 2. 23. 81도2619).

한편, 유가증권의 경우 위탁매매계약의 성립시기와 관련하여 판례는 채권매매거래의 위탁계약의 성립 시기는 위탁금이나 위탁채권을 받을 직무상의 권한이 있는 직원이 채권매매거래를 위탁한다는 의사로 이를 위탁하는 고객으로부터 금원이나 채권을 수령하면 곧바로 위탁계약이 성립하고, 그 이후에 그 직원의 금원수납에 관한 처리는 계약의 성립에 영향이 없다고 판단하였다(1997. 2. 14. 95다19140).

(3) 위탁매매계약의 법적성질

위탁매매계약은 매도 또는 매수라는 법률행위를 위탁하므로 낙성불요식의 위임계약의 일종으로 보아야 할 것이다. 따라서 위탁매매인과 위탁자 간에는 민법의 위임에 관한 규정이 적용된다(상법 제112조).

(4) 위탁매매업의 경제적 기능

위탁매매인은 기업이 지점을 설치하거나 대리상을 이용하는 경우와 같이 기업활동의 범위를 확대하는 수단으로 이용된다. 즉, 위탁매매인은 위탁된 상품을 매매하기 위해서 자신의 신용과 시장지식을 활용하며, 또한 판매가격이나 판매방법 및 조건 등의 결정이 자신의 권한에 속하므로 거래를 안전하고 신속하게 할 수 있다는 장점이 있다. 따라서 위탁매매인에게 위탁하는 위탁매매에는 격지간의 거래나 위탁상의 명성·신용을 이용하려는 거래가 많다. 이러한 점에서 위탁매매인을 이용하면 지점설치보다 경비가 절약되고 체약대리상을 이용하는 경우보다 권한이 남용될 위험이 적기 때문이다.

2. 위탁매매의 법률관계

(1) 위탁자와 위탁매매인

1) 위탁계약

위탁자와 위탁매매인간에는 위탁매매계약, 즉 주선계약이 존재한다. 위탁계약의 법적성질은 유상의 위임계약이다. 위탁계약은 낙성계약으로서 매도 위탁물의 인도나 매수위탁대금의 지급 등과 무관하게 계약이 성립한다.

2) 위탁매매인의 의무

위탁매매인은 위탁자에 대하여 매매행위의 실행의무와 매매의 경제적 효과를 귀속시켜야 하는 의무가 있다(상법 제112조, 민법 제684조).

(2) 위탁자와 위탁매매인의 채권자

위탁자와 위탁매매인 간에는 직접적인 법률관계는 없다. 위탁매매인이 자기명의와 타인의 계산으로 물건 또는 유가증권의 매매를 영업으로 한다는 측면에서 거래 명의와 그 계산이 분리되어 있기 때문이다. 다만 상법은 제103조에서 "위탁매매인이 위탁자로부터 받은 물건 또는 유가증권이나, 위탁매매로 인하여 취득한 물건, 유가증권 또는 채권은 위탁자와 위탁매매인 또는 위탁매매인의 채권자 간의 관계에서는 이를 위탁자의 소유 또는 채권으로 본다"고 규정함으로써 위탁자의 보호를 위한 위탁물의 귀속문제를 정하고 있다.

이와 관련하여 판례는 위탁매매인이 그가 제3자에 대하여 부담하는 채무를 담보하기 위하여 그 채권자에게 위탁매매로 취득한 채권을 양도한 경우에 위탁매매인은 위탁자에 대한 관계에서는 위탁자에 속하는 채권을 무권리자로서 양도한 것이고, 따라서 그 채권양도는 무권리자의 처분 일반에서와 마찬가지로 양수인이 그 채권을 선의취득하였다는 등의 특별한 사정이 없는 한 위탁자에 대하여 효력이 없다고 하여 위탁자를 보호하고 있다(2011. 7. 14. 2011다31645). 더욱이 판례는 이 경우 채권양수인이 양도의 목적이 된 채권의 귀속 등에 대하여 선의였다거나 그 진정한 귀속을 알지 못하였다는 점에 관하여 과실이 없다는 것만으로 달라지지 않는다고 하였다(2011. 7. 14. 2011다31645).

또한 판례는 위탁매매인이 위탁자로부터 받은 물건 또는 유가증권이나 위탁매매로 인하여 취득한 물건, 유가증권 또는 채권은 위탁자와 위탁매매인 또는 위탁매매인의 채권자 간의 관계에서는 이를 위탁자의 소유 또는 채권으로 보기 때문에(상법 제103조) 위탁매매인이 위탁자로부터 물건 또는 유가증권을 받은 후 파산한 경우에는 위탁자는 채무자 회생 및 파산에 관한 법률 제70조 및 제407조에 의하여 위 물건 또는 유가증권을 환취할 권리가 있고, 위탁매매의 반대급부로 위탁매매인이 취득한 물건, 유가증권 또는 채권에 대하여는 같은 법 제73조 및 제410조에 의하여 대체적 환취권으로 그 이전을 구할 수 있다고 한 바 있다(2008. 5. 29. 2005다6297).

상법 제103조는 위탁매매인이 위탁자 소유의 물건 또는 유가증권을 위탁매매의 실행을 위하여 점유하고 있는 경우 이를 위탁매매인의 소유로 보는 특성을 고려하여 위탁자를 보호하기 위한 규정이다. 따라서 제103조가 적용되는 자는 위탁자를 제외하고는 위탁매매인의 채권자에 한한다. 이에는 위탁매매인의 거래상대방은 포함되지 않는다. 물론 위탁자의 채권자도 포함되지 않는다. 제103조가 위탁자를 위한 규정이므로 당연하다고 할 것이다. 한편 위탁물의 판매대금이 제13조의 대상이 될 것인가에 대한 논의가 있다. 그러나 법문에서 위탁자로부터 받은 물건 또는 유가증권이나 위탁매매로 인하여 취득한 물건이나 유가증권 또는 채권으로 제한하고 있으므로 그 대상은 아니라고 할 것이다. 판례도 위탁판매에 있어서는 위탁물의 소유권은 위탁자에게 속하고 그 판매대금은 다른 특약이나 특별한 사정이 없는 한 이를 수령함과 동시에 위탁자에 귀속한다고 할 것이므로 위탁매매인이 이를 사용 또는 소비한 때에는 횡령죄가 성립한다고 하여 같이 판단하고 있다(1982.2.23. 81도2619).

(3) 위탁매매인과 제3자

위탁매매인은 자기의 명의로 매매를 하기 때문에 위탁매매인 자신이 거래와 관련하여 상대방인 제3자에 대하여 직접 권리를 취득하고 의무를 부담한다(상법 제102조). 즉 위탁매매인은 보통의 거래에 있어서와 마찬가지로 제3자와의 관계에서 매도인과 매수인의 지위를 갖고 모든 권리의무의 주체가 된다.

(4) 위탁자와 제3자

외부적으로 위탁자는 매매계약의 당사자가 아니기 때문에 위탁자와 제3자 사이에는 아무런 직접적인 법률관계가 발생하지 않는다. 따라서 위탁자와 위탁매매인 사이의 위탁행위에 하자가 있다고 하더라도 위탁매매인과 제3자 사이의 매매행위에는 영향을 미치지 않는다. 결국 위탁자는 제3자가 계약을 이행하지 않는 경우 채권을 양도받거나 채권자대위(민법 제404조)를 행사하지 않는 한 직접 제3자에 대하여 손해의 배상을 청구하지 못한다. 위탁매매인에 대해서는 이행담보책임을 물을 수 있다(상법 제105조). 이를 위탁매매인의 이행담보책임이라고 한다.

3. 위탁매매인의 권리

(1) 보수청구권

위탁판매인은 특약이 없어도 거래가 이행되었을 때는 당연히 보수청구권을 갖는다(상법 제61조). 개입권을 행사한 경우에도 마찬가지이다(상법 제107조 제2항).

(2) 비용상환청구권

1) 선급청구권

위탁매매인은 비용이 필요한 경우에는 위탁자에게 비용의 선급을 청구할 수 있다(민법 제687조). 따라서 위탁매매인은 그 비용의 선급이 있을 때까지 당해 위탁의 실행을 거절할 수 있다.

2) 상환청구권

위탁매매인은 위탁사무의 처리를 위하여 필요한 비용을 체당한 경우 그 체당한 체당금과 체당한 날 이후의 법정이자를 비용으로 상환할 것을 청구할 수 있다(상법 제55조, 민법 제688조).

(3) 유치권

위탁매매인은 당사자 간의 특약이 없는 한 위탁자를 위한 물건의 매매로 인하여 채권이 발생한 경우 위탁자를 위하여 점유하는 물건 또는 유가증권에 대하여 대리상과 같은 유치권을 갖는다(상법 제111조, 제91조).

(4) 공탁권·경매권

위탁매매인은 매수의 위탁자가 매수한 물건의 수령을 거부하거나 이를 수령할 수 없는 때에는 상인간의 매매의 경우와 마찬가지로 그 물건을 공탁하거나 경매할 수 있다(상법 제109조, 제67조).

(5) 개입권

1) 의 의

위탁매매인이 거래소의 시세있는 물건 또는 유가증권의 매매를 위탁받은 때에는 직접 그 매도인이나 매수인이 될 수 있다(상법 제107조 제1항). 이를 위탁매매인의 개입권이라고 한다. 상법은 개입권을 행사할 수 있는 대상을 거래소의 시세있는 물건의 매매로 한정하고 있었으나, 유가증권의 경우에도 거래소의 시세가 있는 이상 위탁매매인의 개입권의 대상이 될 필요에 따라 2010년 개정을 통하여 유가증권도 이에 포함시켰다.

2) 법적성질

개입권은 위탁매매인의 일방적 의사표시에 의하여 그 효과가 발생하므로 일종의 형성권이다. 위탁매매인의 개입권은 개입권 행사로 매매의 실행과 위탁의 실행이 동시에 이루어지는 상법상 특수한 제도이다.

3) 행사요건

위탁매매인이 개입권을 행사하기 위해서는 위탁물에 대한 거래소의 시세가 있어야 한다. 이때 "거래소"라 함은 공개·경쟁적인 방법으로 매매가 이루어지는 시장을 말하며, "시세"란 개입권 행사시의 거래소에서의 매매가액을 말한다. 개입권의 행사를 금하는 명시 또는 묵시의 특약이나 법률이 없어야 한다. 그리고 위탁매매인이 상대방과의 사이에 매매의 실행행위를 하지 않았어야 한다. 물론 위탁자와 위탁매매인간의 위탁계약이 유효하게 존속하여야 하는 것은 당연하다. 그런데 자본시장법은 유가증권의 매매에서 개입권의 행사를 명문으로 금지하고 있다(자본시장법 제67조). 따라서 유가증권의 위탁매매가 주를 이루는 증권시장에서는 개입권이 이루어지지 않는다.

4) 행사방법

개입권의 행사는 개입의사를 위탁자에게 통지하면 되고, 통지의 방법에는 특별한 제한이 없으므로 서면이나 구두에 의한 통지도 가능하다.

5) 행사효과

위탁매매인이 개입권을 행사하면 위탁매매인과 위탁자 사이에 매매계약 관계가 성립하여, 위탁매매인은 위탁자에 대하여 매도인 또는 매수인의 지위에 서게 된다. 위탁매매계약이 매매계약으로 변경되는 것이 아니므로, 위탁매매인은 위탁매매인으로서의 지위와 매매계약의 당사자로서의 지위를 겸하게 된다. 개입으로 인한 매매가액은 위탁매매인이 개입의사의 통지를 발송한 때의 거래소의 시세에 의하고(상법 제107조 제1항 제2문), 개입은 위탁매매인의 개입의사가 위탁자에게 도달한 때에 효력을 발생한다.

4. 위탁매매인의 의무

(1) 통지의무·계산서제출의무

민법상 수임인은 위임인의 청구가 있는 때에 한하여 위탁사무의 처리상황을 보고하도록 규정하고 있으나(민법 제683조), 위탁매매인이 위탁받은 매매를 한 때에는 지체없이 위탁자에 대하여 그 계약의 요령과 상대방의 주소, 성명의 통지를 발송하여야 하고, 또 계산서를 제출하여야 한다(상법 제104조).

(2) 지정가액준수의무

1) 서 설

위탁자가 매매의 가액을 지정한 때에는 위탁매매인은 그 가액을 준수하여야 한다.

2) 염가매도 또는 고가매수

위탁매매인이 그 차액을 부담하는 경우에는 위탁자로서는 손실이 없을 것이며, 또한 되도록 거래의 성립을 조장하여야 할 것이므로 상법은 이 경우의 매매는 위탁자에 대하여 효력이 있는 것으로 규정하고 있다(상법 제106조 제1항).

3) 고가매도 또는 염가매수

위탁자가 지정한 가액보다 고가로 매도하거나 염가로 매수하는 것은 위탁자에게 아무런 손실이 발생하지 않는 것이 보통이므로 당사자 간에 반대의 특약이 없는 한 그 매매의 효력을 위탁자에게 귀속시킬 수 있다. 다만 다른 약정이 없으면 그 차액은 위탁자의 이익으로 한다(상법 제106조 제2항).

(3) 하자통지·처분의무

위탁매매인이 위탁물의 인도를 받은 후, 그 물건의 훼손 또는 하자를 발견하거나 부패의 염려 또는 가격하락의 상황을 인지한 때에는 지체없이 위탁자에게 그 통지를 발송하여야 한다(상법 제108조 제1항). 이때 위탁자의 지시를 받을 수 없거나 그 지시가 지연되는 경우에는 위탁자의 이익을 위하여 적당한 처분을 할 수 있다(상법 제108조 제2항).

(4) 이행담보책임

1) 의 의

위탁매매인은 다른 약정이나 관습이 없으면 위탁자를 위하여 한 매매에 관하여 상대방이 채무를 이행하지 아니하는 경우에는 위탁자에 대하여 이를 이행할 책임을 부담한다(상법 제105조).

2) 법적 성질

원칙적으로 위탁매매인은 선량한 관리자의 주의의무를 다 하는 한 상대방의 불이행에 대한 책임을 부담하지 않는다. 그러나 위탁자와 상대방 사이에는 아무런 법률적 관계가 존재하지 않으므로 위탁자의 보호를 위하여 상법이 특별히 정하고 있는 무과실책임이다.

3) 적용범위

위탁매매인이 부담하여야 할 이행담보책임은 그 성질상 대체급여가 가능한 것이라야 한다. 따라서 위탁매매인은 매도위탁의 경우에는 대금지급채무를, 매수위탁의 경우에는 매매목적물의 인도의무를 부담한다.

4) 시효기간

이행담보책임은 위탁매매인의 영업상의 책임이므로 상대방의 채무시효기간과는 별도로 5년의 시효로 소멸한다(상법 제64조). 다만 위탁매매인의 이행담보책임은 위탁자와의 약정이나 관습에 의하여 배제가 가능하다(상법 제105조 단서).

5. 매수위탁자가 상인인 경우의 특칙

(1) 의 의

상법은 위탁자가 상인이며 그 영업에 관하여 물건의 매수를 위탁한 경우에는 위탁매매인을 보호하기 위하여 위탁자에게 상인간의 매매에서 매수인에게 인정된 의무를 부과하고 있다(상법 제110조).

(2) 적용요건

상인간의 매매에 관한 규정이 적용되기 위해서는 위탁자가 "상인"이어야 하고, 위탁자는 "물건의 매수"를 위탁하여야 하며, 매수의 위탁은 "위탁자의 영업"에 관하여 하여야 한다.

(3) 적용효과

특칙에 의하여 확정기매매에 있어서 이행시기를 경과한 때에는 매수위탁계약의 해제가 의제되고(상법 제68조), 위탁자는 물건의 검사·하자통지의무를 부담한다(상법 제110조, 제69조). 또한 매매 목적물과 관련하여 계약이 해제된 경우 위탁매매인의 비용으로 목적물을 보관·공탁할 의무를 부담한다(상법 제70조, 제71조).

6. 준위탁매매인

(1) 의 의

준위탁매매인은 자기명의로써 타인의 계산으로 유가증권 또는 물건의 매매 이외의 행위를 주선하는 것을 영업으로 하는 자를 말하며(상법 제113조), 여객운송, 출판, 광고의 주선, 임대차의 주선 등이 그 대표적인 것이다.

(2) 적용규정

상법은 준위탁매매인에 대하여 위탁매매인에 관한 규정을 전면적으로 준용하도록 규정하고 있으나(상법 제113조), 개입권(상법 제107조), 위탁물의 하자통지·처분의무(상법 제108조), 위탁물의 공탁·경매권(상법 제109조), 매수위탁자가 상인인 경우의 특칙(상법 제110조)은 그 적용이 없다고 할 것이다.

Ⅳ. 운송주선업

1. 총 설

(1) 우송주선인의 의의

운송주선인이란 자기명의로 위탁자의 계산으로 물건운송의 주선을 영업으로 하는 자를 말한다(상법 제114조). 판례는 자기의 명의로 물건운송의 주선을 영업으로 하는 상인을 운송주선인이라고 하고 여기서 주선이라 함은 자기의 이름으로 타인의 계산 아래 법률행위를 하는 것을 의미하는 것이므로 운송주선계약은 운송주선인이 그 상대방인 위탁자를 위하여 물건운송계약을 체결할 것 등의 위탁을 인수하는 계약으로 민법상의 위임의 일종이기 때문에 운송주선업에 관한 상법의 규정이 적용되는 외에 민법의 위임에 관한 규정이 보충 적용되며, 운송주선인은 자기의 이름으로 주선행위를 하는 것을 영업으로 하는 것이지만 하주나 운송인의 대리인이 되기도 하고 위탁자의 이름으로 운송계약을 체결하는 경우에도 운송주선인임에는 변함이 없다고 판단하였다(1987. 10. 13. 85다카1080).

(2) 운송주선인의 지위

운송주선인은 자기명의로 타인의 계산으로 운송계약을 체결하는 자이므로 위탁매매인이나 준위탁매매인과 같다. 그리고 타인인 본인의 이름과 계산으로 법률행위를 하는 대리상 및 타인 사이의 법률행위의 성립을 위하여 중개라는 사실행위를 하는데 그치는 중개인과는 다르다.

(3) 주선의 목적

운송주선인은 물건의 운송을 주선한다. 이 점에서 유가증권의 매도나 매수를 주선하는 위탁매매인과 다르다. 물건의 운송에 국한되기 때문에 여객운송의 주선을 영업으로 하는 자는 준위탁매매인에 속한다.

(4) 주선행위의 범위

운송인과 운송계약을 체결하는 것뿐만 아니라 운송의 실현을 위하여 필요한 행위, 즉 운송물의 검사·포장·계량·수령·보관·인도 기타 필요한 서류의 작성·보험계약의 체결·통관절차의 대행 등도 포함된다.

(5) 상인성

운송주선인은 물건운송의 주선을 영업으로 하는 자이므로 당연상인이 된다(상법제4조, 제46조 제12호). 보통 운송인을 겸영하는 경우가 많다(상법 제116조).

2. 운송주선인의 권리

(1) 보수청구권

1) 의 의

운송주선인은 상인이므로 당사자 간에 보수에 관한 특약이 없더라도 위탁자에 대하여 상당한 보수를 청구할 수 있다(상법 제61조).

2) 청구시기

보수청구는 운송주선인이 운송인과 운송계약을 체결하고 운송물을 운송인에게 인도한 때에 즉시 할 수 있다(상법 제119조 제1항). 그러나 운송물을 인도하지 못한 책임이 위탁자에게 있는 경우에는 운송물의 운송없이 보수를 청구할 수 있다(상법 제119조 제3항).

3) 보수청구권의 배제

운송주선인은 확정운임운송주선계약 또는 혼재운송계약을 체결한 경우에는 운임 이외의 비용을 청구할 수 없다. 즉, 운송주선인은 운송주선계약으로 운임을 정한 때에는 다른 약정이 없으면 따로 보수를 청구할 수 없다(상법 제119조 제2항). 또한 운송주선인은 다수의 위탁자로부터 동일한 운송경로를 거치는 동종의 운송물을 일괄하여 자신의 계산으로 하나의 혼재운송계약을 체결할 수 있는데, 이 경우에 운송주선인은 운임 이외의 비용을 청구할 수 없다고 할 것이다.

(2) 비용상환청구권

운송주선인은 위탁자를 위하여 체결한 운송계약에 의하여 운송인에게 지급한 운임 기타 운송을 위하여 지출한 비용에 관하여 위탁자에 대하여 그 상환을 청구할 수 있다(상법 제123조, 제112조, 민법 제687조, 제688조).

(3) 유치권

운송주선인은 운송물에 관한 운임·보수 기타 위탁자를 위한 체당금이나 선대금에 관하여만 그 운송물을 유치할 수 있다(상법 제120조). 이러한 운송주선인의 유치권은 일반 상사유치권(상법 제58조), 대리상의 유치권(상법 제91조) 및 위탁매매인의 유치권(상법 제111조, 제91조)과는 달리 피담보채권과 목적물 간에 견연관계가 있어야 한다는 점에서 민사유치권(민법 제320조) 및 육상·해상운송인의 유치권(상법 제147조, 제800조)과 같다.

(4) 개입권

1) 의 의

운송주선인은 다른 특약이 없으면 위탁사무처리를 위하여 운송인과 운송계약을 체결하지 않고 자기가 직접 운송할 수 있다(상법 제116조, 제1항). 이러한 개입권의 법적성질은 형성권으로 개입의 통지가 위탁자에게 도달하였을 때 그 효력이 발생한다고 본다.

2) 행사요건

이러한 개입권을 행사하기 위해서는 개입금지의 특약 또는 위탁자의 지시가 없어야 한다. 위탁매매매인의 개입권과는 달리 별 다른 제한을 두고 있지 않은 이유는 운임이나 운송방법이 정형화되어 있기 때문이다.

3) 행사방법

개입권의 행사는 특약이 없는 한 위탁자에 대한 묵시 또는 명시의 의사표시로서 할 수 있다. 따라서 운송주선인이 위탁자의 청구에 의하여 화물상환증을 작성한 경우에도 개입권을 행사한 것으로 본다(상법 제116조, 제2항).

4) 행사효과

운송주선인이 개입을 한 경우 운송주선인은 운송인과 동일한 지위를 얻는다(상법 제116조, 제1항). 따라서 운송주선인은 보수와 비용뿐만 아니라 운임도 청구할 수 있다.

5) 시효기간

위탁자 또는 수하인에 대한 운송주선인의 채권은 1년의 시효로 인하여 소멸한다(상법 제122조).

3. 운송주선인의 의무

(1) 일반적 의무

운송주선계약은 위임계약의 일종이므로 위탁매매인에 관한 규정을 준용할 뿐만 아니라(상법 제122조), 민법 및 상법의 위임에 관한 규정도 보충적으로 적용된다. 따라서 운송주선인은 선량한 관리자의 주의로써 운송의 주선을 하여야 하는 주의의무를 부담한다(민법 제681조 상법 제123조, 제112조).

(2) 개별적 의무

운송주선인은 위탁매매인의 규정을 준용하여, 계약의 요령과 운송인의 주소·성명을 통지하여야 하고, 계산서를 제출하여야 하며(상법 제123조, 제104조), 위탁자가 지정한 운임을 준수하여야 하고(상법 제123조, 제106조), 운송물을 인도받은 후에는 운송물의 특성에 따라 그 통지를 발송하고, 일정한 경우 위탁자를 위하여 적당한 처분을 하여야 한다(상법 제123조, 제108조).

(3) 손해배상책임

1) 의 의

운송주선인은 자기나 그 사용인이 운송물의 수령·인도·보관·

운송인이나 다른 운송주선인의 선택 기타 운송에 관하여 주의를 해태하지 아니하였음을 증명하지 아니하면, 운송물의 멸실·훼손 또는 연착으로 인한 손해를 배상할 책임을 부담하여야 한다(상법 제115조). 운송주선인은 자기의 무과실뿐만 아니라 이행보조자의 무과실까지도 증명하여야 한다.

2) 책임원인

운송주선인의 손해배상책임원인으로 상법은 "운송주선인 자기 또는 그 사용인이 운송물의 수령·인도·보관·운송인이나 다른 운송주선인의 선택 기타 운송에 관하여 주의를 게을리 한 것"(상법 제115조)으로 규정하고 있으나, 이는 예시적인 것으로 보아야 한다. 그 밖의 선량한 관리자로서의 주의의무를 게을리한 것도 포함한다.

3) 청구권경합

운송주선인의 손해배상책임은 채무불이행으로 인한 책임이지만, 운송주선인이나 그 사용인의 고의나 과실로 인하여 운송물을 멸실·훼손한 때에는 불법행위로 인한 손해배상책임(민법 제750조)도 성립한다고 할 것이다. 판례도 운송약관상의 채무불이행 책임과 불법행위로 인한 책임이 병존하는 경우에 상법상 소정의 단기소멸시효나 고가물 불고지에 따른 면책 등의 규정 또는 운송약관규정은 운송계약상의 채무불이행으로 인한 청구에만 적용되고 불법행위로 인한 손해배상청구에는 그 적용이 없다고 판단하였다(1977. 12. 13. 75다107).

4) 손해배상의 범위

상법에 특별한 규정이 없으므로 민법의 일반원칙에 의한다.

즉, 운송주선인은 채무불이행과 상당한 인과관계가 있는 모든 손해를 배상하여야 한다(민법 제393조 제1항). 다만 예외적으로 특별한 손해는 운송주선인이 알았거나 알 수 있었을 때에 한하여 배상할 책임을 진다(민법 제393조 제2항). 한편 운송주선인의 손해배상책임에도 운송인의 경우의 고가물에 관한 특칙이 준용된다(상법 제124조, 제136조).

5) 책임의 소멸

운송주선인은 스스로 무과실임을 입증하면 그 책임을 면한다(상법 제115조). 원칙적으로 운송주선인의 책임도 상사채무의 소멸시효인 5년의 경과로 소멸하여야 하지만(상법 제64조), 운송주선인의 성질상 증거의 인멸이나 보존의 곤란으로 인하여 상법은 특별히 단기소멸시효를 규정하고 있다. 즉, 운송주선인의 악의인 경우를 제외하고 수하인이 운송물을 수령한 날로부터 1년, 운송물이 전부 멸실된 때로부터 1년의 시효로 인하여 소멸한다(상법 제121조 제1항).

(6) 수하인에 대한 책임

운송주선계약의 당사자는 위탁자와 운송주선인이므로, 운송주선인과 수하인은 원칙적으로 아무런 관계가 없다. 하지만 운송물이 도착지에 도착한 때에는 운송주선계약에서 정하여진 수하인도 원칙적으로 위탁자와 동일한 권리를 취득한다(상법 제124조, 제140조).

4. 순차운송주선

(1) 총 설

1) 순차운송주선의 의의

순차운송인이란 수인의 운송주선인이 동일한 운송물에 관한 운송을 순차로 주선하는 경우를 말한다.

2) 순차운송주선의 형태

가. 하수운송주선

하수운송주선이란 최초의 운송주선인이 전 구간의 운송의 주선을 인수하고 주선업무의 전부 또는 일부를 다른 운송주선인으로 하여금 수행케 하는 운송주선을 말한다. 이때는 최초의 운송주선인만이 주선계약의 당사자이고, 다른 운송주선인은 이행보조자가 된다.

나. 부분운송주선

부분운송주선이란 수인의 운송주선인이 각 구간별로 독립하여 위탁자로부터 운송주선의 위탁을 받는 경우를 말한다. 각 운송주선인 상호간에는 아무런 법률관계도 발생하지 않는다.

다. 중계운송주선

중간운송주선 또는 협의의 순차운송주선이다. 제1의 운송주선인이 최초의 운송주선을 인수하고, 나머지 구간에 대하여는 제1 운송주선인이 자기의 명의로 위탁자의 계산으로 제2의 운송주선인을 선임하는 경우를 말한다.

(2) 순차운송인의 법률관계

1) 전자의 권리를 행사할 대위의무

수인이 순차로 운송주선을 하는 경우에는 후순위 운송주선인은 전순위 운송주선인에 갈음하여 운송주선에 관한 보수청구권, 유치권 등의 권리를 행사할 의무를 부담한다(상법 제117조 제1항).

2) 전자의 권리의 취득

순차운송주선에서 후자가 전자에 변제한 때에는 전자의 권리를 취득한다(상법 제121조 제2항). 즉, 전자의 권리를 승계취득하는 것이다. 이때 전자는 반드시 직접의 전자만을 의미하지 않으며, 이 권리는 민법상 변제자대위의 성질을 갖는다.

3) 운송인의 권리취득

후자인 운송주선인이 운송인에게 변제를 한 때에는 전자인 운송주선인에 대하여 운송인이 가졌던 권리를 취득한다(상법 제118조).

V. 운송업

1. 총 설

(1) 운송인

1) 의 의

운송인이란 육상 또는 호천·항만에서 물건 또는 여객의 운송을 영업으로 하는 자를 말한다(상법 제125조). 상법 제2편 제9장의 운송업은 육상운송업만을 의미한다.

2) 운송지역

운송인의 운송지역은 육상 또는 호천·항만이다. 이점에서 육상운송인과 해상운송인 및 공중운송인과 구별된다. 육상은 지하를 포함한다.

3) 운송대상

운송인은 물건 또는 여객을 운송한다. 물건은 운송을 할 수 있는 모든 객체로서 거래의 목적이 되든 아니든 위험물이든 아니든 상관없다. 여객은 운송의 목적이 되는 자연인으로서 운송계약의 상대방임을 요하지 않는다.

4) 운송행위

운송인은 운송을 하는 자이다. 운송이란 물건 또는 여객을 장소적으로 이동시키는 것으로서 거리의 장단·운송용구·방법 등에 관하여 특별한 제한이 있는 것은 아니다. 그러나 해상운송은 반드시 선박을 이용하여야 한다. 한편 운송의 개념에는 "보관"을 포함한다. 따라서 단지 물체의 이동만을 위한 계약은 도급 또는 고용계약이 된다.

5) 상인성

운송인은 타인과 운송계약을 체결하고 운송의 실행을 인수하는 것을 영업으로 하는 당연상인이다(상법 제4조, 제46조 제13호).

(2) 운송계약

1) 의 의

운송계약이란 당사자의 일방에 물품을 한 장소로부터 다른 장소로 이동할 것을 약속하고 상대방이 이에 대하여 일정한 보수를 지급할 것을 약속함으로써 성립하는 계약을 말한다(1963. 4. 18. 63 다 126). 특히 운송계약은 일정한 시간 또는 일정한 장소 사이를 일정한 화주물품을 운송하기 위하여 자동차가 제공되고 그에 대한 보수가 개개의 물품에 대하여 정하여지지 아니하고 일정한 시간 또는 일정한 장소 사이의 운행을 기준으로 하여 정하여지는 소위 대절계약인 경우에 있어서도 화주가 차량소유자에게 지급되는 금원이 운송에 대한 보수로서의 운임의 성질을 가진 것이며 화주에 대하여 운전수의 고용 및 자동차 사용을 목적으로 하는 법률관계를 인정할 수 없는 만큼 운송계약인 성격에 변동이 없으며 차량에 의하여 운송된 화주들의 물품의 운행중 보관은 사실상 그 적재하차가 누구에 의하든 차량소유회사에 의하여 된 것이라고 판단하였다(1963. 4. 18. 63 다 126).

2) 성 질

운송계약은 운송을 완성할 것을 목적으로 하는 도급계약으로서 낙성·유상·쌍무·불요식의 계약이다. 판례는 물품운송계약이란 당사자의 일방이 물품을 한 장소로부터 다른 장소로 이동할 것을 약속하고 상대방이 이에 대하여 일정한 보수를 지급할 것을 약속함으로써 성립하는 계약을 말하며, 일의 완성을 목적하는 것이므로 도급계약에 속한다고 하였다(1983. 4. 26. 82누92).

3) 당사자

운송계약의 당사자는 송하인 또는 여객과 운송인이다. 운송주선의 경우에는 운송주선인이 운송계약의 당사자로서 송하인이 된다. 판례는 신용장에 수익자가 수출대행자로 되어 있고 선적전에 수출대행자의 검사합격증을 신용장에 첨부하도록 되어 있으며, 수입자의 주문서도 수출대행자에게 발행되었고 수출신고 또한 수출대행자의 명의로 하였으며, 게다가 운송인과 수출대행자 사이에 운송계약을 체결함에 있어 대행의뢰자가 직접 관여한 바가 없고 운송계약의 중요한 내용인 운임의 결정에 있어 수출대행자가 직접 운송인과 협의를 거쳐 결정하였으며, 그 운임 결정에 있어 대행의뢰자가 수출대행자에 대하여 어떠한 지시를 하였다고 볼 자료도 없고, 항공운송장도 송하인을수출대행자로 하여 발행된 경우에는, 수출대행자와 대행의뢰자와의 수출대행계약이 이른바 단순 대행계약이라 할 수는 없을 것이고 수출대행자가 실질적으로 물품의 수출 과정에 관여하였다고 할 것이므로, 수출대행자가 대행의뢰자와의 수출대행계약에 따라 운송인과 사이에 체결한 운송계약이 수출대행자가 대행의뢰자를 대리하여 체결한 것이라 볼 수는 없고 오히려 수출대행자가 위 운송계약의 직접 당사자라고 보아야 한다고 판단하였다(1995. 7. 25. 94다50878).

(3) 수하인

1) 의 의

수하인이란 도착지에서 자기명의로 운송물을 수령하는 자로서 계약의 당사자는 아니다. 수하인은 운송계약에 따라 송하인에 의하여 지정되지만 화물상환증이 발행된 경우에는 증권상 수하인으로 기재된 자를 의미한다.

2) 수하인의 지위

수하인은 운송물이 도착지에 도착하기 전에는 운송인에 대하여 아무런 권리의무를 갖지 않는다. 그러나 운송물이 도착지에 도착한 때부터 비로소 송하인과 동일한 권리를 갖는다(상법 제140조 제1항). 이때에도 송하인은 여전히 송하인으로서의 권리를 가지며, 송하인의 운송물처분권이 우선한다(상법 제140조 제2항). 반면에 수하인이 운송물에 대한 인도청구를 한 때에는 수하인의 권리가 송하인의 처분권에 우선한다(상법 제140조 제2항). 마지막으로 수하인이 운송물을 수령하면 운임 기타 운송에 관한 비용과 체당금을 지급할 의무를 부담한다(상법 제141조).

3) 법적성질

수하인은 운송계약의 당사자인 송하인과 운송인 이외의 제3자이다. 따라서 이러한 제3자인 수하인이 운송인에 대하여 권리의 무관계에 놓이는 것과 관련하여 송하인대리설·사무관리설·권리이전설·제3자를 위한 계약설·특별규정설 등의 학설이 나뉘어 있다.

2. 물건운송인의 권리

(1) 운송물 인도청구권

운송인은 송하인에 대하여 운송물의 인도를 청구할 수 있다. 따라서 송하인이 적시에 인도하지 않으면 채권자 지체가 된다(민법 제400조~제403조 참조). 판례는 운송물의 인도는 화물에 대한 점유가 현실적으로 송하인으로부터 운송인 또는 운송주선인에게 이전되는 것 즉, 현실인도만을 가리키는 것으로 보아야 하고 점유개정이나 반환청구권의 양도 등에 의한 인도방식은 포함되지 않는다고 하였다(1995. 6. 13. 92다19293).

(2) 화물명세서 교부청구권

운송인은 송하인에 대하여 법정사항을 기재한 화물명세서의 교부청구권을 갖는다(상법 제126조 제1항). 화물명세서은 단순한 사서증서이나, 수하인으로 하여금 운송물에 대한 검사를 시킬 수 있는 자료가 된다. 따라서 송하인이 고의 또는 과실로 부실기재를 하여 운송인에게 손해를 가했다면 그에 대한 배상책임을 부담한다(상법 제127조 제1항). 이때의 배상책임은 상법이 정하는 무과실책임이다.

(3) 운임청구권

운송계약은 도급계약의 일종으로 후급이 원칙이다. 따라서 운송인은 운송물의 인도한 때에는 특약이 없어도 운임을 청구할 수 있다(상법 제61조). 운임은 송하인과 수하인의 부진정연대책임이 된다(상법 제141조, 민법 제413조). 운송물의 전부 또는 일부가 송하인의 책임 없는 사유로 멸실된 때에는 그 부분에 대하여 운임을 청구할 수 없다. 그러나 운송물의 성질이나 하자 또는 송하인의 과실로 발생한 경우에는 그러하지 아니하다(상법 제134조 제2항). 판례는 운임은 특약 또는 관습이 없는 한 상법이 인정하는 예외적인 경우를 제외하고는 운송을 완료함으로써 청구할 수 있는 것이고, 운송의 완료는 운송물을 현실적으로 인도할 필요는 없으나 운송물을 인도할 수 있는 상태를 갖추면 충분하다고 하였다(1993. 3. 12. 92다32906).

(4) 비용상환청구권

운송인은 운송물에 대한 체당금 기타 운임에 포함되지 않은 비용, 즉 통관비용·창고보관료·보험료 등과 같은 비용의 상환과 그 체당일 이후의 법정이자의 지급을 청구할 수 있다(상법 제141조, 제55조 제2항).

(5) 유치권

운송인은 운임 기타 비용의 청구권을 확보하기 위하여 운송주선인의 경우와 같은 유치권을 행사할 수 있다(상법 제147조, 제120조). 유치권의 피담보채권은 운임, 송하인을 위한 체당금 및 선대금에 관한 채권으로 제한된다. 판례는 운송인의 유치권에 관한 규정의 취지는, 운송실행에 의하여 생긴 운송인의 채권을 유치권행사를 통해 확보하도록 하는 동시에 송하인과 수하인이 반드시 동일인은 아니므로 수하인이 수령할 운송물과 관계가 없는 운송물에 관하여 생긴 채권 기타 송하인에 대한 그 운송물과는 관계가 없는 채권을 담보하기 위하여 그 운송물이 유치됨으로써 수하인이 뜻밖의 손해를 입지 않도록 하기 위하여 피담보채권의 범위를 제한한 것이라고 하였다. 그리고 동일한 기회에 동일한 수하인에게 운송하여 줄 것을 의뢰받은 운송인이 운송물의 일부를 유치한 경우 운송물 전체에 대한 운임채권은 동일한 법률관계에서 발생한 채권으로서 유치의 목적물과 견련관계를 인정하여 피담보채권의 범위에 속한다고 하였다(1993. 3. 12. 92다32906).

(6) 공탁권

운송인은 도착지에서 수하인 또는 화물상환증 소지인에게 운송물을 인도하여야 하나, 수하인을 알 수 없는 경우와 수하인이 수령을 거부하거나 수령할 수 없는 경우에는 운송물을 공탁할 수 있다(상법 제142조, 제143조). 이때 운송인은 지체없이 송하인 또는 화물상환증 소지자에게 그 통지를 발송하여야 한다(상법 제142조, 제143조).

(7) 경매권

1) 의 의

운송인은 수하인을 알 수 없는 경우, 수하인이 수령을 거부하거나 수령할 수 없는 경우에는 운송물을 경매할 수 있다(상법 제142조, 제143조).

2) 경매요건

송하인에 대하여 상당한 기간을 정하여 운송물의 처분에 대한 지시를 최고하였으나 송하인의 지시가 없는 경우, 수하인이 수령을 거부하거나 수령할 수 없는 때에는 수하인에게 상당한 기간을 정하여 수령을 최고한 다음 송하인에게 최고한 경우, 그리고 송하인·수하인·화물상환증 소지인을 알 수 없는 경우에는 공시최고절차를 거친 후 운송물을 경매할 수 있다(상법 제142조, 제143조). 다만 최고할 수 없거나 운송물이 멸실 또는 훼손될 염려가 있는 경우에는 최고없이 경매할 수 있다(상법 제145조, 제67조 제2항).

3) 통지의무

운송인이 운송물을 경매한 때에는 지체없이 이를 송하인 또는 수하인 등에게 통지하여야 한다(상법 제143조, 제142조 제3항).

(8) 채권의 소멸시효

운송인의 송하인 또는 수하인에 대한 채권은 1년의 기간으로 소멸시효가 완성한다(상법 제147조, 제122조).

3. 물건운송인의 의무

(1) 일반적 의무

운송계약이 성립하면 운송인은 계약에 따라 운송물을 수령·보관·운송한 후 수하인에게 인도할 의무를 부담한다. 운송계약은 도급계약의 일종이지만 사무처리를 목적으로 하는 위임계약과 같은 성질을 가지므로 운송인은 운송물을 인도할 때까지 운송물을 선량한 관리자의 주의로써 보관할 의무가 있다(민법 제681조).

(2) 화물상환증교부의무

운송인은 운송물을 수령한 때에는 송하인의 청구에 의하여 화물상환증을 교부하여야 한다(상법 제128조).

(3) 운송물 처분의무

1) 의 의

운송인은 송하인 또는 화물상환증소지자가 운송의 중지, 운송물의 반환 기타의 처분을 청구한 때에는 그 처분지시에 따라야 하는데 이를 처분의무라고 한다(상법제139조 제1항 제1문). 이는 민법상 도급(민법 제673조)에 대한 특칙이다.

2) 처분권자

운송물의 처분권은 화물상환증이 발행된 경우에는 그 정당한 소지인이며, 화물상환증이 발행되지 않은 경우에는 송하인이다.

3) 의무범위

운송물을 현재지에서 더 이상 운송하지 않는 운송의 중지, 현재지에서의 인도를 의미하는 운송물의 반환, 그리고 수하인의 변경, 운송노선의 변경, 적하방법의 변경 등 사실행위인 기타의 처분 등이다. 이는 운송계약의 범위 내에서 행사하는 것으로서 운송인에게 새로운 의무를 부담시키거나, 불이익을 주어서는 아니 된다.

4) 처분권의 소멸

운송물이 목적지에 도착한 후 수하인이 그 인도를 청구한 때에는 수하인의 권리가 처분권에 우선한다(상법 제140조 제2항). 그러나 수하인이 파산하거나 회사정리절차에 들어간 경우에는 수하인이 운송물을 수령하기 전까지 환취권을 행사할 수 있다(파 제408조 제1항).

5) 운송인의 권리

운송인은 송하인의 지시에 따라 운송물을 처분한 때에는 이미 운송한 비율에 따라 운임·체당금·처분비용의 지급을 청구할 수 있다(상법 제139조 제1항 제2문).

(4) 운송물 인도의무

1) 의 의

운송인은 운송물이 목적지에 도착하면 운송물을 수하인 또는 화물상환증 소지자에게 인도할 의무를 진다.

2) 화물상환증이 발행된 경우

가. 증권과 상환에 의한 인도

운송물의 인도청구권을 표창하는 유가증권으로서의 화물상환증이 발행되면 운송인과 증권소지인간에 운송에 관한 사항은 화물상환증의 기재를 기준으로 결정되며(상법 제131조 제1항), 운송물에 관한 처분도 그 증권으로써 하여야 한다(상법 제132조). 따라서 운송인이 화물상환증 소지자가 아닌 자에게 운송물을 인도한 경우에는 화물상환증의 정당한 소지인에게 채무불이행 또는 불법행위에 기한 손해배상책임을 진다. 판례는 선하증권을 발행한 운송인이 선하증권과 상환하지 아니하고 운송물을 선하증권 소지인 아닌 자에게 인도함으로써 선하증권 소지인에게 운송물을 인도하지 못하게 되어 운송물에 대한 그의 권리를 침해하였을 때에는 고의 또는 중대한 과실에 의한 불법행위가 성립한다고 하였다(2001. 4. 10. 2000다46795). 특히 이 경우 운송물을 인수한 자가 운송물을 선의

취득하는 등 사유로 선하증권 소지인이 운송물에 대한 소유권을 상실하여야만 운송인의 불법행위가 성립하는 것이 아니라 운송인이 선하증권 소지인이 아닌 자에게 운송물을 인도함으로써 선하증권 소지인의 운송물에 대한 권리의 행사가 어렵게 되기만 하였으면 곧바로 불법행위가 성립한다고 하였다(2001. 4. 10. 2000다46795).

나. 보증도·가도

수하인의 편의를 위하여 화물상환증과의 상환없이 운송물부터 인도하는 경우를 가도 또는 공도라고 한다. 그리고 운송물을 화물상환증과 상환하지 않고 인도함으로써 발생하는 모든 결과에 대하여 책임을 진다는 보증은행의 보증서를 받고 운송물을 인도하는 경우를 보증도라고 한다. 이것은 상관습상 유효한 것이지만 화물상환증의 정당한 소지인에 대한 책임이 면제되는 것은 아니다. 판례는 보증도의 상관습은 운송인 또는 운송취급인의 정당한 선하증권 소지인에 대한 책임을 면제함을 목적으로 하는 것이 아니고 오히려 '보증도'로 인하여 정당한 선하증권 소지인이 손해를 입게 되는 경우 운송인 또는 운송취급인이 그 손해를 배상하는 것을 전제로 하고 있는 것이므로, 운송인 또는 운송취급인이 보증도를 한다고 하여 선하증권과 상환함이 없이 운송물을 인도함으로써 선하증권 소지인의 운송물에 대한 권리를 침해하는 행위가 정당한 행위로 된다거나 운송취급인의 주의의무가 경감 또는 면제된다고 할 수 없고, 보증도로 인하여 선하증권의 정당한 소지인의 운송물에 대한 권리를 침해하였을 때에는 고의 또는 중대한 과실에 의한 불법행위의 책임을 진다고 하였다.(1997. 6. 24. 95다40953). 또한 판례는 해상화물운송인은 상법 제129조, 제820조에 의하여 선하증권과 상환하여 화물을 인도하여야 할 것이나 그 선하증권상에 수하인으로 표시되어 있고 이를 소지한 원고은행의 인도지시가 있는 경우에는 위 법조는 적용될 여지가 없다고 판단하기도 하였다(1974. 12. 10. 74다376). 그러나 운송인이 선하증권과 상환하지 아니하고 운송물을 선하증권 소지인 아닌 자에게 인도하는 것은 그로 인한 손해의 배상을 전제로 하는 것이어서, 그 결과 선하증권 소지인에게 운송물을 인도하지 못하게 되어 운송물에 대한 그의 권리를 침해하였을 때에는 고의 또는 중대한 과실에 의한 불법행위가 성립된다고 하였다(1999. 4. 23. 98다13211).

3) 화물상환증이 발행되지 않은 경우

화물상환증이 발행되지 않은 경우에는 운송물이 목적지에 도착하기까지는 송하인이 운송물에 대한 처분권을 갖는다. 그러나 운송물이 목적지에 도착한 다음부터는 수하인이 운송계약에 의하여 생긴 송하인의 권리를 취득하므로(상법 제140조), 운송인은 수하인의 청구에 따라 운송물을 인도하여야 한다.

4. 손해배상책임

(1) 서 설

운송인은 자기 또는 운송주선인이나 사용인 그 밖에 운송을 위하여 사용한 자가 운송물의 수령·인도·보관과 운송에 관하여 주의를 게을리하지 아니하였음을 증명하지 못하면 운송물의 멸실, 훼손 또는 연착으로 인한 손해를 배상하여야 한다(상법 제135조). 운송인의 과실을 추정하고 있는 것이다. 판례는 철도편으로 탁송한 화물이 훼손된 경우에는 철도운송인에게 화물운송에 관하여 과실이 있다고 추정되고 운송인은 화물운송에 관하여 주의를 게을리하지 아니하였음을 증명하지 아니하면 운송화물의 훼손으로 인한 손해배상 책임을 면치 못한다고 판단하였다(1975. 10. 7. 75다71). 이렇듯 상법은 운송인의 손해배상책임을 과실책임주의에 입각하여 규정하고 있으나, 이는 특별규정이라기보다 주의적 규정으로 보아야 할 것이다.

(2) 책임의 범위

민법의 일반원칙(민법 제393조)에 따르면 채무불이행으로 인한 모든 손해를 배상하여야 할 것이나, 상법은 배상액을 정형화하여 운송인의 보호와 법률관계의 획일적 처리를 도모하고 있다(상법 제137조). 즉, 상법은 고가물에 대한 책임을 경감하고(상법 제136조), 손해배상액을 정형화하여 책임을 제한하며(상법 제137조), 손해배상책임의 특별소멸사유를 정하고 있으며(상법 제146조), 1년의 단기소멸시효를 정하고 있다(상법 제147조, 제121조). 그러나 운송인에게 고의나 중대한 과실이 있는 경우에는 일반원칙에 따라야 할 것이다(상법 제137조 제3항). 이 경우 고의 또는 중과실에 대한 입증책임은 손해배상의 청구권자에게 있다. 한편 판례는 불법행위에 있어서 과실상계는 공평 내지 신의칙의 견지에서 손해배상액을 정함에 있어 피해자의 과실을 참작하는 것으로서, 그 적용에 있어서는 가해자와 피해자의 고의 과실의 정도, 위법행위의 발생 및 손해의 확대에 관하여 어느 정도의 원인이 되어 있는가 등의 제반 사정을 고려하여 배상액의 범위를 정하는 것이며, 불법행위에 있어서의 가해자의 과실이 의무위반의 강력한 과실임에 반하여 과실상계에 있어서 과실이란 사회통념상, 신의성실의 원칙상, 공동생활상 요구되는 약한 부주의까지를 가리키는 것이라 하였다. 그러면서 운송이니 자신의 임무를 게을리함으로써 수출어음보험약관에 위배되어 보험금을 지급받지 못하게 된 잘못이 있는 경우에는 이를 과실상계 사유로 판단하였다(2001. 3. 23. 99다33397).

(3) 고가물에 대한 특칙

화폐 유가증권 기타의 고가물에 대해서는 송하인이 운송물을 위탁할 때에 그 종류와 가액을 명시하지 않으면 손해가 발생한 경우에도 운송인은 고가물로서 뿐만 아니라 보통물로서의 책임도 지지 않는다(상법 제136조). 이때 고가물에 판단을 함에 있어 그 기준은 당시의 사회경제 및 거래관계를 살펴 정하여야 한다고 하였다. 즉, 판례는 견직물은 오늘날 사회경제 및 거래상태로 보아 본조 소정의 고가물이라 볼 수 없으므로 그 종류와 가격을 명시하지 아니하였다 하여도 운송인은 손해배상책임을 면할 수 없다고 판단하였다(1963. 4. 18. 63다126).

한편, 송하인이 고가물임을 고지하지 않은 경우에는 운송인은 보통물로소의 책임도지지 않는다. 그러나 고가물임을 고지하지는 않았으나 운송인이 우연히 고가물임을 안 경우에는 어떠한가. 이 경우에는 송하인이 고가물임을 고지하지 않은 이상 그 어떠한 책임도지지 않는다는 견해와 운송인이 고가물임을 안 이상 고가물로서의 책임을 진다는 견해가 있다. 이에 대하여 고가물에 대한 책임 규정의 적용은 없지만 보통물로서의 주의의무를 다하여야 한다는 견해가 있다. 이 경우 보통물로서의 주의의무를 부담하는 경우 손해가 발생한 때에는 그에 따른 손해배상책임을 부담한다는 측면에서 사실상 고가물에 대한 책임을 부담하는 결과가 된다고 할 것이다.

그런데 판례는 고가물에 대한책임에 대하여 불법행위로 인한 책임에는 상법 제136조의 적용이 없다고 하였다. 즉, 상법 제

136조와 관련되는 고가물 불고지로 인한 면책규정은 일반적으로 운송인의 운송계약상의 채무불이행으로 인한 청구에만 적용되고 불법행위로 인한 손해배상청구에는 그 적용이 없으므로 운송인의 운송이행업무를 보조하는 자가 운송과 관련하여 고의 또는 과실로 송하인에게 손해를 가한 경우 이행보조자는 운송계약의 당사자가 아니어서 운송계약상의 채무불이행으로 인한 책임은 부담하지 않는다. 그러나 불법행위로 인한 손해배상책임을 부담하므로 위 면책규정은 적용될 여지가 없다고 하였다(1991. 8. 23. 91다15409).

(4) 책임의 소멸

1) 특별소멸시효

수하인 또는 화물상환증 소지인이 유보없이 운송물을 수령하고 운임 기타의 비용을 지급한 때에 운송인의 책임은 소멸한다(상법 제146조 제1항). 그러나 운송물에 즉시 발견할 수 없는 훼손 또는 일부멸실이 있는 경우 이를 수령일로부터 2주 내에 통지하면 그러하지 아니하다(상법 제146조 제1항 단서). 또한 운송인 또는 사용인이 악의인 경우에도 운송인의 책임은 소멸하지 않으나(상법 제146조 제2항), 중대한 과실로 인하여 알지 못한 경우에라도 수하인 또는 화물상환증 소지인이 유보없이 운송물을 수령하면 운송인의 책임은 소멸한다고 할 것이다.

2) 단기소멸시효

운송인의 책임은 운송인이나 그 사용인에게 악의가 없는 한 수하인이 운송물을 수령한 날로부터, 전부멸실의 경우 운송물을 인도한 날로부터 1년으로 소멸시효가 완성한다(상법 제147조 제121조 제1항). 그러나 운송인이나 그 사용인에게 악의가 있는 때에는 일반상사시효

(상법 제61조)가 적용된다(상법 제147조 제121조 제3항).

(5) 불법행위책임과의 관계

1) 서 설

운송인 또는 그 사용인의 과실로 인하여 운송물이 멸실, 훼손된 경우, 상대방은 운송인에 대하여 채무불이행으로 인한 손해배상청구권 이외에 민법상의 불법행위로 인한 손해배상청구권(민법 제750조, 제756조)도 갖게 되는데, 양 청구권을 모두 인정할 것인가에 대해서는 견해가 나뉘어 있다.

2) 법조경합설

운송인의 채무불이행으로 인한 책임은 특별법인 계약법상 운송계약이 존재하는 상황에서 발생하는 청구권으로서 일반법인 불법행위법상의 청구권은 운송인의 고의가 있는 경우를 제외하고는 배제된다는 학설이다.

3) 청구권경합설

양 청구권은 그 요건과 효과가 다르므로 반드시 청구권의 경합을 부정할 필요가 없고, 채권자는 이 중 하나를 선택하여 행사할 수 있다는 학설이다. 판례는 일관되게 청구권경합설의 입장을 지지하고 있다(1962. 6. 21. 62 다 102). 판례는 해상운송인이 운송 도중 운송인이나 그 사용인 등의 고의 또는 과실로 인하여 운송물을 감실 훼손시킨 경우, 선하증권 소지인은 운송인에 대하여 운송계약상의 채무불이행으로 인한 손해배상청구권과 아울러 소유권 침해의 불법행위로 인한 손해배상 청구권을 취득하며 그 중 어느 쪽의 손해배상 청구권이라도 선택적으로 행사할 수 있다고 하였다(1983. 3. 22. 82다카1533 전합). 이와 관려하여 최근 판례도 운송계약상의 면책특약은 일반적으로 이를 불법행위책임에도 적용하기로 하는 명시적 또는 묵시적 합의가 없는 한 당연히 불법행위책임에 적용되지 않는다고 판단하였다(1999. 7. 13. 99다8711). 그런데 판례는 운송인이 선하증권에 기재한 면책약관이 있더라도 이는 채무불이행 책임만을 대상으로 한 것이고 당사자 사이에 불법행위 책임은 감수할 의도였다고 볼 수 없다고 하면서 불법행위책임에 적용키로 하는 별도의 명시적 묵시적 합의가 없더라도 당연히 불법행위책임에도 그 효력이 미친다고 판단하였다(1983. 3. 22. 82다카1533 전합). 다만 1991년 개정 상법은 해상 온송인의 책임을 감경하거나 면제하는 당사자 사이의 특약은 효력이 없다고 규정하였다(상법 제799조 제1항). 그리고 2011년 개정 상법에서는 이를 항공운송에까지 확대하였다(상법 제903조). 다만 육상운송인의 경우에는 이러한 규정을 두고 있지 않으므로 판례의 입장과 같이 단사자간의 명시적 또는 묵시적 합의가 여전히 그러한 면책특약의 적용 여부를 정하는 기준이 된다고 할 것이다.

5. 순차운송

(1) 순차운송의 의의

순차운송이란 동일운송물에 관하여 수인의 운송인이 시간적·공간적으로 연관하여 순차로 운송하는 것을 말한다. 순차운송에 있어서 후자의 운송인은 전자의 운송인에 갈음하여 그 권리를 행사할 의무를 부담하며, 후자가 전자에게 운임 기타 비용을 변제한 때에는 당연히 전자의 권리를 취득한다(상법 제147조 제117조 제2항).

(2) 순차운송의 형태

1) 부분운송

전운송구간의 각 부분에 대하여 수인의 운송인이 각자 독립하여 운송을 인수하는 것으로 각 운송인 상호간에는 아무런 법률관계가 발생하지 않는다.

2) 하수운송

제1운송인이 전구간의 운송을 인수하고 제2운송인인 하수운송인에게 일부 또는 전구간의 운송을 맡기는 것으로 제2운송인은 이행보조자에 불과하다.

3) 동일운송

수인의 운송인이 공동으로 전구간의 운송을 인수하고, 다만 내부적으로 구간별 운송을 분담하는 것으로서, 1개의 운송계약이 성립하나 수인의 운송인이 동시에 운송계약의 당사자가 된다. 따라서 수인의 운송인은 전 구간에 대하여 연대책임을 부담한다.

4) 연대운송

제1의 운송인이 전구간의 운송을 인수하지만 일부 구간만의 운송을 맡고 나머지 구간의 운송은 자기명의로 송하인의 계산으로 제2 이하의 운송인에게 위탁하는 운송형태로서 수인의 운송인이 서로 운송상의 연결관계를 갖는다. 그러나 송하인으로서는 최초의 운송인에게 운송을 위탁함으로써 다른 운송인도 동시에 이용할 수 있는 운송형태이다. 공동운송 또는 협의의 순차운송이라고 한다.

(3) 순차운송인의 책임

수인이 순차로 운송을 하는 공동운송의 경우 각 운송인은 운송물의 멸실·훼손 또는 연착으로 인한 손해를 연대하여 배상할 책임이 있다(상법 제138조 제1항). 손해를 배상한 운송인은 손해의 원인을 제공한 운송인에게 구상권을 행사할 수 있다(상법 제140조 제3항). 순차운송주선인에게는 없는 내용으로서 손해에 대하여 연대책임을 지며, 자신이 책임없는 구간에 대해서는 다른 운송인에게 구상권을 갖는다는 특징이 있다. 그런데 손해를 배상한 운송인이 손해의 원인을 제공한 운송인을 알 수 없는 경우에는 특약이나 관습이 없는 한 각 운송인이 운임액의 비율에 따라 분담한다. 다만 자기의 운송구간 내에서 발생하지 않았음을 증명한 때에는 분담책임을 면할 수 있다(상법 제140조 제3항).

(4) 순차운송인의 대위

순차운송에 있어 운송물을 다음 운송인에게 인도한 운송인은 운임 및 기타의 채권을 행사하고자 하여도 운송물을 점유하고 있지 않으므로 유치권 등의 권리를 행사할 수 없으므로 후자의 운송인으로 하여금 전자의 운송인에 갈음하여 그 권리를 행사할 의무를 부담하도록 하는 것을 말한다(상법 제147조 제117조 제2항).

6. 화물상환증

(1) 총 설

1) 화물상환증의 의의

화물상환증은 운송물의 인도청구권을 표창하는 유가증권이다. 화물상환증은 불완전유가증권으로서 요인(상법 제128조 제1항)·요식(상법 제128조 제2항)·

제시(상법 제129조)·지시(상법 제130조)·문언(상법 제131조)·처분(상법 제132조)·인도증권성(상법 제133조)의 특징을 가지고 있다.

2) 화물상환증의 기능

해상운송에서의 선하증권제도를 육상운송에 도입한 것으로 화물상환증을 양도·입질 등의 방법으로 처분하여 운송물의 교환가치를 활용할 수 있다.

3) 화물상환증의 발행

화물상환증은 송하인의 청구에 의하여 운송인이 작성·교부하여야 한다(상법 제128조 제1항). 화물상환증의 발행 시기는 운송인이 운송물을 수령한 후이다. 화물상환증에는 법정사항을 기재하고 운송인이 기명날인 또는 서명하여야 한다(상법 제128조 제2항).

4) 화물상환증의 양도

법률상 당연한 지시증권이므로 기명식으로 발행한 경우에도 배서에 의하여 양도할 수 있으며(상법 제130조), 배서에는 권리이전적·자격수여적 효력이 있으나 담보적 효력은 없다.

(2) 화물상환증의 채권적 효력

1) 의 의

화물상환증의 채권적 효력이란 증권소지인과 운송인 간의 채권관계를 의미하는 것으로서 증권소지인은 운송인에 대하여 운송계약상의 채무이행을 청구하고 그 불이행의 경우에는 손해배상을 청구할 수 있는 법적 지위를 말한다.

2) 요인증권성의 강조

화물상환증은 실질적 운송계약의 존재를 전제로 하고 그 제약을 받는 요인증권이라고 본다. 따라서 운송물의 수령없이 발행한 화물상환증은 원인없는 증권으로서 당연히 무효라고 본다. 즉, 판례는 선하증권에 의한 운송물의 인도청구권은 운송인이 송하인으로부터 실제로 받은 운송물 즉 특정물에 대한 것이고 따라서 운송물을 수령 또는 선적하지 않았음에도 불구하고 선하증권이 발행된 경우에는 그 선하증권은 원인과 요건을 구비하지 못하여 목적물의 흠결이 있는 것으로서 이는 누구에 대하여도 무효라고 하였다(1982. 9. 14. 80 다 1325).

3) 문언증권성 강조

일단 화물상환증이 발행되면 증권상의 권리는 운송계약으로부터 독립하여 성립되므로 운송인은 증권에 기재된 문언에 따라 책임을 져야 한다는 것이다. 그러나 공권은 원인행위의 흠결로 당연히 무효라고 할 것이나 증권 작성자로서는 선의의 제3자에 대해서 완전한 증권기재의 외관에 따라 책임을 지고 스스로 그 무효를 주장할 수 없다고 하는 절충설이 타당하게 받아 들여졌었다.

4) 요인증권성과 문언증권성의 충돌방지

상법은 "화물상환증을 작성한 경우에는 운송에 관한 사항은 운송인과 수지인간에 있어서는 화물상환증에 기재된 바에 의한다"고 규정하여 증권소지인을 보호하는 문언증권성을 부여하였다(상법 제131조). 그러나 운송계약에 바탕을 둔 화물상환증은 운송계약과는 다른 화물상환증이 존재할 수 없다는 요인증권성이 인정되므로 공권이나 운송계약 내용과 다른 내용의 화물상환증이 발행된 오권의 경우 화물상환증의 효력에 대하여 논란이 있었다.

따라서 2010년 개정 상법은 제131조를 2개 항으로 분리하여 제1항에서 "화물상환증이 발행된 경우에는 운송인과 송하인 사이에 화물상환증에 적힌 대로 운송계약이 체결되고 운송물을 수령한 것으로 추정한다"고 규정하여 여전히 문언증권성을 부여하였다. 그리고 제2항에서 "화물상환증을 선의로 취득한 소지인에 대하여 운송인은 화물상환증에 적힌 대로 운송물을 수령한 것으로 보고 화물상환증에 적힌 바에 따라 운송인으로서 책임을 진다"고 규정함으로써 화물상환증에 추정적 효력을 부여하였다. 결국 화물상환증의 추정이 깨진 경우 운송인은 화물상환증에 기재된 대로 계약상 채무불이행 책임을 부담하지 않고 실제로 수령한 운송물에 대한 책임을 부담하게 되므로 공권과 오권의 경우 이는 무효가 된다. 판례도 운송물을 수령 또는 선적하지 않았음에도 불구하고 선하증권이 발행된 경우에는 그 선하증권은 원인과 요건을 구비하지 못하여 목적물의 흠결이 있는 것으로서 이는 누구에 대하여도 무효라고 하였다(1982. 9. 14. 80 다 1325). 이때 운송물을 수령하지 못한 선하증권 소지인은 운송물 없이 선하증권을 발행한 것이 불법행위를 구성하므로 운송인에게 손해배상을 청구할 수 있다(2008. 2. 14. 2006다47585).

5) 운송물인도청구

화물상환증이 발행된 경우에는 보증도 또는 가도의 경우를 제외하면 화물상환증과의 상환으로만 운송물의 인도를 청구할 수 있다(상법 제129조).

(3) 화물상환증의 물권적 효력

1) 의 의

화물상환증의 물권적 효력이란 화물상환증을 교부하면 운송물 위에 행사하는 소유권, 질권 등의 취득에 관하여 운송물을 인도한 것과 동일한 효력을 갖게 하는 것을 말한다(상법 제133조). 화물상환증의 교부로서 운송물 자체를 인도한 것과 같은 효력이 주어지는 것이다. 이때 상법 제133조는 민법 제190조에서 정하는 목적물반환청구권의 양도와 본질적으로 같은 것이라고 이해할 수 있다.

2) 발생요건

화물상환증이 물권적 효력을 발생하기 위해서는 화물상환증 교부시에 운송물이 실제로 존재하였어야 하고, 운송인이 운송물을 수령하였어야 한다. 그리고 화물상환증은 화물상환증의 정당한 소지인에게 교부되었어야 한다.

3) 물권적 효력의 법률구성

가. 절대설

화물상환증의 인도는 운송인의 운송물에 대한 점유와는 관계없이 운송물의 점유를 이전시키는 효력이 있으며, 상법이 정한 특별한 점유이전 원인이라고 본다. 그러니가 상법 제133조는 민법 제190조의 특칙이라는 것이다. 그러나 공권의 발행·운송물의 멸실·제3자에 의한 선의취득의 경우 물권적 효력은 생기지 않는다고 한다.

나. 엄격상대설

운송물의 직접 점유는 운송인이 하고 운송물의 간접 점유만을 증권의 인도에 의하여 이전한다는 것이다. 이는 상법 제133조는 민법 제190조의 예시규정이라는 것이다. 엄격상대설은 간접점유를 이전하기 위해서는 증권의 인도 이후에 따로 민법상의 이전절차(민법 제190조)를 필요로 한다고 한다.

다. 수정상대설

유가증권적 효력설 또는 절충설이라고도 한다. 이에 의하면 상법 제133조는 민법 제190조의 목적물 반환청구권의 양도를 의미하는 것이 아니고, 화물상환증에 표창된 운송물인도청구권을 유가증권법과 물권법의 원리에 의하여 양도하는 특별한 방식을 규정한 것이라고 한다. 운송인이 운송물을 직접 점유하고 하고 있어야 한다는 점에서 대표성과 같다.

라. 대표설

화물상환증은 운송인이 운송물을 직접 점유한다는 것을 전제로 하여 운송물을 대표하는 것으로서 증권의 인도는 증권에 표창된 운송물의 인도청구권과 운송물의 간접점유를 이전하는 것이라고 한다. 따라서 상법 제133조가 화물상환증의 교부만을 요구하고 있으므로 민법 제190조의 반환청구권의 양도는 필요 없다는 것이다. 판례는 선하증권은 해상운송인이 운송물을 수령한 것을 증명하고 지정된 양륙항에서 정당한 소지인에게 운송물을 인도할 채무를 부담하는 유가증권으로서, 운송인과 그 증권소지인 간에는 증권 기재에 따라 운송계약상의 채권관계가 성립하는 채권적 효력이 발생하고, 운송물을 처분하는 당사자 간에는 운송물에 관한 처분은 증권으로서 하여야 하며 운송물을 받을 수 있는 자에게 증권을 교부한 때에는 운송물 위에 행사하는 권리의 취득에 관하여 운송물을 인도한 것과 동일한 물권적 효력이 발생하므로, 운송물의 권리를 양수한 수하인 또는 그 이후의 자는 선하증권을 교부받음으로써 그 채권적 효력으로 운송계약상의 권리를 취득함과 동시에 그 물권적 효력으로 양도 목적물의 점유를 인도받은 것이 되어 그 운송물의 소유권을 취득한다고 하였다(1997. 7. 25. 97다19656). 이 판례의 내용으로는 어떠한 입장인지 명확하지 않으나 선하증권의 교부로서 양도 목적믈을 인도받는다는 입장을 고려하면 대표설의 입장과 유사하다고 할 것이다.

마. 물권적 효력부정설

상법 제133조의 화물상환증의 교부는 화물상환증의 양도를 의미하는데 불과하고, 물권적 효력은 채권적 효력의 반사적 효력에 불과하다고 하여 화물상환증의 물권적 효력을 부정하고 있다.

4) 물권적 효력의 효과

화물상환증이 발행된 경우에는 운송물의 물권적 처분과 운송인에 대한 처분권행사는 화물상환증에 의해서만 할 수 있다(상법 제132조). 또한 수하인도 증권과 상환하지 않고는 운송물의 인도를 청구할 수 없고(상법 제129조), 증권을 소지하지 못하면 운송인에 대한 지시를 할 수 없다(상법 제139조). 그러나 운송물이 실물로서 처분되어 양수인이 동산의 선의취득요건을 구비하였다면 화물상환증의 물권적 효력이 그 운송물 자체의 선의취득에는 영향을 미치지 못한다고 보아야 할 것이다.

7. 여객운송

(1) 총 설

1) 여객운송의 의의

여객운송이란 운송인이 자동차·선박·항공기를 이용하여 자연인을 일정한 장소에서 다른 장소로 운반하는 것을 말하는데, 상법 제148조의 여객운송은 물건의 육상운송에 대응하는 개념으로서 육상 또는 호천이나 항만에서의 여객운송을 의미한다.

2) 여객운송계약의 당사자

여객운송의 당사자는 운송인과 운송의 위탁자이다. 운송의 위탁자는 보통 여객 자신인 경우가 대부분이지만 반드시 일치하는 것은 아니다.

3) 여객운송계약의 법적성질

여객운송계약은 낙성·불요식의 계약이다. 계약의 방식에 있어 일반적으로 승차권이 주로 이용된다. 따라서 여객운송계약은 승차권의 발매시에 계약이 성립하나, 승차 후 승차권을 사는 경우에는 승차시에 계약이 성립하는 것으로 본다.

4) 승차권의 법적성질

승차권은 운송채권을 표창하는 유가증권이다. 무기명식 승차권은 양도성이 있으나 개찰 후에는 특정인에 대한 증거증권에 불과하다고 할 것이다. 기명식 정기권은 양도성이 없고, 다만 운송계약상의 권리를 증명하는 증거증권이다. 또한 무기명식 회수승차권은 단순한 표권으로서 유가증권이 아니다(대법원 1960. 2. 18. 선고 4291 민상 906).

그러나 통용구간 또는 통용기간이 지정된 회수승차권은 포괄적인 운송계약상의 권리를 표창하는 유가증권이라고 할 것이다.

(2) 여객운송인의 권리

1) 운임청구권

여객운송인은 당사자간에 보수에 관한 약정이 없더라도 운임의 지급을 청구할 수 있다(상법 제61조). 여객운송계약도 도급계약의 일종으로서 운송인은 운송이 종료한 뒤에 운임을 청구할 수 있다(민법 제665조)고 하겠으나, 실제에 있어서는 약관이나 상관습에 의하여 승차권을 발행하여 승차시나 승차 후에 승차권과 상환으로 운임을 지급한다.

2) 유치권

여객운송인은 수하물과 여객의 운임에 대하여 수하물에 대한 물건운송인의 유치권에 관한 규정을 적용할 수 있다고 본다(상법 제147조, 제120조 유추).

(3) 여객운송인의 의무

1) 총 설

여객운송인은 운송계약에 따라 여객을 선량한 관리자의 주의로써 안전하고도 지체없이 도착지에 운송할 의무가 있다.

2) 여객의 손해에 대한 책임

가. 책임의 원인

여객운송인은 자신 또는 사용인이 주의의무를 해태하지 아니하였음을 증명하지 못하면 여객이 운송으로 인하여 받은 손해를 배상할 책임이 있다(상법 제148조 제1항). 이는 물건운송인과 운송주선인과 같이 채무불이행으로 인한 손해배상책임을 인정한 것이다. 판례는 운행하던 열차의 열려진 창문의 틈사이로 유리조각이 날아 들어와서 승객이 상해를 입은 경우 그 유리조각이 제 3 자의 투척 등의 행위에 기인된 것이 아니고, 열차 진행에 수반해서 통상적으로 날아 들어온 것이라면, 이는 운송업자나 그 사용인이 적절한 조치를 취하여 여객의 안전을 도모하여야 할 주의의무의 범위에 속하는 사항에 연유하는 것이므로, 위 운송에 관한 주의를 해태하지 아니하였음을 증명하지 못하는 한, 운송업자는 이에 대한 손해배상 책임이 있다고 판단하였다(1979. 11. 27. 79다628).

한편 운송인의 손해배상책임을 부정한 경우도 있다. 즉, 판례는 중간역에서 일정한 시간 정차한 다음 열차가 출발하는 경우에 발차신호를 보내는 역무원이 그 신호를 보내기에 앞서 열차의 앞뒤를 다니면서 홈에 남아 있는 모든 승객, 특히 열차를 등지고 서 있는 승객에게까지 일일이 승차여부를 확인하거나, 열차출발 후에도 갑자기 승객이 뛰어서 승강대에 올라 타려고 하는 돌발사태를 예상하여 이에 대한 안전조치까지 취하도록 기대할 수는 없다고 할 것인바, 열차의 승객이 야간에 불과 1분 동안 정차하는 중간역에서 술에 취한 상태에서 하차하였다가 열차가 출발하여 이미 40미터정도 진행한 상태에 있었는데도 무모하게 위 열차에 올라타려고 달려가 승강대 손잡이를 뛰어서 잡으려다가 놓쳐 홈밑으로 떨어지게 되어 부상한 경우에는 가사 역무원에게 다소의 과실이 인정된다 하더라도 승객의 과실에 비추어 볼 때 위 사고로 인한 손해에 대하여는 열차를 운행하는 국가의 책임을 면하게 함이 상당하다고 판단하였다(1990. 5. 25. 89다카9200).

나. 손해의 범위

배상할 손해의 범위는 여객이 받은 모든 손해이다. 따라서 여객의 생명·신체는 물론이고 연착에 대한 손해뿐만 아니라 상실된 장래의 기대이익까지도 포함한다. 여객은 정신적 손해에 대한 위자료도 청구할 수 있다. 판례는 승객이 객차의 승강구에서 추락, 사망한 경우 승객이 아닌 그 망인의 처, 자녀들은 그로 인하여 정신적 고통을 받았다 하더라도 상법 제148조 제1항에 의하여 여객운송인에게 손해배상책임이 있음을 이유로 하여 그들의 위자료를 청구할 수는 없다고 하였다. 그리고 여객운송인이 운송으로 인하여 사망한 여객이 있은 일실수익의 손해액을 산정함에 있어서 사망당시의 수익을 기준으로 함이 원칙이고 사망당시 직업이 없었다면 일반노동 임금을 기준으로 할 수 밖에 없으나, 사망 이전에 장차 일정한 직업에 종사하여 그에 상응한 수익을 얻게 될 것이라고 확실하게 예측할 만한 객관적 사정이 있을 때에는 장차 얻게 될 수익을 기준으로 그 손해액을 산정할 수 있다고 판단하였다(1982. 7. 13. 82다카278).

다. 손해액의 산정

손해액을 산정함에 있어서 법원은 피해자와 그 가족의 정상을 참작하여야 한다(상법 제148조 제2항). 이는 물건운송에 있어서의 정액배상주의(상법 제135조 제137조)에 대한 특칙이며, 특별손해에 대한 운송인의 예견 여부를 불문하고 법원이 참작한다는 점에서 민법의 일반원칙(민법 제393조 제2항)에 대한 예외이다.

라. 청구권 상속

여객의 손해배상청구권은 상속되며, 위자료청구권도 피해자가 특히 포기의사를 밝히지 않는 한 상속된다고 볼 것이다.

3) 수하물에 대한 책임

가. 탁송수하물

운송인은 여객으로부터 인도받은 수하물에 관하여는 운임을 받지 아니한 경우에도 물건운송인과 동일한 책임을 진다(상법 제149조 제1항). 따라서 무과실에 대한 입증책임은 운송인이 부담하며, 정액배상주의(상법 제135조 제137조) 및 고가물에 대한 특칙(상법 제136조)도 적용된다.

나. 휴대수하물

여객운송인은 여객으로부터 인도를 받지 않은 수하물의 멸실 또는 훼손에 대해서는 자기 또는 사용인의 과실이 없으면 손해를 배상할 책임이 없다(상법 제150조). 이때의 과실에 관한 입증책임은 여객에게 있다.

4) 순차여객운송인의 연대책임

순차여객운송인은 각각 손해배상책임을 지는 것이 원칙이겠으나, 연락승차권의 발행인이 후자의 대리인으로서 공동으로 전구간의 운송을 인수한 경우에는 연대책임을 진다고 보고, 손해의 발생원인이 불명확한 경우에는 각각 연대책임을 져야 할 것이다.

5) 손해배상책임의 소멸

여객의 손해에 대한 운송인의 책임은 상사시효의 일반원칙(상법 제64조)에 따라 5년의 소멸시효완성으로 소멸한다.

VI. 공중접객업

1. 총 설

(1) 공중접객업자의 의의

극장, 여관, 음식점, 그 밖의 공중이 이용하는 시설에 의한 거래를 영업으로 하는 자로서(상법 제151조) 당해 시설을 소유하고 있는 자가 아니라 이를 고객에게 이용시키는 행위를 영업으로 하는 자이다.

(2) 공중접객업의 특성

공중접객업은 다른 상행위와는 달리 거래행위의 특성에 따라 정의되지 않으며 단지 그 거래행위가 이루어지는 시설에 의하여 정의되기 때문에 거래행위의 내용, 즉 공중접객업자와 객과의 계약은 영업의 종류에 따라 다르게 나타난다. 즉 여관업은 임대차, 음식점은 매매, 이용업은 도급 등과 같다.

2. 공중접객업자의 책임

(1) 임치물에 대한 책임

1) 책임의 완화

2010년 개정 상법은 공중접객업자로 하여금 자기 또는 그 사용인이 고객으로부터 임치받은 물건의 보관에 관하여 주의를 게을리 하지 아니하였음을 증명하지 아니하면 그 물건의 멸실 또는 훼손으로 인한 손해에 대한 배상책임을 부담하도록 규정하고 있다(상법 제152조 제1항). 이는 개정 전 상법이 물건의 멸실 또는 훼손에 대하여 "불가항력"으로 인함을 증명하지 못하면 손해를 배상하여야 한다는 책임을 완화하고 있다. 사실 이러한 공중접객업자의 엄격책임은 연혁적으로 선주, 여관, 역사 등의 직업 층에 대한 신뢰부족에서 비롯된 것으로 다른 사업자와의 형평에도 어긋나고 시대적 요구에도 어울리지 않는다는 지적이 계속됨에 따라 개정하게 된 것이다. 공중접객업자의 책임은 공중접객업자와 고객 사이에 물건에 관한 명시적 또는 묵시적 임치계약이 성립을 전제로 발생한다.

한편 판례는 상법 제152조 제1항의 규정에 의한 임치가 성립하려면 우선 공중접객업자와 객 사이에 공중접객업자가 자기의 지배영역 내에서 목적물 보관의 채무를 부담하기로 하는 명시적 또는 묵시적 합의가 있음을 필요로 한다. 따라서 여관 부설주차장에 시정장치가 된 출입문이 설치되어 있거나 출입을 통제하는 관리인이 배치되어 있거나 기타 여관 측에서 그 주차장에의 출입과 주차사실을 통제하거나 확인할 수 있는 조치가 되어 있다면, 그러한 주차장에 여관 투숙객이 주차한 차량에 관하여는 명시적인 위탁의 의사표시가 없어도 여관업자와 투숙객 사이에 임치의 합의가 있은 것으로 볼 수 있으나, 위와 같은 주차장 출입과 주차사실을 통제하거나 확인하는 시설이나 조치가 되어 있지 않은 채 단지 주차의 장소만을 제공하는 데에 불과하여 그 주차장 출입과 주차사실을 여관 측에서 통제하거나 확인하지 않고 있는 상황이라면, 부설주차장 관리자로서의 주의의무 위배 여부는 별론으로 하고 그러한 주차장에 주차한 것만으로 여관업자와 투숙객 사이에 임치의 합의가 있은 것으로 볼 수 없고, 투숙객이 여관측에 주차사실을 고지하거나 차량열쇠를 맡겨 차량의 보관을 위탁한 경우에만 임치의 성립을 인정할 수 있다고 판단하였다(1992. 2. 11. 91다21800).

2) 공중의 범위

"공중"이란 공중접객업자의 시설을 이용하는 자로서, 이용계약자뿐만 아니라 이용계약을 체결하지는 않았더라도 실질적으로 "고객"으로 대우받는 자를 포함한다.

(2) 임치를 받지 아니한 물건에 대한 책임

1) 책임의 범위

공중접객업자는 당해 시설 내에 휴대한 물건이 자기 또는 그 사용인의 과실로 인하여 멸실 또는 훼손된 때에는 그 손해에 대하여 배상할 책임이 있다(상법 제152조 제2항). 이때의 과실은 선량한 관리자의 주의의무를 다하지 못한 것을 말하며, 이에 대한 입증책임은 고객에게 있다. 판례는 대중목욕탕에서 옷장의 시정장치를 완벽하게 갖추지 못하였고 종업원들이 옷장 감시업무를 철저히 하지 아니하여 욕객의 소지품분실사고가 발생하였다면 영업주는 종업원들의 사용자로서 욕객이 입은 제반손해를 배상할 책임이 있다고 판단하여 대중목욕탕에서 욕객 소지품 분실에 대한 영업주의 책임을 인정하였다(대구고법 1977. 4. 22. 76나665).

2) 책임의 감면

본 책임은 임의규정이므로 당사자 간의 특약으로 감면할 수 있다. 그러나 공중접객업자가 일방적으로 고객의 휴대물에 대하여 책임이 없음을 게시한 것만으로는 면책의 특약이 있는 것으로 인정되지 않는다(상법 제152조 제3항).

(3) 고가물에 대한 특칙

공중접객업자는 운송인과 마찬가지로 화폐·유가증권 기타의 고가물에 대해서는 고객이 그 종류와 가액을 명시하여 임치하지 않으면 그 물건의 멸실 또는 훼손으로 인한 손해를 배상할 책임이 없다(상법 제153조). 고가물에 대한 판단은 당시의 경제규모와 거래관계를 보아 판단할 것이나 판례는 상법 제153조 소정의 고가물이라 함은 그 용적이나 중량에 비하여 그 성질 또는 가공정도 때문에 고가인 물건을 뜻하는 것이라고 하였다(광주고법 1989.2.15. 88나3986). 참고로 1977년도 판례는 결혼식장에서 선물로 교환된 물건이라고 하여서 반드시 가격을 밝힐 수 없다고도 할 수 없고 부로바시계 1개 시가 64,000원 상당 옥토시계 1개 시가 25,000원 상당 백금부착 3푼짜리 다이아반지 1개 시가 150,000원 상당과 백금부착 1푼짜리 다이야 목거리 1개 시가 70,000원 상당은 상법 제153조 소정의 고가물에 해당한다고 하였다(1977. 2. 8. 75다1732).

(4) 책임의 소멸시효

공중접객업자나 그 사용인이 악의인 경우를 제외하고는 임치물을 반환하거나 고객이 휴대물을 가져간 후 6월, 또는 물건을 전부 멸실한 경우에는 고객이 그 시설을 퇴거한 날로부터 6월이 경과하면 소멸시효가 완성한다(상법 제153조). 그러나 공중접객업자나 그 사용인이 악의인 경우에는 일반상사시효인 5년이 경과함에 의하여 소멸한다(상법 제64조).

Ⅶ. 창고업

1. 총 설

(1) 창고업자의 의의

창고업자란 타인을 위하여 창고에 물건을 보관하는 것을 영업으로 하는 자를 말한다(상법 제155조). 이때의 "창고"란 물건의 보관에 이용할 수 있는 설비이면 무엇이든 상관없다. "보관"이란 물건을 창고에 장치하여 그 멸실, 훼손을 방지하는 것으로서 소비임치(민법 제702조)는 창고업이 아니나, 대체성 있는 임치물을 혼합하여 보관하는 혼장임치는 창고업에 속한다고 할 것이다.

(2) 창고임치계약

임치계약은 창고업자가 물건을 창고에 보관할 것을 인수하는 불요식의 유상계약이며 낙성계약이다. 임치계약에 대해서는 상법의 규정(상법 제155조 이하)뿐만 아니라 민법의 규정(민법 제693조 이하)도 보충적으로 적용된다.

(3) 창고업의 경제적 기능

상품의 거래가 대량화되면서 운송업과 창고업이 중요한 보조상으로 나타나게 되었다. 운송업이 동적으로 상품거래에 기여하는 반면에 창고업은 일정한 기간 동안 상품을 보관하여 상품의 가치를 보존함으로써 시간적 측면에서 정적으로 상품거래에 기여한다. 위탁자의 경우 물건의 직접적인 인도없이 창고증권을 이용하여 보관 중인 물건을 처분할 수 있고, 담보로 제공하여 금융의 편의를 받을 수 있다.

2. 창고업자의 권리

(1) 보관료청구권

민법상 임치계약은 무상인데 반하여(민법 제693조), 창고업자는 보수에 관한 특약이 없는 경우에도 이를 청구할 수 있다(상법 제61조). 보관료의 청구는 임치물을 출고한 때에 할 수 있으나, 보관기간 경과 후에는 출고 전이라도 보관료를 청구할 수 있다(상법 제162조 제1항). 또한 일부출고의 경우에는 그 비율에 따라 보관료를 청구할 수 있다(상법 제162조 제2항).

(2) 비용상환청구권

창고업자는 임치물에 관하여 기타의 비용이나 체당금을 지출한 때에는 그 상환을 청구할 수 있다(상법 제162조 제2항). 청구의 시기는 보관료와 같고, 기타의 비용이란 각종 세금·운임·보험료·경매비용을 포함한다.

(3) 유치권

창고업자의 유치권에 대해서는 위탁매매인, 운송주선인, 물건운송인의 경우와는 달리 특별규정을 두고 있지 않다. 따라서 창고업자는 민사유치권(민법 제320조), 상사유치권(상법 제58조)을 행사할 수 있다.

(4) 공탁권·경매권

창고업자의 경우에도 임치인 또는 창고증권소지인이 임치물의 수령을 거부하거나 수령할 수 없는 경우에는 상인간의 매매에 있어서와 같이 임치물을 공탁 또는 경매할 수 있다(상법 제165조, 제67조 제1항, 제2항).

(5) 손해배상청구권

창고업자는 임치물의 변질, 손상, 기타의 하자로 인하여 자신에게 손해가 발생한 경우에는 임치인이나 창고증권소지인에 대하여 그 배상을 청구할 수 있다. 그러나 창고업자가 임치물의 성질 또는 하자를 알고 있었을 때에는 그러하지 아니하다(민법 제697조).

(6) 권리의 소멸시효

임치인 또는 창고증권소지인에 대한 창고업자의 채권은 임치물을 출고한 날로부터 1년간 행사하지 않으면 소멸시효가 완성한다(상법 제167조).

3. 창고업자의 의무

(1) 임치물 보관의무

창고업자는 선량한 관리자의 주의로써 임치물을 보관하고(민법 제62조), 보관기간이 경과한 후에는 임치인이나 창고증권소지인에게 반환하여야 한다. 창고업자는 임치기간에 특약이 없는 경우, 임치물을 받은 날로부터 6월이 경과하면 언제든지 이를 반환할 수 있으며(상법 제163조 제1항), 이때에는 부득이한 경우를 제외하고는(상법 제164조) 2주 전에 예고하여야 한다(상법 제163조 제2항).

(2) 창고증권 교부의무

창고업자는 임치인의 청구에 의하여 창고증권을 교부하여야 한다(상법 제156조).

(3) 임치물의 검사·견품적취·보존행위 허용의무

1) 의 의

임치인 또는 창고증권소지인은 영업시간 내에는 언제든지 창고업자에 대하여 임치물의 검사 또는 견품의 적취를 요구하거나 그 보존에 필요한 처분을 할 수 있으므로 창고업자는 이러한 요구에 응하여야 한다(상법 제161조).

2) 임치물의 검사

임치물의 존부 품질 수량 등을 확인하거나 임치물의 양도나 입질을 위하여 고객이나 금융업자를 동반하고 임치물을 참관하는 것 등을 말한다.

3) 견품의 적취

임치물의 양도 또는 입질을 위하여 견품을 가져가는 것을 말한다.

4) 보존행위

보존에 필요한 처분은 임치물의 멸실·훼손·부패를 방지하는 행위를 말하여, 이는 임치물의 현상을 유지하기 위한 행위에 한한다.

(4) 임치물의 하자통지의무

창고업자는 임치물의 하자 또는 훼손을 발견하거나 물건이 부패할 염려가 있는 때에는 지체없이 임치인에게 이를 통지하여야 한다(상법 제168조, 제108조 제1항). 이는 위탁매매업에 관한 제108조를 준용한 것이나, 위탁매매업자의 가격저하의 상황까지 통지할 의무까지 포함하지는 않는다고 본다.

(5) 임치물의 반환의무

창고업자는 임치인 또는 창고증권소지인의 청구가 있는 경우 임치기간의 약정 유무에 불구하고 임치물을 반환하여야 한다(상법 제163조 제164조). 이때에도 화물상환증의 경우와 같이 보증도 또는 가인도가 있을 수 있다.

4. 창고업자의 손해배상책임

(1) 책임원인

상법은 창고업자에 대하여 과실책임주의를 채택하면서 그 입증책임을 전환하고 있다. 즉 창고업자는 자기나 사용인이 임치물의 보관에 관하여 주의를 게을리하지 아니하였음을 증명하는 경우에 한하여 임치물의 멸실 또는 훼손으로 인한 손해의 배상책임을 면할 수 있다(상법 제160조).

(2) 손해배상액

상법은 창고업자의 손해배상액에 관하여 특칙을 정하고 있지 않으므로 민법상의 일반원칙에 의하여 상당한 인과관계에 있는 모든 손해를 배상하여야 할 것이나, 고가물에 관한 특칙(상법 제153조)과 운송인의 손해배상에 관한 특칙(상법 제137조)이 유추 적용되어야 할 것이다.

(3) 책임의 소멸

1) 특별소멸사유

창고업자의 책임은 임치인 또는 창고증권소지인이 임치물을 유보없이 수령하고 또 보관료 기타의 비용을 지급한 때에 소멸하나, 임치물에 즉시 발견할 수 없는 훼손 또는 일부 멸실이 있는 경우 임치인이 임치물을 수령한 날로부터 2주 내에 창고업자에게 발송한 때, 창고업자 또는 그 사용인이 악의인 때에는 소멸하지 않는다(상법 제168조, 제146조).

2) 단기시효

창고업자 또는 그 사용인에게 악의가 있는 경우를 제외하고는 그 물건을 출고한 날로부터 1년이 경과하거나, 임치물을 전부 멸실한 경우에는 임치인과 알고 있는 창고증권소지인에게 그 멸실을 통지한 날로부터 1년이 경과하면 책임의 소멸시효가 완성한다(상법 제166조). 판례는 이때의 멸실이란 물리적 멸실뿐만 아니라 수치인이 임치물을 권한없는 자에게 무단 출고함으로써 임치인에게 이를 반환할 수 없게 된 경우를 포함한다고 판단하였다(1981. 12. 22. 80다1609). 특히, 창고업자가 임치물을 반환받을 정당한 권리자가 아닌 자에게 임치물을 인도함으로써 정당한 권리자가 그의 반환을 받지 못하게 된 경우에도 상법 제166조의 멸실에 해당하여 1년의 경과로 창고업자의 책임은 시효로 소멸하지만 이 경우에 창고업자 또는 그 사용인이 악의가 아니었다는 점을 입증하지 못하면 책임을 면할 수 없다고 하였다(1978. 9. 26. 78다1376). 이때 악의란 운송인이나 그 사용인이 운송물에 훼손 또는 일부멸실이 있다는 것을 알면서 이를 수하인에게 알리지 않고 인도된 경우를 말한다(1987. 6. 23. 86다카2107). 한편, 다니소멸시효와 관련하여 판례는 상법 제166조 소정의 창고업자의 책임에 관한 단기소멸시효는 창고업자의 계약상대방인 임치인의 청구에만 적용되며 임치물이 타인 소유의 물건인 경우에 소유권자인 타인의 청구에는 적용되지 않는다고 하였다(2004. 2. 13. 2001다75318).

5. 창고증권

(1) 의 의

임치물반환청구권을 표창하는 유가증권으로서 그 특성은 화물상환증과 같다. 실제에는 하도지시서를 많이 사용하는데 이는 불완전유가증권으로서 그 소지인에게 임치물의 전부 또는 일부를 인도할 것을 위탁하는 지시서이다.

(2) 입법주의

질권설정이나 소유권이전을 1매의 창고증권으로 하는 단권주의, 예치증권과 질입증권의 2매를 1조로 발행하여 예치증권은 임치물반환청구권 또는 소유권의 이전에, 그리고 질입증권은 질권설정에 사용하는 복권주의, 그리고 단권·복권을 병용하여 선택적으로 발행할 수 있는 병용주의가 있다.

(3) 창고증권의 발행

창고증권은 요식증권이므로 창고업자는 임치물의 종류·품질·수량·포장의 종류·개수와 기호, 임치인의 성명 또는 상호, 영업소 또는 주소, 보관장소, 보관료, 보관기간을 정한 때는 그 기간, 보험금액, 보험기간과 보험자의 성명 또는 상호, 창고증권의 작성지와 작성년월 등을 기재하고 기명날인 또는 서명하여야 한다(상법 제156조 제2항). 창고증권 발행이후의 소유권취득자와 감량손실 부담책임에 관하여 판례는 입고된 물건에 관하여 창고증권이 발행되면 그 발행일자 이후에는 그 창고증권의 명의인이 그 물건에 대하여 소유권을 취득하고 따라서 그 뒤에 생기는 창고료, 화재보험료는 물론, 감량 등에 대한 책임도 그 명의인이 져야 한다고 판단한 바 있다(1963. 5. 30. 63다188).

(4) 창고증권의 양도·효력

화물상환증과 같이 법률상 당연한 지시증권이므로 배서에 의한 양도방법 및 효력 등은 화물상환증과 같다. 창고증권의 효력은 채권적 효력과 물권적 효력으로 나누어 볼 수 있으며 기타의 효력도 화물상환증과 같다.

한편 실무에서 사용하는 하도지시서 또는 출하지시서는 임치인이 임치물의 전부 또는 일부를 소지인에게 인도하는 지시문서로서 그 성질상 임치인이 발행한다. 하도지시서와 관련하여 판례는 하도지시서는 일종의 면책증서이므로 실질관계인 매매계약에 의하여 영향을 받는 유인증권이라고 하였다. 따라서 하도지시서의 양수인은 증권을 양도받았다는 사실만으로는 그 물건의 인도청구권을 취득할 수 없으며 또 지령서의 양도는 그 표시물건의 양도와 같은 효력이 없다고 하였다(1970.10.23. 70다1985).

(5) 창고증권에 의한 입질

창고증권소지인이 임치물을 입질하는 경우에는 질권설정의 계약을 체결함과 동시에 창고증권을 채권자에게 교부하여야 한다(상법 제157조, 제133조, 민법 제330조). 따라서 채무의 변제 전에는 임치물의 일부에 대한 반환청구를 할 수 없게 되는데, 상법은 이러한 불편을 해소하기 위하여 질권자의 승낙이 있는 경우에 피담보채권의 변제기 전이라도 임치물의 일부 반환청구를 인정하고 있다. 이 경우 창고업자는 반환한 임치물의 종류·품질·수량을 창고증권에 기재하여야 한다(상법 제159조).

6. 유가증권

(1) 유가증권제도

1) 유가증권제도의 이의

일반적으로 권리의 유통성을 높이기 위하여 무형의 권리를 유형의 증권에 결합시켜 이 증권에 물권법적 원칙이 적용되도록 하는 법기술적인 제도를 유가증권제도라고 한다. 본 제도는 화폐제도의 존재를 전제로 하는 제도로서 권리와 증권을 결합시키고 그 증권에 법적 의미를 부여하여 일체의 권리의무관계를 증권을 기준으로 하여 신속하고 정확하게 결정하고 처리함으로써 그 유통성을 확보하려는데 의의가 있다.

2) 유가증권제도의 기능

유가증권제도는 증권에 화체되어 있지 않은 재산적 권리를 처분하는데 따르는 많은 위험과 불안을 제거함으로써 재산권의 양도를 간편하게 하여 그 유통성을 확보하였다. 따라서 유가증권제도는 재산권의 유통은 물론 주식 및 사채의 발행 등으로 인한 자금조달, 수표 등에 의한 확실한 결제, 어음의 활용을 통한 신용수단으로서의 기능을 함과 동시에 재산의 자본화(화물상환증, 선하증권 등) 및 각종의 재화와 채권의 증권화를 가능하게 하였다(상품권, 승차권 등).

3) 유가증권제도의 기능상실

가. 증권의 혼장임치

증권의 혼장임치란 증권보관 전문기관이 동일한 종류의 증권을 권리자별로 분리하지 않고 혼합하여 보관하는 것으로서 각 권리자는 특정 증권을 소유하는 것이 아니라 보관기관이 보관하고 있는 총증권에 대한 공유권 또는 관념적 지분권만을 갖도록 하는 제도를 말한다. 증권거래법은 증권예탁원이 유가증권을 혼합하여 보관할 수 있음을 규정하고 있으며(증권거래법 제174조 제4항), 증권예탁원에 의한 유가증권의 대체결제제도도 그 좋은 예이다(증권거래법 제173조). 결국 이러한 증권의 혼장임치의 경향으로 유가증권의 전통적인 기능이 점차 상실되어 가고 있는 현실이다. 더욱이 최근에는 주식 등 증권의 실물을 발행하지 않음은 물론이거니와 전자적인 형태로의 발행조차도 하지 않으면서, 전자적인 방법에 의한 등록으로 증권으로서의 기능을 대신하고자 하는 전자등록제도의 필요성을 주장하기도 한다.

나. 어음·수표

최근 은행지로, 자동이체처리제도, 신용카드 등의 발달로 인하여 어음 및 수표에 대한 유가증권의 기능상실현상이 부분적으로 나타나고 있는 실정이다. 그러나 주지하는 바와 같이 어음·수표 등의 유가증권은 현재 및 장래에 있어서도 그 이용의 빈도는 무시할 수 없는 실정으로 어음·수표제도에 관한 법규의 중요성은 변함이 없다고 할 것이다.

(2) 유가증권의 개념

1) 서 설

유가증권이라는 용어는 일상생활을 통하여 자주 사용되고 있으며, 각종 법률에서도 이를 사용하고 있지만(상법 제46조; 형법 제214조; 증권거래법 제1조 등), 그 구체적인 개념에 대해서 명확한 규정을 두고 있는 법률은 없는 실정이다. 따라서 유가증권의 개념은 학문상의 개념으로 정립할 수밖에 없다.

2) 유가증권에 관한 학설

가. 제1설

유가증권이란 재산적 가치가 있는 사권이 표창된 증권으로서, 그 권리의 발생·행사·이전의 전부 또는 일부를 증권에 의하여 하게 하는 것이다. 본 학설은 "전부 또는 일부"라는 표현을 사용함으로써 이원적 개념파악을 시도하고 있으나, 유가증권의 특징을 단순히 외면적으로 파악하고 있을 뿐 그 이론적 근거가 박약하다는 비판이 있다.

나. 제2설

유가증권이란 재산적 가치가 있는 사권을 표창하는 증권으로서 그 권리의 행사 및 이전에 증권을 필요로 하는 것이라고 한다. 그런데 본 학설 역시 권리의 행사와 이전에 관하여 대등하게 취급할 필요가 없다는 비판이 있으며, 기명주권의 경우 권리의 행사를 위하여 주권의 제시를 필요로 하지 않는다는 점에서 기명주권은 그 설명에서 제외된다는 문제점이 있다.

다. 제3설

유가증권은 재산권을 표창하는 증권으로서 그 권리의 이전에 관하여 증권을 필요로 하는 것이라고 한다. 따라서 기명주권도 당연히 포함된다. 본 학설은 권리의 유통에 착안하여 유가증권의 개념을 일원적으로 파악하려고 한 점은 좋으나, 권리의 이전에 증권이 필요한 것은 권리의 행사에 증권이 필요하기 때문이라는 상호간의 이론적 관계를 간과하고 있다는 비판이 있다. 물론 포괄승계의 경우 증권상의 권리의 이전임에도 증권을 필요로 하지 않음을 설명할 수 없기도 하다.

라. 제4설

유가증권이란 사법상의 권리를 표창하는 증권으로서 권리의 행사를 위하여 증권의 점유를 필요로 하는 것이라고 한다. 이는 권리의 행사에 증권의 소지를 필요로 한다는 것으로 거의 모든 유가증권에 공통되는 특징을 잘 설명하고 있다. 기명주권의 경우에는 증권없이도 주주권을 행사할 수 있으므로 이와 관련해서는 부당하다는 견해가 있으나, 명의개서 시에는 주권의 제시가 필요하므로 간접적인 방법으로 주주권행사에 주권의 제시가 요구되는 것으로 보아야 한다는 견해도 있다.

한편 명의개서란 권리자의 변경에 따라 장부 또는 증권의 명의인의 표시를 고쳐 쓰는 일이다. 주주명부의 명의개서는 기명주식에 대한 권리의 이전이 있는 때에 그 주식을 취득한 자의 주주권의 행사를 위하여 그의 성명과주소를 주주명부에 기재하는 것이다(상법 제337조). 주권의 점유자는 적법한 소지인으로 추정되므로(상법 제336조), 실질적 권리를 증명할 필요가 없이 회사에 대하여 명의개서를 청구할 수 있다.

마. 개념의 분석

이상의 유가증권에 관한 학설을 토대로 유가증권의 개념을 분석해 보면 다음과 같다. 첫째, 유가증권은 재산적 가치가있는 권리를 표창하는 증권으로서 재산권은 채권이든 물권이든 사원권이든 상관없다. 이때 "표창한다"는 것은 권리와 증권의 결합관계를 의미하며, 권리가 증권에 화체되었다고도 한다. 둘째, 표창된 권리의 행사에 증권의 소지가 필요하며, 증권의 소지는 권리의 행사에 필요한 최소한의 요건일 뿐이고 다른 요건이 첨가되어도 유가증권의 효력에는 상관이 없다. 셋째, 권리의 행사에 증권을 필요로 한다. 권리의 행사에만 증권의 점유를 필요로 하는 증권을 불완전 유가증권이라고 하고, 권리의 발생·행사·이전 전부에 증권의 점유를 필요로 하는 증권을 완전 유가증권이라고 한다.

3) 유사개념과의 구별

가. 증거증권

증거증권은 실질적인 법률관계의 유무나 내용을 증명하는 자료로서 의미가 있는 증서로서, 권리자는 증권이 없더라도 다른 방법으로 그 권리를 입증하면 권리의 행사가 가능하다. 차용증서, 매매계약서, 영수증서 등이 이에 포함하며, 증권과 권리가 결합되어 있는지의 여부에 따라 증거증권과 유가증권이 구별된다.

나. 면책증권

면책증권은 자격증권이라고도 하며, 채무자가 악의 또는 중대한 과실 없이 증권의 소지인에게 채무를 이행하면, 그 소지인이 비록 정당한 권리자가 아니라고 할지라도 채무를 면하는 증권을 말한다. 이는 동종의 불특정 다수의 권리자가 집단적으로 권리행사를 하는 경우에 의무자가 권리자를 식별하기가 곤란하므로 의무자의 의무이행을 안전·원활하게 하기 위하여 발행하는 것이다.

다. 금액권

우표·수입인지·지폐 등 그 자체가 법률상 특정한 가치를 보유하는 증권으로서, 발행자에 대한 청구권을 표창하는 것이 아니므로 유가증권이 아니고 그 자체가 금전에 갈음하는 효력이 있다. 따라서 그 자체의 물리적 멸실에 의하여 그 가치가 소멸하고, 제권판결절차에 의하여도 권리행사의 가능성을 회복할 수 없다.

(3) 유가증권법정주의

1) 의 의

유가증권은 무형의 권리를 유체화시켜 그 권리의 존재와 내용을 확실하게 하고 법의 보호를 부여한 것으로 그 종류와 내용을 제한하지 않으면 유가증권제도가 남용될 우려가 있다. 따라서 유가증권의 종류와 내용에 일정한 제한을 두어 법이 인정하는 경우에만 유가증권으로 보는데 이를 유가증권법정주의라고 한다.

2) 증권상의 권리의 성립에 관한 제한

증권에 화체할 권리는 채권, 사원권 등 재산권에 한한다(상법 제555조). 그리고 유가증권은 그 유통성으로 인하여 일정한 방식이 법정되어 특정한 법정기재사항이 요구된다. 또한, 증권상의 권리의 내용은 증권의 문언만으로 정하여진다.

3) 증권상의 권리자에 관한 제한

증권상 권리자의 지정방법으로는 기명식 이외에 무기명식, 지시식, 선택무기명식만이 인정된다. 무기명증권의 소지인, 배서가 연속된 지시증권의 소지인은 적법한 권리자로 추정됨으로써 비록 무권리자로부터 취득하였다고 하더라도 선의취득자로 보호를 받게 된다.

4) 권리의 양도방법에 관한 제한

권리의 양도방법에 관한 제한으로서 무기명식의 유가증권은 교부의 방법으로, 지시식의 유가증권은 증권의 배서나 교부의 방법으로 양도할 수 있다.

5) 권리의 행사에 관한 제한

지시채권 또는 무기명채권의 채무자는 기한의 도래 후 소지인이 증권을 제시하고 이행의 청구를 한 때부터 지체의 책임을 지고(상법 제65조; 민법 제517조), 채무자는 증권과 상환하지 아니하고는 채무의 이행을 할 필요가 없으므로 증권의 제시 및 상환을 강제하고 있다. 이 때 채무의 이행은 채무자의 현영업소 또는 그 주소에서 하여야 한다.

한편, 유가증권은 그 유통성을 최대한 확보하기 위하여 채무자가 증권양도인에게 대항할 수 있는 항변을 증권의 선의취득자에게는 대항하지 못하도록 하고 있다.

6) 변제에 관한 제한

변제에 있어 유가증권의 종류에 따라 단기시효를 정함으로써 채무자에게 유리하게 규정하고 있다(어음법 제70조; 수표법 제51조). 한편, 채무자는 변제수령의 자격에 관하여 조사할 필요가 있는 것이 원칙이다(민법 제472조). 그러나 지시증권의 경우에는 그 유통성을 확보하기 위하여 배서인의 기명날인 또는 서명의 진위를 조사할 권리는 있지만 그 의무는 없고, 부진정채권자에게 변제한 경우에도 그 변제는 유효한 것으로 규정하고 있다(민법 제518조, 제524조, 제525조).

(4) 유가증권의 속성

1) 요식증권성

요식증권성이란 유가증권상의 권리의 성립에 관한 사항으로서 증권의 형식이 법정되어 일정한 증권의 기재사항이 요구되는 것을 말한다. 특히 어음과 수표는 법정의 기재사항에 흠결이 있으면 그 효력이 부정되는 엄격한 요식증권, 즉 절대적 요식증권이다. 이에 반하여 화물상환증, 창고증권, 선하증권 등은 법정의 기재사항에 흠결이 있더라도 그것이 본질적인 것이 아닌 한 증권을 무효로 하지 않는 상대적 요식증권이다.

2) 문언증권성

문언증권성이란 증권상 권리의 내용 및 범위가 증권의 문언에 따라 정하여지는 것으로서 유가증권상의 권리의 양도에 관한 사항이다(상법 제131조, 제157조). 따라서 증권의 선의취득자는 원칙적으로 증권의 기재된 바에 따라 증권상의 권리를 취득하게 된다.

3) 제시증권성

제시증권성이란 증권상의 권리를 행사하기 위해서는 증권을 제시하여야 하는 것을 말한다. 따라서 증권의 제시가 없는 한 채무자는 이행지체의 책임을 지지 않는다(어음법 제38조; 수표법 제28조). 기명주권을 제외한 어음과 수표를 비롯해서 화물상환증, 선하증권 등의 지시식 또는 무기명식의 유가증권은 이러한 성질을 갖는다.

4) 상환증권성

상환증권성 또는 환수증권성은 증권과 상환하지 않고는 채무의 변제를 할 필요가 없는 것을 말한다(민법 제519조; 상법 제129조; 어음법 제39조; 수표법 제34조). 주권을 제외한 대부분의 유가증권은 상환증권성을 갖는다.

5) 면책증권성

면책증권성이란 채무자가 악의 또는 중대한 과실없이 증권의 소지인에게 채무를 이행하면 그 소지인이 비록 정당한 권리자가 아닌 경우에도 채무를 면하는 것을 말한다.

6) 지시증권성

지시증권성이란 증권상의 지시에 의하여 권리자를 지정할 수 있다는 문언이 없더라도 법률상 당연히 증권상에 권리자를 지시할 수 있다는 것을 말한다. 따라서 지시문구의 기재가 없이 특정한 권리자만 지정된 경우에도 배서금지의 기재가 없는 경우에는 배서에 의하여 양도가 가능하게 된다.

7) 설권증권성

설권증권성이란 어음·수표와 같이 증권상의 권리가 발생하기 위해서는 증권의 작성이 필수적이라는 것을 말한다. 설권증권은 대부분 무인증권이다.

8) 무인증권성

무인증권성이란 추상증권성이라고도 하며, 증권상의 권리가 원인관계로부터 분리되어 증권취득자의 권리가 확보되는 것을 말한다. 따라서 증권상에 표창되어 있는 권리가 원인관계의 존부 또는 유효·무효에 의하여 아무런 영향을 받지 않는다.

9) 요인증권성

요인증권성이란 유인증권성이라고도 하며, 증권상의 권리가 원인관계와 연계되어 원인관계의 하자로 인해 영향을 받는 것을 말한다. 화물상환증·선하증권·창고증권 등은 운송계약이나 임치계약을 원인으로 발행되는 요인증권이다.

10) 처분증권성

처분증권성이란 증권상의 권리를 처분하려면 반드시 증권으로써 하여야 하는 것을 말한다.

(5) 유가증권의 종류

1) 권리자의 지정방식에 의한 분류

가. 기명증권

기명증권이란 증권상에 특정인을 권리자로 기재한 증권을 말한다. 따라서 증권상에 기재된 특정인 및 그로부터 보통의 지명채권양도의 방법으로 증권을 양수한 자만이 권리행사가 가능하고 배서양도는 허용되지 않는다.

나. 지시증권

지시증권이란 증권상에 기재된 자 또는 그가 지시하는 자를 권리자로 하는 증권을 말한다. 이는 보통 배서에 의해서 이루어지므로 배서증권이라고도 한다.

다. 무기명증권

무기명증권이란 증권상에 권리자로서의 특정인을 지정하지 아니하고 증권의 정당한 소지인을 권리자로 취급하는 증권을 말하는데 소지인출급식증권이라고도 한다. 따라서 무기명증권은 단순한 교부에 의하여 이전이 가능하고, 증권의 선의취득도 인정된다. 상법상 기명주식의 경우에는 권리행사의 면에서는 기명증권으로서의 성질을 가지나(상법 제337조), 그 권리의 이전에 있어서는 주권의 교부만으로 이루어지기 때문에 무기명증권과 같이 처리되고 있다.

라. 선택무기명식증권

선택무기명증권이란 증권상에 특정인을 권리자로 지정하고 있으면서 동시에 증권의 정당한 소지인도 권리자로 인정하는 증권을 말한다. 이는 지명소지인출급증권 또는 선택소지인출급증권이라고도 한다. 이는 무기명증권과 동일한 효력이 있다(민법 제525조; 수표법 제5조 제2항).

2) 증권에 표창된 권리의 성질에 의한 분류

가. 채권증권

채권을 표창하는 증권으로서 채권 중에서도 어음·수표와 같이 금전지급청구권을 표창하는 것을 금전증권, 화물상환증·선하증권·창고증권 등과 같이 물건인도청구권을 표창하는 것을 물품증권이라고 한다.

나. 물권증권

물권을 표창하는 증권으로 우리나라에는 그 예가 없다. 다만 독일의 저당증권, 토지채무증권, 정기토지채무증권 등이 이에 속한다.

다. 사원권증권

사원권증권은 사단에 있어서의 사원의 지위를 표창하는 유가증권으로서 주권이 그 대표적인 예로서, 사원권은 자익권(이익배당청구권, 잔여재산분배청구권 등)과 공익권(의결권, 소수주주권 등)이 있다.

3) 증권에 표창된 권리의 정도에 따른 분류

가. 완전유가증권

완전유가증권이란 증권상의 권리의 발생·이전·행사의 모두에 증권의 소지를 요하는 증권으로서 절대적 유가증권이라고도 한다. 대표적으로 어음·수표 등이 이에 속한다.

나. 불완전유가증권

불완전유가증권이란 증권상의 권리의 행사와 이전에만 증권의 소지를 필요로 하는 증권으로서 어음·수표를 제외한 대부분의 유가증권이 이에 속한다.

4) 기타의 유가증권

가. 유가증권의 속성에 따른 분류

이 밖에도 유가증권의 속성에 따라 유가증권을 분류하기도 한다. 즉 유가증권의 요식성에 따라 요식증권·불요식증권, 문언성에 따라 문언증권·비문언증권, 제시성에 따라 제시증권·비제시증권, 상환성에 따라 상환증권·비상환증권, 설권성에 따라 설권증권·비설권증권, 무인성에 따라 무인증권·요인증권 등으로 분류하기도 한다.

나. 승차권 등

보통의 무기명승차권 또는 승선권은 개찰 전후를 불문하고 운송청구권을 표창하는 유가증권으로 보는 것이 통설이다. 회수승차권은 통용구간 및 기한의 지정이 있는 경우에는 포괄적 운송계약상의 권리를 표창하는 유가증권이다. 항공권 등은 우리나라에서는 기명식만 인정되고 양도성이 없으므로 운송약관에는 증거증권이라고 규정하고 있으나, 권리의 행사에 증권의 제시를 요구하고 있으므로 역시 유가증권으로 볼 것이다.

다. 상품권

상품권은 소지인이 발행인으로부터 상품의 인도를 받을 권리를 표창하고 있다는 의미에서 일람출급의 무기명유가증권이다.

제4장 새로운 상행위

Ⅰ. 금융리스업

1. 총 설

(1) 금융리스업의 의의

상법은 "기계, 시설 기타 재산의 금융리스에 관한 행위"를 기본적 상행위로 명시하여 왔으나(상법 제46조 제19호), 이에 관한 구체적인 법률관계를 규정하고 있지 않아 금융리스에 관한 법률관계는 그간 약관 등에 의존하여 규율되어 왔다. 따라서 2010년 개정 상법은 금융리스업에 관한 규정을 신설하여 금융리스계약의 중도해지를 명시하고, 금융리스이용자가 공급자에게 직접 손해를 청구할 수 있도록 하는 등 금융리스업의 법률관계를 구체화하였다.

상법상 금융리스업은 금융리스이용자가 선정한 기계, 시설, 그 밖의 재산 등의 금융리스 물건을 제3자인 공급자로부터 취득하거나 대여받아 금융리스 이용자에게 이용하게 하는 영업을 말하며, 이를 영업으로 하는 자를 금융리스업자라 한다(상법 제168조의2).

(2) 리스의 경제적 기능

1) 특정물건의 매수자금조달기능

리스는 특정한 물건을 필요로 하는 자가 거액의 물품매수자금을 리스회사로 하여금 지급하게 하고 용익기간에 그 대금을 리스료로써 분할상환하는 것을 내용으로 하므로 특정물건의 매수자금 조달기능이 있다.

2) 소유와 이용의 분리기능

리스회사가 물건의 소유권과 점유 및 사용권을 취득하는 소유자이면서도 당해 물건의 유지관리책임이나 하자담보책임을 부담하지 않기 때문에 소유와 이용이 분리되는 기능을 가지고 있다.

3) 절세기능

리스료는 실질적으로 리스물건에 대한 구입대금이지만 형식적으로는 리스물건의 사용대가이므로, 리스이용자는 세법상 그 리스료 중에서 차입금의 이자에 상당하는 부분은 손비로 인정하므로 절세의 효과가 있다.

4) 국제금융이용기능

외국의 리스회사를 이용하여 플랜트, 자본재 또는 시설을 취득하는 경우에는 국제금융을 이용하는 것과 동일한 효과가 나타난다.

5) 리스제도의 단점

일반적으로 리스료가 금전차입의 경우의 이자보다 비싸고, 물건의 소유권이 리스회사에 귀속하므로 리스이용자는 소유에 의한 이익을 누릴 수 없다는 단점이 있다.

2. 리스의 종류

(1) 리스의 기능에 따른 구분

1) 금융리스

리스회사가 이용자에게 기계, 설비 등의 리스물건의 구입자금을 융자해 주는 대신에 리스물건을 구입하여 대여해 주는 리스이다. 형식적으로는 물건의 임대차이나 실질적으로는 자금의 대여이므로 금융리스라고 한다. 리스기간은 보통 리스물건의 사용가능연수로서 장기이고, 중도해지가 허용되지 않으며, 리스물건의 유지, 관리, 납세의무 및 멸실이나 악화에 따른 위험은 리스이용자가 부담한다.

2) 운용리스

금융리스 이외의 리스를 총칭한다. 물건의 사용이 주목적으로 임대차와 유사하다. 리스기간은 보통 단기이고, 따라서 중도해지가 허용되며, 리스물건의 유지, 관리 및 납세의무는 리스회사가 부담한다. 이에 대하여 판례는 리스는 시설대여회사가 대여시설이용자가 선정한 특정 물건을 새로이 취득하거나 대여받아 그 물건에 대한 직접적인 유지·관리책임을 지지 아니하면서 대여시설이용자에게 일정기간 사용하게 하고 그 기간종료 후에 물건의 처분에 관하여는 당사자 간의 약정으로 정하는 계약으로서, 형식에서는 임대차계약과 유사하나 그 실질은 물적 금융이며 임대차계약과는 여러 가지 다른 특질이 있기 때문에 리스계약은 비전형계약 즉, 무명계약이고, 따라서 이에 대하여는 민법의 임대차에 관한 규정이 바로 적용되지 않는다고 하였다(1994.11.8. 94다23388).

(2) 기타의 종류

리스기간의 장단기에 따라 단기리스와 장기리스로 구분하고, 리스물건의 유지관리비·보험료·세금 등의 부대비용을 리스이용자가 부담하는 순리스와 리스회사가 부담하는 총리스로 구분한다. 그리고 리스회사가 리스기간 중에 리스물건의 구입가격 전부를 회수하는 완결리스와 그 일부만을 회수하는 미완결리스로 구분하기도 한다. 또한 리스물건의 유지·보수·정비 등의 서비스를 제공하는 지의 여부에 따라 서비스부리스와 비서비스부리스로 구분하기도 한다.

(3) 리스의 형태

1) 단순리스

리스회사가 공급자로부터 리스물건을 매입 또는 임대하여 리스이용자에게 리스하는 것으로 가장 전형적인 리스형태이다.

2) 전대리스

리스회사가 공급자로부터 매입 또는 임대한 물건을 리스이용자에게 리스하고, 리스이용자는 이를 다시 제3자에게 전대하는 리스형태이다.

3) 판매재취리스

공급자가 리스물건을 리스회사에 매각하고 이를 리스회사로부터 대여받는 리스형태이다.

3. 리스계약의 법적성질

(1) 특수임대차계약설

리스계약의 법형식적인 면을 강조하여 그 법적 성질을 특별한 임대차로 구성하는 것이다. 이에 따르면 임차인의 보호를 위한 강행규정에 위반하는 리스계약의 약정은 그 효력을 인정할 수 없게 된다.

(2) 무명계약설

리스계약이 우리 민법상 전형계약 어디에도 속하지 않는다는 점에서, 임대차, 소비대차, 매매 등의 요소가 혼합된 특수한 내용의 무명계약이라고 한다.

(3) 특수한 소비대차계약설

리스이용자가 물건공급자로부터 물건을 공급받고 이에 대하여 리스회사가 융자를 해 주면서 그 물건에 대한 소유권을 담보의 목적으로 유보하는 형태의 계약이라고 본다.

(4) 판례의 태도

리스는 형식에 있어서는 임대차계약과 유사하나, 그 실질은 물적 금융이며, 이에 대해서는 민법의 임대차에 관한 규정이 바로 적용되지 않는다고 하여 무명계약설을 취하고 있다(1994. 11. 8. 94 다 23388). 판례는 금융리스는 시설대여회사인 리스회사가 대여시설이용자인 리스이용자가 선정한 특정 물건을 새로이 취득하거나 대여받아 그 리스물건에 대한 직접적인 유지,관리 책임을 지지 아니하면서 리스이용자에게 일정 기간 사용하게 하고 그 대여기간 중 지급받는 리스료에 의하여 리스물건에 대한 취득 자금과 그 이자, 기타 비용을 회수하는 거래관계로서, 그 본질적 기능은 리스이용자에게 리스물건의 취득 자금에 대한 금융 편의를 제공하는 데에 있다고 하였다(1997. 11. 28. 97다26098). 따라서 금융리스는 시설대여회사가 대여 시설 이용자가 선정한 특정 물건을 새로이 취득하거나 대여받아 그 물건에 대한 직접적인 유지·관리책임을 지지 아니하면서 대여 시설 이용자에게 일정 기간 사용하게 하고 그 기간

종료 후의 물건의 처분에 관하여는 당사자 간의 약정으로 정하는 계약으로서, 형식에서는 임대차계약과 유사하나 그 실질은 대여시설을 취득하는 데 소요되는 자금에 관한 금융의 편의를 제공하는 것을 본질적인 내용으로 하는 물적 금융이고 임대차계약과는 여러 가지 다른 특질이 있기 때문에 이에 대하여는 민법의 임대차에 관한 규정이 바로 적용되지 아니한다고 하였다(1997. 10. 24. 97다27107).

5. 금융리스거래의 법률관계

(1) 금융리스이용자

1) 권 리

금융리스이용자는 리스 기간 동안 금융리스물건을 사용·수익할 권리를 가지며, 금융리스 기간이 만료한 후에는 금융리스물건을 계속 사용하고자 하는 경우 재금융리스계약을 체결하거나 구매계약을 체결할 수 있다.

2) 의 무

금융리스이용자는 리스물건의 사용·수익에 대한 대가가 아닌, 리스회사가 제공한 금융에 대한 대가인 금융리스료를 금융리스물건을 수령함과 동시에 지급하여야 한다(상법 제168조의2 제2항). 그리고 금융리스물건을 수령한 이후에는 선량한 관리자의 주의로 금융리스물건을 유지 및 관리하여야 한다(상법 제168조의2 제3항).

이외에도 금융리스이용자는 금융리스물건의 멸실·훼손에 대비하여 약관이 정하는 바에 따라 손해보험계약을 체결할 의무가 있고, 약관에 따른 방법으로 채무이행을 보증하는 담보를 제공하여야 한다. 금융리스계약이 종료한 때에도 리스물건을 반환하지 않은 경우에는 금융리스계약이 존속하는 것으로 보아 금융리스료를 지급하여야 한다. 반환비용은 약관상 금융리스이용자가 부담하는 경우가 대부분이다.

(2) 금융리스업자

1) 권 리

금융리스업자는 금융리스물건의 멸실이나 하자 또는 리스계약의 해지 여부를 불문하고 리스료지급을 청구할 수 있다. 또한 금융리스이용자가 도산하거나 금융리스료를 지급하지 않은 때에는 금융리스계약을 해지하고 금융리스물건의 반환과 잔여 금융리스료의 지급 또는 손해금의 지급을 청구할 수 있다(상법 제168조의5 제1항, 제2항).

2) 의 무

금융리스업자는 금융리스이용자가 금융리스계약에서 정한 시기에 금융리스계약에 적합한 금융리스물건을 수령할 수 있도록 하여야 한다(상법 제168조의3 제1항). 판례는 금융리스계약은 금융리스업자가 금융리스이용자에게 금융리스물건을 취득 또는 대여하는 데 소요되는 자금에 관한 금융의 편의를 제공하는 것을 본질적 내용으로 한다는 것을 전제하였다. 그리고 금융리스업자는 금융리스이용자가 금융리스계약에서 정한 시기에 금융리스계약에 적합한 금융리스물건을 수령할 수 있도록 하여야 하고(상법 제168조의3 제1항), 금융리스이용자가 금융리스물건수령증을 발급한 경우에는 금융리스업자와 사이에 적합한 금융리스물건이 수령된 것으로 추정한다(상법 제168조의3 제3항)는 것을 확인하였다. 따라서 이러한 금융리스계약의 법적 성격에 비추어 보면, 금융리스계약 당사자 사이에 금융리스업자가 직접 물건의 공급을 담보하기로 약정하는 등의 특별한 사정이 없는 한, 금융리스업자는 금융리스이용자가 공급자로부터 상법 제168조의3 제1항에 따라 적합한 금융리스물건을 수령할 수 있도록 협력할 의무를 부담할 뿐이고, 이와 별도로 독자적인 금융리스물건 인도의무 또는 검사·확인의무를 부담한다고 볼 수는 없다고 하였다(2019. 2. 14. 2016다245418, 245425, 245432).

그리고 금융리스업자는 공급계약에 따라 공급자에게 매매대금을 지급하여야 한다. 판례는 이용자가 물건의 공급자와 직접 교섭하여 물건의 기종·규격·수량·가격·납기 등의 계약 조건을 결정하면 리스회사는 위와 같이 결정된 계약 조건에 따라 공급자와 사이에 매매계약 등 물건의 공급에 관한 계약을 체결하고, 그 계약에서 공급자는 물건을 직접 이용자에게 인도하기로 하며, 리스회사는 이용자로부터 물건수령증서를 발급받으면 물건대금을 지급하기로 하는 것이 일반적이라 할 것인바, 이처럼 리스회사가 이용자로부터 물건수령증을 발급받는 이유는 이용자와의 관계에서는 리스기간의 개시 시점을 명확히 하고자 하는 것이고 공급자와의 관계에서는 그 물건을 인도받기로 되어 있는 이용자로부터 물건의 공급에 관한 계약에 따른 물건의 공급이 제대로 이행되었음을 증명받고자 함에 있다고 하였다. 따라서 리스회사는 비록 물건수령증의 교부가 없다 하여도 물건이 공급되었다는 것과 이용자가 정당한 사유 없이 물건수령증을 교부하지 않고 있다는 것을 알고 있다면, 공평의 관념과 신의칙에 비추어 물건수령증의 교부가 없음을 들어 공급된 물건대금의 지급을 거절할 수 없다고 하였다(1998. 4. 14. 98다6565).

한편 리스회사의 하자담보책임과 관련하여 판례는 시설대여계약서상 시설대여 회사가 물건 인도시 물건이 정상적인 성능을 갖추고 있는 것을 담보하도록 되어 있으나, 다만 대여시설 이용자가 물건 인도인수확인서를 발급하였을 때는 물건의 상태 및 성능이 정상적인 것을 확인한 것으로 간주한다고 되어 있는 경우, 그러니까 금융리스에서 하자담보책임을 배제하는 특약이 있는 경우 시설대여계약은 그 실질이 대여시설의 취득자금에 관한 금융의 편의 제공에 있음에 비추어 시설대여 회사의 담보책임은 대여시설이 공급자로부터 이용자에게 인도될 당시에서의 대여 시설의 성능이 정상적임을 담보하되, 이용자가 별다른 이의 없이 리스물건 인도인수확인서를 발급하면 시설대여 회사의 하자담보의무는 충족된 것으로 보는 범위 내에서의 책임이라고 봄이 상당하다고 하여 하자담보책임의 배제 특약은 유효하다고 보았다(1996. 8. 23. 95다51915). 특히 금융리스업자는 금융리스이용자가 공급자로부터 적합한 금융리스물건을 수령할 수 있도록 협력할 의무를 부담할 뿐이고 (상법 제168조의3 제1항), 이와 별도로 독자적인 금융리스물건 인도의무 또는 검사·확인의무를 부담하지 않는다고 하였다(2019. 2. 14. 2016다245418, 245425, 245432).

한편 금융리스이용자는 중대한 사정변경으로 인하여 금융리스물건을 계속 사용할 수 없는 경우에는 3개월 전에 예고하고 금융리스계약을 해지할 수 있다. 이 경우 금융리스이용자는 계약의 해지로 인하여 금융리스업자에게 발생한 손해를 배상하여야 한다(상법 제168조의5 제3항).

(3) 공급자

1) 권 리

약관에 따라 리스이용자가 리스업자의 명의로 공급자와 계약을 체결하는 경우에도 매수인은 리스업자가 되므로 대금지급채무는 리스업자가 부담한다.

2) 의 무

금융리스물건의 공급자는 공급계약에서 정한 시기에 그 물건을 금융리스이용자에게 인도하여야 한다. 금융리스물건이 공급계약에서 정한 시기와 내용에 따라 공급되지 아니한 경우 금융리스이용자는 공급자에게 직접 손해배상을 청구하거나 공급계약의 내용에 적합한 금융리스물건의 인도를 청구할 수 있다. 이때 금융리스업자는 금융리스이용자가 이상의 권리를 행사하는 데 필요한 협력을 하여야 한다(상법 제168조의4).

II. 가맹업

1. 총 설

(1) 가맹업의 개념

가맹계약은(프랜차이즈: franchise)은 가맹업자(프랜차이즈 제공자)가 가맹상(프랜차이즈이용자)에게 자기의 상호·상표·서비스표·로고·기타의 영업표식 등을 제공하여 자기의 지시와 통제 아래에서 영업할 것을 약정하고, 이에 대하여 가맹상은 가맹업자로부터 그의 상호 등을 사용할 것을 허락받아 가맹업자가 지정하는 품질기준이나 영업방식에 따라 영업을 하는 자로서 가맹업자에게 일정한 사용료를 지급하기로 하는 계속적인 채권계약관계를 말한다(상법 제168조의6). 따라서 가맹업자는 자신의 상호·상표 등을 제공하는 것을 영업으로 하는 자이고, 가맹상은 가맹업자가 지정하는 품질기준이나 영업방식에 따라 영업을 하는 자로서 이들 모두는 독립된 상인이다.

(2) 유사개념과의 구별

1) 대리상

대리상도 독립된 상인이라는 점에서 프랜차이즈 이용자와 유사하지만, 후자가 직접 자기의 명의로 거래하고 그 법률효과의 귀속주체가 된다는 점에서 구별된다.

2) 위탁매매인

자기의 명의로 한다는 점에서 프랜차이즈 이용자와 유사하나, 위탁매매인은 타인의 계산으로 하는데 반하여 프랜차이즈는 자기의 계산으로 하는 점에서 다르다.

3) 상표 등의 실시권자

상표 등의 실시권자는 타인의 영업표식을 자기의 영업에 사용할 권리를 갖는다는 점에서 유사하나, 그 이상의 영업지도나 통제 등을 받지 않는 것이 다르다.

4) 특약점

특약점이 프랜차이즈 이용자인 경우도 있으나, 피용자이거나 수탁자 또는 소매상일 수도 있다.

5) 체인점·연쇄점

체인시스템은 같은 형태의 다수의 영업점을 중앙에서 소유하고 있다는 점에서 소유주체가 다른 프랜차이즈시스템과 차이가 있다.

2. 가맹계약의 법적 성질

가맹계약의 법적 성질에 관하여 특정제조자의 상품을 일정지역에서 자기의 명의와 재산으로 판매하는 특약점 또는 판매상 관계 유사설, 상품공급 가맹계약은 상품매매설, 사업형 가맹계약은 노무급부매매의 일종으로서 권리용익 임대차설, 신종계약설 등이 있다. 이 중에서 가맹계약은 상호·상표 등의 영업표식에 대한 사용권의 설정과 더불어 영업상의 통제와 조력을 내용으로 하는 새로운 유형의 비전형계약이라고 보는 신종계약설이라고 이해하는 것이 타당하다.

3. 가맹계약의 성립요건

통상 프랜차이즈계약의 성립요건으로 영업표식의 사용허가, 프랜차이즈 제공자의 통제 및 조력, 프랜차이즈 이용자의 독립적 지위, 그리고 프랜차이즈료의 지급 등을 들 수 있다.

4. 가맹업의 법률관계

(1) 내부관계

1) 개 요

가맹업의 내부관계는 가맹업자와 가맹상간의 법률관계로서 가맹계약에 의하여 결정된다. 그러나 실제에 있어서는 보통 가맹업자가 작성한 약관에 의하여 결정되는 경우가 대부분이다.

2) 가맹업자의 권리의무

가. 가맹업자의 권리

가맹업자는 가맹상에 대하여 자기의 영업표식을 사용하여 독자적으로 가맹점포를 운영할 수 있는 권리를 부여하고, 가맹상의 영업에 대하여 지시 및 통제할 권리를 갖는다(상법 제168조의6). 특히 가맹업자는 자신의 상호·상표 등을 제공하는 것을 영업으로 하므로 가맹상으로부터 그 사용료에 대한 청구권을 갖는다.

나. 가맹업자의 의무

가맹업자는 가맹상이 독립된 상인으로서 자신의 가맹점을 독자적으로 운영할 수 있도록 가맹상의 영업을 위하여 필요한 각종 지원을 하여야 하는 지원의무를 부담한다(상법제168조의7 제1항). 그리고 가맹업자는 다른 약정이 없으면 가맹상의 영업지역 내에서 동일 또는 유사한 업종의 영업을 하거나, 동일 또는 유사한 업종의 가맹계약을 체결할 수 없어 가맹상에 대하여 경업금지의무를 부담한다(상법제168조의7 제2항).

3) 가맹상의 권리의무

가. 가맹상의 권리

가맹상은 가맹업자의 상호·상표·서비스표·로고·기타의 영업표식 등을 사용하여 독자적으로 가맹점포를 운영할 수 있는 권리를 갖는다(상법 제168조의6). 또한 가맹상은 가맹업자의 동의를 받아 그 영업을 양도할 수 있다(상법제168조의9 제1항). 가맹상이 영업양도권을 행사하는 경우 가맹업자는 특별한 사유가 없으면 영업양도에 동의하여야 한다(상법제168조의9 제2항).

나. 가맹상의 의무

가맹상은 기본적으로 가맹업자의 상호·상표 등을 사용하는 대가로서의 가맹료를 지급하여야 한다. 이외에도 가맹상은 가맹업자의 영업에 관한 권리가 침해되지 않도록 최선을 다하여 가맹점을 운영하여야 할 의무가 있다(상법제168조의8 제1항). 특히 가맹상은 계약이 종료한 후에도 가맹계약과 관련하여 알게 된 가맹업자의 영업상의 비밀을 준수할 의무를 부담한다(상법제168조의8 제2항).

(2) 외부관계

가맹업자와 제3자와의 법률관계를 의미한다. 가맹상은 가맹업자와는 독립한 상인이므로 가맹상이 제3자와 거래하거나 제3자에 대하여 불법행위를 한 경우라도 가맹업자는 원칙적으로 그 제3자에게 대하여 아무런 책임을 부담하지 않는다. 그러나 가맹업자가 제3자에 대하여 가맹상의 영업을 가맹업자의 영업으로 오인하게 한 외관이 존재하는 경우에는 민법상 표현대리 책임을 면하지 못할 것이다. 특히 가맹상이 사실상 가맹업자의 대리인, 피용자 또는 명의차용자인 지위를 갖는 경우에는 각각 해당 법리에 따라 가맹업자도 책임을 부담한다. 만약 가맹업자가 상품의 제조자인 경우에는 제조물책임의 법리에 의하여 제3자에 대하여 책임을 부담하게 된다.

Ⅲ. 채권매입업

1. 채권매입업의 개념

(1) 의 의

채권매입업(팩토링: factoring)이란 타인이 물건·유가증권의 판매, 용역의 제공 등에 의하여 취득하였거나 취득할 영업상 채권, 즉 영업채권을 매입하여 회수하는 것을 영업으로 하는 거래를 말하며(상법 제168조의11), 이를 영업으로 하는 자를 채권매입업자(팩토링 회사)라고 한다. 일반적으로 채권매입업자는 영업채권을 판매하는 거래기업으로부터 그 영업에서 생긴 현재 및 장래의 외상매출채권을 일괄매수하고 거래기업에 갈음하여 그 채무자로부터 매출채권을 추심하는 동시에 그 기업에 대하여 금융의 제공, 회계관리, 경영의 제공 등을 인수한다.

(2) 채권매입업의 법적 성질

1) 상환청구권이 없는 채권매입업

상환청구권이 없는 채권매입업의 경우 채권매입업자가 채무자의 신용에 대한 위험을 부담하며, 거래기업은 채권매입업자로부터 선급금융을 받아 사용하게 되고, 채무자의 무자력으로 인한 지급불능이 있는 경우에도 상환의무를 부담하지 않는다. 따라서 이경우의 채권의 양도는 채권의 매매라고 할 수 있다.

2) 상환청구권이 있는 채권매입업

상환청구권이 있는 경우에는 상환청구권이 없는 경우와 마찬가지인 채권의 매매설과 채권매입업자는 전도금융의 형태로 비전형적인 소비대차를 공여하는 것이라고 하는 소비대차설이 대립된다.

2. 채권매입업의 요건

(1) 채권의 양도성

채권매입계약으로 인하여 거래기업의 불특정 다수의 이미 존재하는 채권과 장래에 성립할 채권이 전부 채권매입업자에게 양도된다. 따라서 채권매입거래의 대상이 되는 채권은 양도가 가능한 것이어야 한다.

(2) 대항요건

지명채권의 양도는 양도인이 양도방법에 의하지 않으면 제3자에게 대항하지 못한다(민법 제450조 제1항). 따라서 채권양도인인 거래기업은 채무자에 대하여 채권매입업자에 대한 채권양도를 통지하여야 한다.

3. 채권매입업의 기능

채권매입업의 주요기능은 신용제공기능, 서비스제공기능 및 금융기능을 들 수 있다. 채권매입계약에 의하여 거래기업은 채권회수를 위한 인적·물적 비용의 절감이 가능하여 제품의 생산과 판매에만 전념할 수 있게 된다. 채권매입업자는 매입한 매출채권의 대가를 선급하는 방법에 의하여 거래기업에게 필요한 자금을 공여하는 기능을 한다.

4. 채권매입계약의 법률관계

(1) 채권매입계약

개개의 채권매입거래는 판매상인 거래기업과 채권매입업자 간의 기본계약인 채권매입계약에 의하여 이루어진다. 일반적으로 채권매입계약은 약관에 따라 이루어지는데, 통상 이 계약에서 수수료·이율·위험부담 등을 약정하게 된다.

(2) 당사자

채권매입거래에는 채권매입업자(팩토링회사: factor), 거래기업(물건판매상인: client), 그리고 거래기업의 고객(소비자: customer) 등 3 당사자 간의 법률관계로 구성된다.

당사자간 구체적인 채권매입거래는 채권매입업자와 거래기업이 채권매입계약을 체결한 이후 거래기업이 채권매입계약에 따라 외상매출채권을 채권매입업자에게 양도한다. 이때 채권매입업자는 영업채권의 채무자가 그 채무를 이행하지 아니하는 경우 채권매입업자는 채권매입계약의 채무자에게 그 영업채권액의 상환을 청구할 수 있다. 다만, 채권매입계약에서 다르게 정한 경우에는 그 영업채권액의 상환을 청구할 수 없다(상법 제168조의12).

제 3 편
회사법 통칙

제1장 회사의 개념

Ⅰ. 기업의 형태

1. 회사의 의의

(1) 영리성

회사는 상행위 이외에 기타 영리를 목적으로 하는 사단법인이다(상법 제169조, 제171조). 회사가 영리를 목적으로 하는 것 중에서 상행위(상법 제46조)를 영업으로 하면 상사회사가 되어 당연상인(상법 제4조)이 되고, 상행위 이외의 영리를 목적으로 하면 민사회사가 되어 의제상인(상법 제5조 제2항, 민법 제39조)이 된다. 영리성의 개념에 관하여는 회사가 영리사업을 경영하여 이익귀속의 주체가 되는 것(영리 사업설)으로 충분하다고 이해하는 견해와 회사는 이익을 사원에게 분배하여야 한다(이익 분배설)고 보아 구성원이 없는 재단법인과 그 구성원에게 이익을 분배하지 않는 공법인, 그리고 단체의 내부적 활동에 의하여 그 구성원에게 직접 이익을 주는 협동조합, 상호회사는 상법상 영리법인인 회사가 아니라고 하는 견해가 나뉘어 있다. 한편 정관상 목적사업이 영리사업이나 부수적인 경우에 한하여 비영리사업의 겸영은 허용된다고 본다.

(2) 사단성

1) 사단성의 의미

사단이란 사람의 집합체인 단체로서 개개의 구성원을 초월하여 독립한 단일체로 존재하고 활동하게 된다. 민법상의 조합은 개개의 조합원을 초월한 독자의 존재를 가지지 않는다는 점에서 이와는 다르다. 사단은 단체 자체가 권리·의무의 주체인 성격을 가지므로 법인이 될 요건을 갖추고 있으며, 그것이 법인으로 된 것이 사단법인이고, 법인이 되지 않는 것을 이른바 권리능력없는 사단이라고 한다. 종래 상법 제169조는 사단성을 회사의 기본개념으로 명시하였으나, 2011년 개정상법을 통하여 사단성을 제외하였다.

2) 인적회사의 사단성

단체와 그 구성원간의 사원관계에 의하여 직접적으로 결합되어 조합으로서의 성격을 가지고 있는 합명회사나 합자회사와 같은 인적회사의 사단성과 관련하여 학설은 다음과 같이 나뉘어 있다. 인적결합설은 입법의 연혁상 상법이 모든 회사를 사단이라고 규정한 것은 조합을 포함하는 상위개념으로서의 단체를 의미한다. 그러나 이는 원래 의미의 사단과 혼동이 우려되고, 제3의 단체를 인정하는 것과 같은 착오를 유발하는 단점이 있다. 형식적 사단설은 실질적 의미에서는 조합이나 사원관계에 의하여 결합되고 있으므로 형식적 의미의 사단으로 본다는 것이다. 실질적 사단설은 상법상 사단은 실질적 의미의 사단을 의미하는데, 다만 조합과 사단의 구별을 절대시할 수는 없고 상대적 개념에서 회사는 사단이라고 파악한다. 즉 인적회사는 사단과 조합의 성질을 겸유하고 상법상 사단이라고 한다.

3) 1인 회사

가. 법률관계

주주총회를 운영함에 있어 복수의 주주를 전제로 주주의 이익을 위하는 상법상 규정은 완화적용된다. 즉 주주총회의 소집절차나 결의방법이 상법의 규정에 위배된다고 하더라도 그것이 1인 주주의 의사에 합치하는 한 유효라고 할 것이다(대판 1996. 9. 20. 선고 66다1187 판결).

1인 회사와 이사의 자기거래의 경우 회사의 재산은 모든 회사 채권자에 대한 담보가 되므로 1인 주주라고 하더라도 회사와 이해관계가 일치된다고 할 수 없으므로 자기거래금지 규정(상법 제398조)의 예외가 된다고 볼 수 없다는 긍정설과 회사의 이익과 1인주주의 이익이 일치하고, 상법(상법 제398조)의 기본취지가 회사의 이익을 보호하기 위한 것이므로 금지규정(상법 제398조)은 그 적용이 없다는 부정설이 있다. 그러나 이사와 회사간의 자기거래를 금지하는 취지는 주주보호의 목적 이외에 회사지본의 충실을 도모하기 위한 것이므로 이사회의 승인없는 1인 주주의 자기거래는 무효라고 할 것이다.

주식의 양도는 정관의 규정으로 이사회의 승인을 받도록 할 수 있으나(상법 제335조 제1항 단서), 1인회사의 경우 이사회의 승인이 없더라도 주주총회의 승인에 갈음하여 1인주주의 임의로 주식을 양도할 수 있다고 볼 것이다. 업무상 배임 및 횡령의 경우 과거판례는 회사의 손해는 주주 1인의 손해라는 입장에서 회사에 손해를 가하려는 범의가 존재하지 않으므로 배임죄 성립하지 않는다고 보았다(대판 1974. 4. 23. 선고 73도2611 판결). 그러나 현재 판례는 1인 주주와 1인 회사는 별개의 인격으로서 배임죄가 성립(대판 1996. 8. 23. 선고 96도1525 판결)하는 것은 물론 횡령죄의 성립도 인정(대판 1995. 3. 14. 선고 95도59 판결)하고 있다.

회사와 1인 주주는 별개의 인격이라는 입장에서 1인 주주 개인재산과 회사의 재산이 혼융되어 별개의 인격으로 볼 수 없는 사정이 있는 경우 후술하는 바와 같이 동 회사의 법인격은 부인되어 회사와 1인 주주는 채권자에 대하여 무한책임을 부담하여야 할 것이다.

(3) 법인성

1) 개념

상법은 모든 회사를 법인으로 규정하고(상법 제169조), 법인격을 부여하고 있다. 이때의 법인격은 단체의 외부관계에서 인격자로 나타나는 문제로서 권리의무의 주체가 될 수 있는 회사의 지위를 의미하다. 따라서 회사는 법인으로서 법인명의로 권리의무의 주체가 되고, 소송당사자가 되며, 법인재산에 대하여 법인 자체에 대한 채무명의에 의해서만 강제집행을 할 수 있고, 사원의 채권에 대한 강제집행이 불가하며, 법인 채권자에 대해서는 법인 자체의 재산만이 책임재산이 된다는 속성이 있다.

2) 법인격부인론

가. 의 의

법인격부인론이란 법인격 자체를 박탈하지 않고 그 법인격이 남용된 경우에 한하여 회사의 독립적인 법인격을 제한함으로써 회사의 남용을 방지하고자 하는 이론이다. 법인격부인론은 특히 주식회사의 경우에 그 효용이 크나, 주식회사의 기본질서인 유한책임제도의 근간을 위태롭게 할 수 있다는 이유에서 그 적용요건 및 범위를 엄격하게 정할 필요가 있다. 다만 실체법적인 근거를 굳이 찾자면 민법의 신의칙 위반(민법 제2조 제1항) 또는 권리남용금지규정(민법 제2조 제2항)를 들 수 있다고 할 것이다.

나. 적용요건

법인격부인론을 적용하기 위해서는 기본적으로 법인격의 형해화와 법인격의 남용을 들 수 있다. 이를 구체적으로 살펴보면, 사원과 회사의 이해 및 소유의 일치가 있거나 사원에 의한 회사의 지배가 있어야 하는데, "1인 주주의 분신으로서의 회사," "회사와 주주간의 완전한 이해의 일치," "주주의 단순한 도구가 된 회사" 등의 형태요건을 충족하여야 한다. 그리고 회사가 한 특정한 행위가 회사의 행위로 인정되면 형평에 어긋나는 결과가 초래되어 불공정하게 된다는 공정요건 또한 충족하여야 한다. 이때의 불공정 여부의 평가의 기준은 회사의 자본불충분이라고 할 것이다.

다. 적용범위

법인격부인론은 계약에서 적용되는 것이 가장 전형적이며, 이러한 경우에는 공정요건을 적용함에 있어 상대방의 "인식 또는 상대적 인식"을 엄격하게 적용하여야 한다. 미국의 경우 법인격부인론을 불법행위에 적용하는 때에는 공정요건 만이 결정적 요건이라고 주장한다. 한편, 특정한 사안이 사법이론에서 규율될 수 있는 경우에 법인격부인론의 적용은 자제되어야 하고, 다만 일반 사법이론으로 해결할 수 없는 경우에 한하여 보충적으로 적용되어야 할 것이다.

라. 효 과

회사의 법인격이 부인되면 회사의 독립적인 존재가 부인되고, 회사의 책임이 사원에게 귀속된다. 그러나 회사에 대한 기판력 및 집행력이 사원에게 까지 확장되는 것이 아니므로 사원에 대하여 강제집행을 하려면 다시 채무명의를 얻어야 한다.

(4) 상인성·준칙성

회사는 영리성에 의하여 당연히 상인성을 갖게 되므로 회사는 태생적 상인이다(상법 제4조, 제5조 제2항). 또한 회사는 상법 회사편의 규정에 의하는 경우에만 설립이 가능함으로써 주무관청의 허가나 인가를 요하는 민법상 비영리사단 또는 재단의 경우(민법 제32조)와는 달리 준칙성을 그 요건으로 한다.

2. 회사의 종류

(1) 상법상 종류

1) 합명회사

합명회사는 조합적 색채가 강하기 때문에 소수인의 공동기업에 적합한 회사이다. 사원은 회사채권자에 대한 직접·연대·무한책임을 부담(상법 제212조)하고, 업무집행권 및 대표권(상법 제200조, 제207조)을 갖는다. 사원의 지위양도는 사원 전원의 동의를 필요로 한다(상법 제197조).

2) 합자회사

합자회사란 무한책임사원과 출자액 한도의 유한책임사원(상법 제279조 제1항)으로 구성된 회사를 말한다. 업무집행 및 대표권은 무한책임사원(상법 제273조, 제278조)이 갖고, 유한책임사원은 감시권(상법 제277조)을 갖는다. 무한책임사원의 지분양도는 총사원의 동의(상법 제197조, 제269조)에 의하고, 유한책임사원의 지분양도는 무한책임사원 전원의 동의를 필요로 한다(상법 제276조, 제282조, 283조).

3) 유한책임회사

유한책임회사는 2011년 개정 상법을 통하여 미국의 유한책인회사(Limited Liability Company : LLC) 제도를 새롭게 도입한 것이다. 유한책임회사는 주식회사와 유한회사와 같이 모든 사원이 유한책임을 지면서도 유한회사와는 달리 제3자 기관을 둘 필요없이 사원 또는 사원이 아닌 자도 업무를 집행할 수 있는 등 사적자치가 매우 광범위하게 인정되는 회사이다(상법 제287조의12).

4) 주식회사

주식회사의 사원인 주주는 주식인수금액을 한도로 회사에 대해서만 책임을 부담하고, 회사채권자에 대해서는 책임이 없다(상법 제331조). 회사의 업무집행권은 이사회와 대표이사에게 있으며, 주주의 지위는 주식의 양도로 자유롭게 이전이 가능하다(상법 제335조 제1항).

5) 유한회사

유한회사의 사원은 회사에 대해서만 출자의무를 부담하나(상법 제553조), 특정한 경우 자본의 전보책임을 진다(상법 제550조, 제551조, 제593조). 사원의 수는 종래 50인으로 제한되던 것을 폐지하였으며, 사원의 지위양도도 사원총회의 특별결의사항 되어 있던 폐지하여 이제는 자유롭게 양도할 수 있다. 다만, 정관으로 이를 제한할 수는 있다(상법 제556조).

6) 기타의 회사

상법은 상사회사(상법 제4조, 제46조)이외에 상행위 이외의 영업을 목적으로 하는 민사회사(상법 제5조 제2항)와 다른 회사의 발행주식의 100분의 50을 초과하는 주식을 가진 회사인 모회사 및 자회사를 규정하고 있다(상법 제342조의2 제1항).

(2) 설립근거법상 종류

1) 설립준거법에 의한 종류

한국법에 의하여 설립된 회사를 내국회사, 외국법에 의하여 설립된 회사를 외국회사라고 한다.

2) 설립법원에 의한 종류

상법에 의하여 설립된 회사를 일반법상 회사, 그리고 상사특별법에 의하여 설립된 회사를 특별법상 회사라고 한다. 특별법상 회사는 다시 상법 이외의 일반특별법의 적용을 받는 은행, 신탁회사, 보험회사 등과 같은 일반특별법상회사와 한국가스공사, 대한석탄공사 등 이른바 특수회사와 같이 당해 회사의 설립을 위하여 특별법이 제정된 특정특별법상 회사로 나뉜다.

(3) 강학상 종류

1) 인적·물적회사

합명회사 및 합자회사와 같이 대내관계에서는 사원의 개성이 농후하고 대외관계에서는 사원이 누구인가에 따른 인적요소에 중요성을 두는 회사를 인적회사라고 한다. 반면에 주식회사 및 유한회사와 같이 대내관계에서는 사원이 개성이 희박하고 대외관계에서는 회사재산에 중점을 두는 회사를 물적회사라고 한다.

2) 개인주의적·단체주의적 회사

이는 사원자격과 업무집행기관의 자격이 독립되어 있는지 또는 분리되어 있는지의 여부에 따라 회사를 법률적 형태로 구별한 것으로서 일반적으로 인적회사와 물적회사의 특징으로 구별된다.

(4) 경제상 종류

1) 지배·종속회사

일반적으로 지배회사는 종속회사를 계약·자본참가·임원의 파견 등에 의해 지배하게 되는데, 모·자회사는 지배·종속회사의

한 형태이다. 상법상 어느 회사가 다른 회사의 발행주식총수의 100분의 50을 초과하는 주식을 가지는 경우에 전자를 모회사, 후자를 자회사라고 한다(상법 제342조의2). 원칙적으로 자회사는 모회사의 주식을 취득할 수 없으나(상법 제342조의2 제1항 본문), 특별한 경우에는 그러하지 아니하다(상법 제342조의2 제1항 제1호, 제2호).

2) 내자·외자·합작·다국적 회사

회사의 구성자본이 내국자본인 경우 내자회사, 외국자본인 경우를 외자회사라고 하고, 내국자본과 외국자본이 합쳐진 회사를 합작회사라고 한다. 다국적회사는 동일자본이 많은 나라에서 동종영업을 위하여 출자되고, 이 자본으로 별개의 다수의 회사가 설립되어 그 회사들이 서로 모자회사 등으로 연결되어 있는 회사를 말한다.

3) 상장·비상장회사·등록법인

상장회사는 증권거래소에 상장된 유가증권의 발행회사를 의미하고(증권거래법 제3조 제3호), 그렇지 않은 회사를 비상장회사라고 한다. 한편 증권거래법에 의하여 금융감독위원회에 등록한 법인을 등록법인이라고 하는데(증권거래법 제3조), 금융감독위원회는 등록법인의 관리기준을 정하고 필요한 권고를 할 수 있다(증권거래법 제6조).

4) 기업집단·계열회사·지주회사

기업집단은 동일인이 일정한 기준에 의하여 사실상 그 사업내용을 지배하는 회사의 집단을 말한다(독점규제법 제2조 제2호). 계열회사는 둘 이상의 회사가 동일한 기업집단에 속하는 경우 이들을 서로 상대방의 계열회사라고 한다(독점규제법 제2조 제3호). 지주회사란 주식의 소유를 통하여 국내회사의 사업내용을 지배하는 것을 주된 사업으로 하는 회사로서 자산 총액이 대통령이 정하는 금액 이상인 회사를 말한다(독점규제법 제2조의1 제2호).

Ⅱ. 회사의 능력

1. 회사의 권리능력

(1) 서 설

상법상 모든 회사는 법인이므로(상법 제169조) 당연히 일반적 권리능력을 갖는데, 회사는 자연인과는 다르기 때문에 개별적 권리능력에는 제한이 따른다.

(2) 성질에 의한 제한

회사는 법인으로서 자연인과는 달리 자연인에게 존재하는 특유한 권리의무를 가질 수 없다. 법인은 일반적으로 발기인·유한책임사원·주주 등은 될 수 있으나 상업사용인은 될 수 없다고 할 것이다. 또한 다른 회사의 이사나 감사가 될 수 있는가에 대해서는 논란이 있으나, 일반적으로 인적 개성에 의해 임면되고, 또 업무를 집행하는 자로서 자연인에 한한다고 할 것이다.

(3) 법률에 의한 제한

회사의 법인격은 법률에 의하여 주어진 것으로서 법률에 의하여 제한되는 것은 당연하다고 할 것이다. 회사는 다른 회사의 무한책임사원이 되지 못하며(상법 제173조), 청산중인 회사는 청산의 목적범위 내로 권리능력이 제한된다(상법 제245조, 제269조, 제542조 제1항, 제613조 제1항). 한편, 특정회사는 특별법령에 의하여 권리능력이 제한되는 경우가 있는데, 이를 단속법규로 보아 권리능력과 무관하다고 볼 수 없고, 효력법규로 보아 권리능력을 제한한다고 볼 것이다.

(4) 목적에 의한 제한

1) 서 설

법인은 정관의 목적범위 내에서 권리와 의무의 주체가 된다는 민법의 비영리법인에 관한 규정(민법 제34조)이 회사에도 적용 또는 유추적용되는지 여부에 관한 문제로서 학설의 대립이 있다.

2) 제한설

법인의제설이라고도 하며, 상법에 이를 배제하는 규정이 없는 한 민법의 규정(민법 제34조)은 적용 또는 유추적용되며, 법인은 특정한 목적에 의해 설립되는 인격자이므로 그 목적 범위 내에서만 권리의무의 주체가 된다는 것은 법인의 본질에 속한다고 한다. 또한 회사의 목적은 정관의 필요적 기재사항이고(상법 제179조, 제270조, 제289조, 제543조), 정관은 등기되는데, 그 목적에 의한 제한을 받지 않는다면 등기제도의 근본원칙을 부정하는 결과가 되며, 회사재산이 특정한 목적을 위해 이용될 것을 기대하는 주주의 이익을 보호하는데 중점을 두어야 하고, 목적에 의해 제한하지 않으면 비영리사업이 가능하게 되어 민법에서 비영리법인 설립을 허가주의(민법 제32조)로 하는 제도적 기능을 상실시킬 우려가 있다는 점을 들고 있다.

3) 무제한설

법인실제설이라고도 하며, 민법의 규정(민법 제34조)은 공익법인에 관한 규정으로서 이를 활동범위가 넓은 영리법인에 유추적용하는 것은 무리이며, 특히 이를 준용한다는 명문규정이 존재하지 않기 때문에 그 적용을 배제하고 있다. 특히 회사의 목적에 의해 권리능력을 제한하면 거래의 안전에 대한 위해를 초래할 수 있고, 회사의 목적이 등기된다고는 하나 제3자가 매거래 시마다 이를 확인할 수 있는 것은 아니고, 또한 그 행위가 목적 범위 내에 속하는지의 여부를 판단하기도 쉽지 않아, 회사와 거래하는 상대방에게 불측의 손해를 끼칠 우려가 있다는 점을 들고 있다. 또한 의용상법 제72조는 목적범위 밖의 행위에 대하여 총사원의 동의를 요한다고 하였으나, 이에 해당하는 현 상법 제204조는 "목적범위를 삭제"하고, 총사원의 동의로서 정관의 내용을 변경할 수 있도록 하였기 때문에 민법의 규정(민법 제34조)을 적용하는 것은 타당하지 않다고 한다.

4) 판 례

판례는 제한설의 입장에서 일관되게 판시하고 있으나 "목적범위"를 넓게 해석하여 거래안전을 보호하고 있으므로 결과적으로는 무제한설과 같은 입장에 있다고 할 것이다(대판 1988. 1. 19 선고 86다카1384 판결).

2. 의사능력·행위능력

회사에는 무능력제도가 없으므로, 그 기관구성원이 무능력자라고 하더라도 회사는 언제나 행위능력자가 된다. 회사의 행위는 그 조직의 일부인 기관을 통하여 스스로 하고, 기관의 행위는 곧 회사의 행위가 된다. 이때 사원은 권리능력의 기초가 되고, 기관은 의사능력 및 행위능력의 기초가 된다고 할 것이다. 한편 회사의 권리능력에 관하여 무제한설에 따르면 대표권 남용의 문제는 정관상 목적 범위 내외를 불문하고 문제가 되겠으나, 제한설에 의하면 정관상 목적 범위 외의 행위는 무효가 되므로 논의의 실익이 없게 된다.

3. 불법행위능력

회사의 행위능력이 인정되는 한 당연한 귀결로서 회사의 불법행위능력도 인정된다고 할 것이며, 상법은 이에 대하여 특별규정을 두고 있다. 즉, 회사의 대표사원이 그 업무집행으로 타인에게 손해를 가한 때에 회사는 그 사원과 연대하여 배상할 책임이 있으며(상법 제210조, 제229조, 제389조 제3항, 제567조), 대표기관 이외의 자에 의한 불법행위는 민법(민법 제756조)상 사용자배상책임의 법리에 따라 책임을 진다. 이 때 민법규정의 "사무의 집행에 관하여"라는 것에 해당하는지의 여부는 외형을 기준으로 객관적으로 판단할 것이며, 행위자의 의사를 기준으로 주관적으로 판단할 것은 아니라고 할 것이다(대판 1971. 6. 8. 선고 71다598 판결).

4. 공법상 능력

회사는 형법상 범죄능력은 인정되지 않으나(대판 1984. 10. 10. 선고 82도2595 판결), 소송법상 당사자능력은 인정된다(민사소송법 제64조; 형사소송법 제27조). 한편 특별법상 범죄능력은 인정된다(보험법 제227조). 그리고 행정소송권, 납세의무 등과 같은 공법상의 권리·의무의 주체가 되는 경우도 있다.

제2장 회사의 설립

Ⅰ. 입법주의

1. 자유설립주의

자유설립주의는 회사의 설립에 관하여 아무런 제한이 없고, 영리사단의 실체만 형성되면 설립을 인정하는 입법주의이다. 이에 따르면 회사의 성립시기 등이 명확하지 않고, 회사의 남용으로 인한 위험성이 많은 단점이 있다.

2. 특허주의

특허주의는 군주의 특허나 의회의 특별입법에 의하여서만 개별적인 설립을 인정하는 입법주의로서 이는 근대 식민회사를 설립하는데 사용하던 입법주의이다. 이에 따르면 회사의 설립이 매우 어렵게 되어 상업의 발전을 저해하게 되므로 특정한 경우에 한하여 이를 취하고 있다.

3. 면허(허가)주의

면허주의는 미리 제정한 일반법률에 근거하여 행정처분이 있어야만 회사의 설립이 가능한 입법주의로서 행정관청의 자의적인 결정에 의하여 회사의 설립이 방해될 수 있다는 단점을 안고 있다.

4. 준칙주의

준칙주의는 일반법률에 의해 회사의 실체형성에 관한 대내적 요건과 거래안전에 관한 대외적 요건을 특정하고, 그 요건을 구비하여 등기함으로써 회사의 설립을 자동적으로 인정하는 입법주의로서 거래의 안전과 영업의 자유를 적절하게 조화시키고 있다는 특징이 있다. 현재 우리나라를 비롯하여 대부분의 국가가 취하고 있는 입장이다.

Ⅱ. 회사의 설립절차

1. 회사의 설립행위

(1) 의 의

회사의 설립행위는 회사의 실체를 갖추어 회사라는 하나의 법인을 성립시키는 여러 가지 행위로 이루어진 법률요건으로서 설립행위는 설립을 위해서 행해지는 법률행위의 통칭으로 정관작성과 사원을 확정하는 행위 등을 말한다.

(2) 법적성질

설립행위에 관하여는 여러 가지 학설의 대립이 있다. 계약설은 설립이라는 법률효과를 목적으로 하는 당사자의 상반된 의사표시의 합치라고 보는 학설로 정관과 주식인수를 모두 계약으로 본다. 단독행위설은 설립행위는 각 당사자의 단독적 의사표시의 단순한 병존관계일 뿐이라고 한다. 합동행위설 회사의 설립이라는 공통의 목적을 달성하기 위한 복수인의 동일한 방향으로의 의사표시의 합치라고 본다. 병존행위설은 정관작성과 동시에 사원이 확정되는 합명·합자·유한회사의 설립행위는 합동행위로 보고 주식회사의 경우 합동행위와 계약이 병존한다고 본다. 현재 합동행위설이 통설이다.

2. 회사의 실체형성절차

(1) 정관작성

1) 정관의 의의

정관은 회사의 조직·운영에 관한 근본규칙으로서 정관작성행위는 계약이지만 일단 작성된 정관은 자치법규로서의 성질을 갖는다. 정관의 방식은 일정한 사항을 기재한 후 발기인 등 관계당사자가 기명날인하면 되지만, 물적회사의 경우 공증의 절차가 필요하다(상법 제292조, 제543조 제3항). 기재하여야 하는 사항에는 절대적 기재사항, 상대적 기재사항, 그리고 임의적 기재사항 등이 있다.

2) 정관의 법적성질

정관의 법적성질에 관하여 학설의 대립이 있으나, 일반적으로 이를 회사라는 단체의 자치법규라고 본다. 일단 정관이 작성되면 정관의 작성자는 물론 회사의 모든 기관 및 구성원을 당연히 구속하기 때문이다. 이에 반하여 정관의 법적성질을 계약으로 보는 소수설의 경우에는 정관의 구속력은 사원의 자유로운 의사에 따르는 것이라는 데에 있다. 그러나 정관은 그 인적 구성원의 변경에도 불구하고 그 효력에는 아무런 영향을 미치지 않는다는 것을 고려하면 통설인 자치법규로 보는 것이 타당하다.

(2) 사원의 확정

인적회사 및 유한회사에서는 사원의 성명, 주민등록번호, 주소가 절대적 기재사항이므로(상법 제179조 제3호, 제270조, 제543조 제2항 제1호), 정관의 작성으로 인하여 사원이 확정된다. 그러나 주식회사는 사원에 관한 사항은 정관의 기재사항이 아니므로 주식인수절차에 의하여 비로소 사원이 확정된다(상법 제293조, 제301조~제304조).

(3) 출자이행절차

인적회사에서의 출자목적물은 정관의 절대적 기재사항이나(상법 제179조 제4호, 제270조), 그 시기에 관한 규정은 없으므로 실체형성절차의 필수불가결의 요소는 아니라고 할 것이다. 그러나 물적회사의 경우 자본적 실체형성이 회사의 법인격 취득의 기초가 되므로 필수불가결의 요소가 되는데, 주식회사 및 유한회사는 성립 전에 출자이행절차를 특정하고 있다(상법 제295조, 제303조~제307조, 제548조).

(4) 기관구성절차

인적회사에서는 무한책임사원이 원칙적으로 그 회사의 기관이 되고(상법 제200조 제1항, 제207조, 제273조), 정관의 기재사항이므로 정관의 작성으로 기관이 구성된다. 그러나 물적회사는 정관의 작성으로 사원이 확정되지 않을 뿐만 아니라 소유와 경영이 분리되므로 별도로 기관구성절차를 특정하고 있다(상법 제296조, 제312조, 제547조).

3. 설립등기

(1) 등기사항

설립등기는 회사설립절차의 최종요건(상법 제172조)으로서 각 회사별로 등기사항이 법정 되어 있으며, 주로 사원간의 이해관계에 관한 대내적인 사항과 회사의 거래상대방과의 관계인 대외적인 사항으로 이루어져 있다(상법 제180조, 제269조, 제271조, 제317조 제549조).

(2) 등기기간

주식회사와 유한회사는 소정의 법정절차(상법 제317조, 제548조)를 종료한 날로부터 2주간 이내에 등기하여야 하고(상법 제549조), 이 기간 내에 등기하지 않으면 과태료부과처분을 받게 된다(상법 제636조 제1항). 그러나 관청의 허가 또는 인가를 요하는 경우에는 그 서류가 도착한 날로부터 등기기간을 기산한다(상법 제177조). 등기사항의 변경이 있는 경우에는 변경사유가 발생한 날로부터 본점소재지에서는 2주 내, 지점소재지에서는 3주 내에 변경등기를 하여야 한다(상법 제183조, 제269조, 제317조 제3항, 제549조 제3항).

(3) 효 력

설립등기의 본질적 또는 창설적 효력으로서 회사가 성립한다(상법 제172조). 이는 상업등기의 일반적 효력(상법 제37조)에 대한 예외가 되며, 제3자의 선의 또는 정당사유의 존재 유무를 불문하고 대항력이 발생한다. 부수적 효력으로서 주권의 발행, 주식의 양도를 할 수 있고(해제적 효력: 상법 제355조 제2항, 제335조 제3항, 제319조 제549조), 주식청약서의 요건흠결을 이유로 주식인수의 무효를 주장하거나, 사기·강박·착오를 이유로 주식인수를 취소할 수 없다(부수적 효력: 상법 제320조).

Ⅲ. 회사설립의 하자

1. 의 의

회사설립의 하자란 회사가 설립등기를 하여 비록 외관상 유효하게 성립하고 있는 것처럼 보이나 그 설립절차에 중대한 하자가 있는 경우로서, 회사설립의 무효·취소의 원인이 된다. 한편 설립절차가 있었으나 설립등기가 없는 경우를 회사의 불성립이라고 하고, 설립절차가 전혀 없이 설립등기만이 있는 경우에는 회사의 부존재라고 하여 회사설립하자와는 구별하고 있다.

회사설립의 하자에는 사원의 의사무능력 등과 같은 주관적 하자와 법령·정관 등의 위반인 객관적 하자가 있다. 이 때 설립무효의 원인이 되는 것은 주관적 하자와 객관적 하자 모두를 포함하지만, 설립 취소의 원인인 하자는 주관적 하자에 한한다. 그러나 회사설립의 하자는 각종의 회사별로 다르게 나타나므로 회사종류에 따라 설립무효·취소의 소도 다르다.

2. 합명회사의 설립하자

(1) 소의 원인

설립무효의 소를 제기하기 위해서는 회사설립절차가 법령이나 정관에 위반하거나 합명회사의 본질에 반하는 등의 객관적하자가 존재하여야 한다. 그러나 합명회사의 경우에는 사원의 의사무능력, 비진의의사표시(민법 제107조 제1항 단서), 허위표시(민법 제107조 제1항)와 같은 주관적 하자가 있는 경우에는 설립무효의 소에 대한 원인이 된다고 할 것이며, 사원의 행위무능력·착오·사기·강박(민법 제109조, 제111조), 사해행위(민법 제185조) 등의 주관적 하자인 경우에는 설립취소의 소를 제기할 수 있다.

(2) 소의 성질

회사설립무효·취소의 소는 형성의 소이므로 소의 대상인 법률관계는 오직 당사자의 소제기와 그에 따른 판결의 확정에 의하는 경우에만 변동될 수 있다.

(3) 소의 당사자

설립무효의 소의 제소권자는 사원에 한정되며, 피고는 회사가 된다. 설립취소의 제소권자는 무능력자, 착오 등으로 의사표시를 한 자 또는 대리인, 승계인이고(상법 제184조; 민법 제5조 제2항, 제10조, 제13조, 제109조, 제110조, 제140조), 사원이 채권자를 해할 것을 알고 회사를 설립한 때에는 채권자가 된다(상법 제185조). 설립취소의 소의 피고는 회사가 되는데, 사해행위의 경우에는 회사와 사원이 피고가 된다(상법 제185조).

(4) 제소기간

회사설립무효·취소의 소는 회사성립의 날로부터 2년 이내에 제소하여야 한다(상법 제184조 제1항, 제185조). 한편 법원은 회사설립무효·취소의 소가 제기되면 이 사실을 지체없이 공고하여야 한다(상법 제187조).

(5) 판결의 효력

1) 원고승소판결

원고가 승소하면 회사설립무효·취소의 판결은 대세적 효력이 있으며, 판결의 효력은 소급하지 않는다(상법 제190조). 판결의 효력은 이를 등기하여야 하며, 그 무효나 취소의 원인이 특정 사원에게 있는 경우에는 다른 사원 전원의 동의로 회사를 계속하는 것이 가능하다(상법 제194조).

2) 원고패소판결

원고가 패소하면 그 효력은 민사소송법의 일반원칙에 따라 당사자 간에만 유효하므로, 패소한 자 이외의 자가 다시 소를 제기하는데 아무런 영향을 미치지 않는다. 패소한 원고에게 악의 또는 중과실이 있는 경우 원고는 회사에 연대하여 손해배상 책임을 부담한다(상법 제191조).

(6) 등기·청산

설립무효 또는 취소의 판결이 확정된 때에는 본점과 지점의 소재지에서 등기하여야 하고(상법 제192조), 해산의 경우에 준하여 청산을 하여야 한다. 특정한 경우 회사를 계속하는 경우에도 이를 등기 하여야 한다(상법 제194조 제3항, 제229조 제3항).

3. 주식회사의 설립하자

(1) 소의 원인

주식회사의 설립하자에 대해서는 인적회사나 유한회사와는 달리 설립무효의 소만 가능하며, 따라서 객관적 하자만 존재한다. 그 이유로는 주식회사의 경우 사원의 개성을 중요시 하지 않고, 주식인수·납입에 하자가 있다고 하더라도 발기인의 자본충실책임(상법 제321조)을 물을 수 있기 때문에 회사설립 자체에 영향을 주지 않기 때문이다. 객관적 하자의 중요한 예로는 정관의 절대적 기재사항의 불기재, 위법의 기재, 정관의 미공증(상법 제292조), 설립시 발행예정주식총수의 4분의 1에 미달하는 주식발행(상법 제289조 제2항), 창립총회 불소집(상법 제308조) 등이 있다.

(2) 제소권자

설립무효의 주장방법·소의 당사자·제소기간 등은 대체로 합명회사의 경우와 같고, 제소권자는 사원뿐만 아니라 이사와 감사가 포함되는 점이 다르다(상법 제328조 제1항).

(3) 판결의 효력

기타 소의 절차에 있어서도 합명회사의 경우와 같다(상법 제328조, 제186조~제189조). 설립무효의 판결의 효력도 합명회사와 대체로 같으나(상법 제328조 제2항), 다만 주관적 하자에 의한 설립무효를 인정하지 않으므로 특정한 사원에게 무효원인이 있더라도 회사계속제도는 존재하지 않는다.

4. 합자·유한회사의 설립하자

합자회사의 설립무효·취소는 합명회사에 관한 규정을 준용한다(상법 제269조). 다만 유한책임사원의 주관적 하자의 경우에도 이를 소의 제기원인이 되는지에 관해서는 논란이 있을 수 있으나, 이 또한 무한책임사원의 경우와 같이 취급하여야 할 것이다. 유한회사의 경우에는 주식회사의 경우와 마찬가지로 설립무효·취소의 소 제소권자는 사원뿐만 아니라 이사와 감사가 포함되고, 회사계속제도가 없으므로 무효·취소의 원인이 특정한 사원에게 있는 경우라고 하더라도 타 사원의 전원동의로써 회사를 계속할 수 없다. 그 외에는 합명회사의 경우와 같다.

5. 사실상의 회사

(1) 의 의

회사의 설립절차에 하자가 있어 회사설립의 무효·취소의 소가 제기되어 회사의 성립 시, 즉 회사의 설립등기 시부터 설립무효·취소의 판결이 확정될 때까지 존속하는 회사를 사실상의 회사 또는 표현회사라고 한다. 이를 인정하는 이유는 외관주의와 기존상태존중주의에 의하여 법률관계의 안정과 거래의 안전을 도모하기 위한 것으로서 회사가 유효하게 성립한 경우와 동일하게 취급하고 있다.

(2) 법률관계

1) 판결이전의 법률관계

회사의 성립 후부터 설립무효·취소판결 이전에 존속하는 사실상의 회사는 완전한 권리능력이 있는 회사로서 그 회사가 한 행위는 완전한 회사의 경우와 같이 유효하다. 따라서 주식회사의 경우 발기인의 회사설립에 관한 책임은 회사불성립의 경우의 책임(상법 제326조)이 아니라, 회사성립의 경우의 책임(상법 제322조, 제323조)을 부담한다.

2) 판결이후의 법률관계

설립무효·취소판결이 확정되면 회사는 해산된 것으로 보게 되어, 해산에 준하여 청산을 하여야 한다(상법 제193조 제1항, 제269조, 제328조 제2항, 제552조 제2항). 이러한 경우 청산은 완전한 회사의 해산시의 청산절차와 동일하나 상법상 다음과 같은 특칙이 인정되고 있다. 즉 법원은 업무집행사원 또는 이사뿐만 아니라 사원 기타 이해관계인의 청구에 의하여 다른 청산인을 선임하는 것이 가능하다(상법 제193조 제1항, 제269조, 제328조 제2항, 제552조 제2항).

인적회사의 경우 원인이 특정한 사원에게 기인한 경우 다른 사원 전원의 동의로써 회사를 계속할 수 있는데, 이러한 경우 문제사원은 퇴사한 것으로 간주한다(상법 제194조 제1항, 제269조). 회사를 계속하는 경우에는 회사계속의 등기가 필요하다(상법 제194조 제3항, 제229조 제3항, 제269조).

제3장 해산·청산·해산명령·해산판결·회사의 계속

Ⅰ. 해 산

1. 의 의

회사의 해산이란 회사의 법인격을 소멸시키는 원인이 되는 법률요건이 되는 법률사실로서, 회사의 법인격소멸원인은 되지만 그 소멸 자체가 발생하는 것은 아니다. 회사는 해산에 의하여 영업능력은 상실하나, 청산의 목적범위 내에서 권리능력은 그대로 보유하게 된다(상법 제245조, 제269조, 542조 제1항, 제613조 제1항). 그러나 청산절차가 사실상 종료하는 때에는 권리능력도 함께 소멸한다.

2. 법적성질

해산 후에 존속하는 청산중의 회사를 청산회사라고 부르며, 그 법적성질에 관하여 학설은 다음과 같이 견해를 달리 하고 있다. 특별회사탄생설은 청산회사라는 특별한 회사가 성립한다고 보고, 의제설은 회사는 아니지만 청산의 목적범위 내에서 회사로 의제한다고 하며, 동일회사설은 해산 전의 회사와 동일한 회사이지만, 다만 목적이 청산의 범위 내로 축소된다고 한다. 현재 동일회사설이 통설이며, 가장 타당하다.

3. 해산사유

(1) 합명회사의 해산사유

합명회사는 정관상 존립기간의 만료 기타 정관으로 정한 사유의 발생(상법 제227조 제1호), 총사원의 동의(동조 제2호), 사원의 복수는 합명회사의 성립요건 및 존속요건이므로(상법 제178조) 사원이 1인으로 된 때(동조 제3호), 회사의 합병(동조 제4호), 지급불능에 의한 법원의 파산선고(동조 제5호), 법원의 명령 또는 판결(동조 제6호) 등이 있는 때에는 해산한다. 회사가 해산한 때에는 합병과 파산의 경우를 제외하고는 이를 등기하여야 한다(상법 제228조).

(2) 합자회사의 해산사유

일반적으로 합명회사와 대체로 동일하나(상법 제269조), 무한책임사원 또는 유한책임사원 전원이 퇴사한 경우(상법 제285조 제1항)에도 해산사유가 된다.

(3) 주식회사의 해산사유

주식회사의 해산사유도 대체로 합명회사와 유사하나, 사원이 1인이 되더라도 해산하지 않으며(상법 제517조 제1호), 회사의 분할 또는 분할합병(상법 제517조 제1호의2), 주주총회의 특별결의(상법 제517조 제2호)로써 해산할 수 있으며, 휴면회사는 해산을 의제한다(상법제520조의2 제1항).

(4) 유한회사의 해산사유

유한회사도 대체로 합명회사와 동일하나, 사원이 1인이 되어도 해산사유가 아니라는 점(상법 제609조 제1항 제1호)과 사원총회의 특별결의로 해산한다는 점(상법 제609조 제1항 제2호, 제2항)에서 차이가 있다.

4. 해산의 효과

원칙적으로 회사가 해산되면 청산절차가 개시되나, 합병과 파산이 해산사유인 경우에는 청산절차를 거치지 않는다(상법 제233조, 제269조, 제528조, 제602조; 파산법 제109조). 회사가 해산하면 본점소재지에서는 2주 내, 지점소재지에서는 3주 내에 해산등기를 하여야 한다(상법 제228조, 제269조, 제530조 제1항, 제613조 제1항).

Ⅱ. 청 산

1. 개 념

(1) 의 의

청산이란 회사가 합병 또는 파산 이외의 사유로 해산한 후 그 재산적 권리·의무를 정리하고 회사의 법인격을 소멸시키는 절차를 말한다. 청산중의 회사를 청산회사라고 하며, 해산 전 회사와 동일성을 유지하나, 권리능력은 청산의 목적 범위 내로 제한된다. 따라서 청산회사는 영업을 하지 않으므로 지배인 등 상업사용인을 둘 수 없고, 인적회사의 무한책임사원과 물적회사의 이사에 대한 겸업피지의무는 해지되며, 이익배당도 없고, 인적회사에서의 사원의 퇴사는 인정하지 않는다.

(2) 종 류

청산은 임의청산과 법정청산으로 구분되는데, 임의청산은 인적회사가 해산한 경우에 정관 또는 총사원의 동의로 회사재산의 처분을 임의로 정하는 방법을 말한다(상법 제247조). 법정청산은 물적회사가 해산한 경우 또는 인적회사가 임의청산을 하지 않은 경우의 청산방법이다. 임의청산의 경우에는 채권자보호절차를 거쳐야 하나(상법 제248조, 제249조), 법정청산의 경우 상법은 회사채권자와 사원을 보호하기 위하여 엄격하게 규정하고 있다(상법 제250조 이하, 제269조, 제231조 이하, 제613조 제1항).

2. 청산인

청산인이란 청산회사의 업무집행기관으로서 청산사무를 담당하는 자이다. 청산인은 자치적으로 선임하나, 그렇지 않으면 해산 전 회사의 업무집행기관이 된다(상법 제251조, 287조, 제531조, 제613조 제1항). 사원 기타 이해관계인의 청구에 의하여 법원이 선임하고, 사원이 1인이 되어 해산하는 경우에는 법원이 이해관계인 또는 검사의 청구에 따라 또는 직권으로 선임하게 된다(상법 제252조, 제542조 제1항, 제613조 제1항).

3. 청산사무

청산인의 주된 청산사무는 현재사무 종결, 채권의 추심과 채무의 변제, 재산의 환가 처분, 잔여재산의 분배이며(상법 제254조, 제542조 제1항, 제613조 제1항), 부수적청산사무로서 법원에 대한 신고(상법 제532조), 회사재산의 조사보고(상법 제533조), 주주총회의 소집(상법 제542조 제2항, 제362조, 제366조), 제무제표 등의 제출·비치·공시(상법 제534조, 제542조 제2항, 제448조, 제449조) 등이 있다.

4. 청산의 종결·종결의제

법정청산의 경우 청산사무를 종결하면 청산인은 지체없이 총사원 또는 주주총회의 승인을 얻은 후에 청산종결의 등기를 하여야 한다(상법 제264조, 제269조, 제542조 제1항, 제613조 제1항). 청산사무를 사실상 종결하지 않은 채 등기를 한 경우에는 그 등기의 공신력은 없고, 법인격 소멸도 없다.

한편, 상법상 해산이 의제된 주식회사가 3년 내에 회사계속결의를 하지 않으면, 3년이 지난 때에 청산이 종결한 것으로 본다(상법 제520조의2 제1항, 제4항).

Ⅲ. 해산명령·판결

1. 해산명령

(1) 의 의

해산명령이란 공익상 회사의 존속이 허용될 수 없는 경우에 법원이 직권 또는 이해관계인의 신청에 의하여 회사의 해산을 명하는 재판을 말한다(상법 제176조 제1항). 해산명령은 회사의 설립에 관하여 준칙주의를 취함에 따라 발생할 수 있는 폐단을 사후에 규제하는 제도라는 데에 그 의의가 있다.

(2) 사 유

상법상 해산명령은 회사의 설립목적이 불법이거나(상법 제176조 제1항 제1호), 회사가 정당한 사유 없이 설립한 후 1년 내에 영업을 개시하지 않거나 1년 이상 영업을 휴지한 때(상법 제176조 제1항 제2호), 이사 또는 회사의 업무를 집행하는 사원이 법령 또는 정관에 위반하여 회사의 존속을 허용할 수 없는 행위를 한 때(상법 제176조 제1항 제3호), 즉 위법행위 또는 지위남용 등을 행한 때에 할 수 있다.

(3) 절 차

법원은 이해관계인이나 검사의 청구에 의하여 또는 직권으로 해산명령을 할 수 있으며(상법 제176조 제1항), 이해관계인이 해산명령을 청구한 경우 법원은 회사의 청구에 의하여 이해관계인으로 하여금 상당한 담보를 제공할 것을 법원에 청구할 수 있는데(동조 제3항), 회사는 이해관계인의 악의를 소명하여야 한다(동조 제4항). 해산명령청구사건에 관한 재판절차는 비송사건절차법에 따른다(비송사건절차법 제90조 이하). 한편 법원은 해산명령 전이라도 관리인의 선임 기타 회사재산의 보전에 필요한 처분을 할 수 있다(상법 제176조 제2항).

(4) 효 과

해산명령재판의 확정으로 회사는 해산하고(상법 제227조 제6호, 제269조, 제517조 제1항, 제609조 제1호), 회사, 이해관계인 또는 검사는 판결에 대하여 즉시 항고할 수 있다(비송사건절차법 제91조).

2. 해산판결

(1) 의 의

해산판결이란 사원의 이익을 보호하기 위하여 회사의 존속이 사원의 이익을 해하는 경우와 사원의 청구에 의하여 법원이 판결로써 회사의 해산을 명하는 재판을 말한다(상법 제241조, 제269조, 제520조, 제613조 제1항).

(2) 사 유

1) 인적회사

합명회사 및 합자회사의 사원의 경우에는 부득이한 사유가 발생하거나, 사원간 불화가 극심하여 회사의 존속이 곤란한 경우, 또는 제명·퇴사·지분양도·총사원의 동의에 의한 해산이 곤란한 경우에 해산판결을 청구할 수 있다(상법 제241조 제1항, 제269조).

2) 물적회사

주식회사와 유한회사의 소수주주 및 사원은 회사의 업무가 현저한 정돈상태를 계속하여 회복할 수 없는 손해가 생기거나 생길 염려가 있을 때, 즉 이사 간의 분쟁으로 업무가 교착상태에 빠진 경우(상법 제520조 제1항 제1호), 회사재산의 관리 또는 처분의 현저한 실당으로 회사의 존립을 위태롭게 한 때, 즉 이사가 회사의 재산을 부당하게 유용하거나 처분한 경우(상법 제520조 제1항 제2호)에 해산판결을 청구할 수 있다.

(3) 절 차

회사의 해산판결을 구하는 소는 소송사건으로 형성의 소에 해당하므로 재판은 판결에 의한다. 본점소재지를 관할하는 지방법원의 전속관할에 속한다(상법 제241조 제2항, 제269조, 제520조 제2항, 제613조).

(4) 효 과

회사는 원고가 승소하는 경우 판결이 확정되는 때에 해산되고 청산절차를 밟아야 한다. 원고가 패소하는 경우 원고가 악의 또는 중대한 과실이 있는 때에는 회사에 대하여 연대하여 손해배상책임을 부담한다(상법 제269조, 제520조 제2항, 제613조 제1항).

Ⅳ. 회사의 계속

1. 의 의

회사의 계속이란 일정한 해산사유로 인하여 해산된 회사가 상법규정과 사원의 의사에 의하여 해산 전의 회사로 복귀하여 존속하는 것을 말한다. 회사의 합병·조직변경과 더불어 기업유지의 이념을 제도화한 것이다. 해산명령이나 해산판결에 의한 강제해산의 경우에는 회사계속제도가 인정되지 않는다. 상법상 회사의 해산에 관한 규정에서 이를 규정하고 있다(상법 제229조, 제269조, 제285조 제2항, 제519조, 제520조의2 제3항, 제610조).

2. 계속 사유

(1) 합명회사

합명회사의 경우 정관의 규정, 총사원의 동의로 해산한 때에는 사원의 전부 또는 일부의 동의로 회사의 계속을 할 수 있고(상법 제229조 제1항 본문), 이에 동의하지 않은 사원은 퇴사한 것으로 간주한다(상법 제229조 제1항 단서). 1인 회사의 해산인 경우에는 신입사원을 가입시킨 후에 회사를 계속할 수 있다(상법 제229조 제1항, 제2항, 제269조). 회사설립의 무효·취소판결의 확정으로 해산한 경우에는 그 원인이 특정한 사원에 한하는 경우에는 다른 사원의 동의로써 회사를 계속할 수 있고(상법 제194조 제1항), 당해 특정사원은 퇴사한 것으로 본다(상법 제194조 제2항). 파산선고로 인한 해산인 경우에는 강제화의의 인가결정이 있으면 정관변경의 규정(파산법 제283조, 제284조) 또는 파산폐지결정에 따라 회사를 계속할 수 있다(파산법 제320조).

(2) 합자회사

합자회사의 경우에도 대체로 합명회사의 경우와 동일하나, 무한책임사원 또는 유한책임사원 전원의 퇴사로 해산한 경우에는 잔존하는 무한책임사원 또는 유한책임사원 전원의 동의에 의하여 신입하는 무한책임사원 또는 유한책임사원을 가입시키거나,

잔존하는 사원 중 일부의 종류를 변경하여 회사를 계속할 수 있다(상법 제285조 제2항). 또한 합명회사로의 조직변경을 통하여 회사를 계속할 수도 있다(상법 제286조 제2항).

(3) 유한책임회사

유한책임회사의 경우에도 합병회사에 관한 규정을 준용한다. 따라서 정관의 규정, 총사원의 동의로 해산한 때에는 사원의 전부 또는 일부의 동의로 회사의 계속을 할 수 있고, 이에 동의하지 않은 사원은 퇴사한 것으로 간주한다(상법 제287조의40 제229조 제1항).

(4) 주식회사

주식회사의 경우 회사의 존립기간의 만료 기타 정관으로 정한 사유의 발생 또는 주주총회의 특별결의로 해산한 때에는 주주총회의 특별결의로 계속할 수 있고(상법 제519조), 최후등기 후 5년이 경과하고, 그 후 법원에 영업을 폐지하지 않았다는 뜻을 신고기간 내에 신고하지 않아 해산한 것으로 의제된 휴면회사는 신고기간 후 3년 내에 주주총회의 특별결의로 회사를 계속할 수 있다(상법 제520조의2 제3항). 파산의 경우에도 주주총회의 특별결의가 있으면 회사의 계속이 가능하다.

(5) 유한회사

회사의 존립기간의 만료 기타 정관으로 정한 사유의 발생 또는 사원총회의 결의로 해산한 때에는 사원총회의 결의로 계속할 수 있고(상법 제610조 제1항), 파산의 경우에는 주식회사의 경우와 같다(파산법 제283조, 제284조, 제320조).

3. 계속등기

회사의 해산등기 후 본점소재지에서는 2주 내, 지점소재지에서는 3주 내에 회사의 계속등기를 하여야 한다(상법 제229조 제3항, 제530조 제1항, 제611조). 계속등기에는 회사계속의 뜻과 그 연월일을 등기하여야 하고, 설립무효 또는 취소의 판결이 확정된 후에 하는 회사의 계속인 경우에는 등기신청서에 판결등본을 첨부하여야 한다(비송사건절차법 제191조 제2항).

4. 계속의 효과

회사의 계속으로 인하여 해산한 회사는 해산전의 회사로 복귀하여 완전한 권리능력을 회복한다. 회사의 계속의 효력은 장래에만 미치기 때문에 회사의 해산 후부터 회사의 계속에 이르기까지 청산인이 한 행위는 유효하다. 회사의 계속을 위하여 새로 가입한 무한책임사원은 그 가입 전에 생긴 회사채무에 대하여 동일한 책임을 부담하며(상법 제229조 제4항, 제285조 제3항), 회사의 계속절차에 하자가 있는 경우에는 상법에 별도의 규정이 없으므로 회사설립의 무효·취소에 관한 규정을 준용하는 것이 타당하다.

상법의 기초

저　　자 : 김 광 록
발 행 처 : 충북대학교 출판부
발 행 인 : 고 창 섭
주　　소 : 28644 충북 청주시 서원구 충대로 1
전　　화 : (043) 261-2952, 3014
팩　　스 : (043) 274-1256
이 메 일 : presscbu@chungbuk.ac.kr
등　　록 : 제1983-2001-7호
초 판 1 쇄 : 2024. 10. 31.
인 쇄 처 : 삼성디자인기획 042)221-3111

ISBN 978-89-7295-566-5 93360

값 20,000원

* 이 저서는 2024학년도 충북대학교 국립대학 육성사업에 의하여 지원 발간되었음.